上海文庙儒学研究丛书

“与孔子对话”第9集

儒学的时代担当

朱贻庭 施炎平 主编

上海远东出版社

图书在版编目(CIP)数据

儒学的时代担当 / 朱贻庭,施炎平主编. —上海:上海远东出版社,2020
ISBN 978-7-5476-1647-5

Ⅰ.①儒… Ⅱ.①朱… ②施… Ⅲ.①儒学—文集 Ⅳ.①B222.05-53

中国版本图书馆 CIP 数据核字(2020)第 161749 号

责任编辑 李 敏
封面设计 李 廉

儒学的时代担当

朱贻庭 施炎平 主编

出 版 上海遠東出版社
(200235 中国上海市钦州南路 81 号)
发 行 上海人民出版社发行中心
印 刷 上海锦佳印刷有限公司
开 本 635×965 1/16
印 张 19.5
字 数 235,000
版 次 2020 年 9 月第 1 版
印 次 2020 年 9 月第 1 次印刷
ISBN 978-7-5476-1647-5/B·19
定 价 78.00 元

本书编委会

主　　编　朱贻庭　施炎平

编　　委　刘　栩　夏乃儒

　　　　　朱义禄　施忠连

　　　　　徐学莲　江　咏

　　　　　刘梁剑

参与统稿　朱义禄　施忠连

目　录

导言 …………………………………………… 施炎平　朱贻庭/001

上篇　“担当”论

儒家论担当 …………………………………………… 朱义禄/012
担当意识与儒学精神 ……………………………………… 朱义禄/016
儒家担当精神的思想基础 ………………………………… 施忠连/024
从“儒墨纠缠”看儒家仁爱精神的演进及其价值 ………… 施炎平/039
儒学自得精神探析
——以孟子、王阳明与阳明后学为中心的考察 …… 朱义禄/063
儒学担当精神的近代命运
——以魏源、陈天华、梁漱溟为中心的考察 ………… 朱义禄/095

中篇　“诚信”探

担当必讲诚信 …………………………………………… 胡守钧/120
诚:儒家道德哲学之核心建构 …………………………… 施炎平/125
传统家训与儒学诚信精神 ……………………… 余玉花　宣　璐/147
义利之辨与儒家为政之道 ………………………………… 陈乔见/160
德治主义:儒家仁政的价值导向 ………………………… 黄　勇/177
华商精神与儒商人格 ……………………………………… 施炎平/195

下篇 “传承”录

中华民族复兴与儒学精神传承 …………………………… 施忠连/208
潘光旦:儒家自由人格何以可能 ………………………… 蔡志栋/227
形神之辨:朱贻庭对儒家伦理的重构 …………………… 陈泽环/240
生生伦理学:一个现代儒学的建构形态 ………………… 杨泽波/256
儒学思想资源与当代学校德育 …………………………… 张凤池/273

附 篇

“海派儒学”践行四十年记
——上海学者对儒家优秀文化的传承与弘扬 ……… 夏乃儒/290

导　言

施炎平　朱贻庭

一、“上海文庙儒学研究”之缘起

奉献于读者、供大家阅品之《儒学的时代担当》（“与孔子对话”第9集）一书，以专题结集的形式出版，实际上是我们在2019年9月举办的“第九届上海文庙儒学研讨会”论文集的精编和重构。

很有意思，中国数字文化中的“九”，常寓有尊、极、多等含义，又与“久”谐音。借此吉言，我们在酝酿和筹备上海文庙第九届儒学研讨会时，就考虑以“儒学精神与时代担当”为主题，希望在前八届研讨会的基础上，突出儒家担当精神的论旨，把上海学者关于儒家思想与儒学精神的探讨引向深入。

有鉴于此，我们在编撰论集时，对提交的论文着力加以选择、精编和修改调整，以求全书能主旨突出、论题明确、整体结构和逻辑思路清晰，既总结上海学者群体儒学研究取得的阶段性成果，又力图体现这个研究群体的思想特色和学问风格，也可作推动儒学研究进一步拓展、深化的契机。

近二十年来，借助全面深化的改革开放形势，上海学术界的一批有志于儒家思想的研究、总结和传承发展的学者，在文庙管理处的支持推动下，联合上海市伦理学会、上海市中西哲学与文化比较研究会，于每年的孔子诞辰纪念活动期间，都会集聚一起，围绕一两个事先确定的主题，举办题名“与孔子对话”的儒学研讨会，现已连续举办了九届。

首届上海文庙儒学研讨会，在 1997 年 11 月举办。其时，随着对传统文化的重视和弘扬，以及加强文化基础设施建设和开展历史文化遗产、遗址保护的需要，上海文庙的修缮取得积极进展：逐步恢复了明清时期的基本面貌，重建了尊经阁，结构布局和建筑规制更为规范、合理，又辅以江南园林式的环境设置，整体风貌显得十分庄重、大气和优雅，烘托了上海文庙历史传统厚实、儒家文化味浓郁的氛围。所以，在重修后的上海文庙举办儒学研讨会，尤觉意义非凡，故很快得到当时南市区（现并入黄浦区）区长和文汇报社领导的赞同和重视，又邀请到汪道涵、夏征农、陈沂、王元化等老前辈为顾问，并获上海学术界众多专家学者的热烈响应和积极参与，真开成了“世纪之交的儒学盛会”。会后留下了非正式出版的《上海首届儒学研讨会学术论文集》，所涵内容广泛而丰富，涉及儒家的“礼仪与伦理”“思想与人格”“儒学资源的价值与功能”“儒家思想的历史演变”等方面论题的考察和探讨。

接续首届而举办的“第二届上海文庙儒学研讨会”，在 2004 年 10 月举行。虽间隔了六年多，但经再次重修的文庙，大成殿内增设由著名书法家书写、刻于青石碑的《论语》全文，与殿前台基上所立孔子塑像、两廊碑刻历代进士名录相向辉映，更凸显了上海文庙集孔子祭庙、传统学宫及文化名胜古迹于一体的“净土”与“圣地”气象。与此相应，参加这次研讨会的学者，都倍加爱护和珍惜这方“净土”和“圣地”，表示认同以“与孔子对话”为标识，遵循“纪念孔子、研究儒学、弘扬优秀传统文化”的思想宗旨和研究思路，致力于体现上海兼容中西、海纳百川的文化特性，将儒学研究纳入现代都市精神文明建设需要的轨道，同时也明确提出了上海文庙的儒学研究要形成自己的团队和力量，建构相对稳定的研究机制和平台，塑造上海学者儒学研究的理论特色和学问风格。这些观点和见解，均归纳入会后出版的第一本“与孔子对话”论文集，并在“序”“综述”“后记”中作了初步的概括和论述。

此后的第三届至第九届上海文庙儒学研讨会，我们就有意识地遵循并力求体现“上海文庙儒学研究”的思想指导和研究风格，注意从传统与现代、学理性与时代性的结合上，选择与确定研讨会的主旨和论题，安排研讨、交流的重点及具体内容。而每届研讨会的成果，均编成论文集正式出版。迄今共编辑出版了八本论文集，联系起来看，很有点系列论丛的意味。正是在这样的过程中，上海文庙自然成为上海学者对儒学“切闻近思”的研究基地和交流平台，每次聚会研讨，大家都很有归属感和凝聚度。

二、“与孔子对话”为标识

“与孔子对话”，是上海文庙儒学研究的一个特色，体现了我们开展儒学研究与交流、推进儒学资源传承发展的一个宗旨和思想指导。

首先，“与孔子对话”，作为一项兼有学术研究和文化建设意义的事业，因为处在上海这样的文明发展、文化生态开放的环境中，必然要与现代大都市精神文明建设的需要相适应。所以突出中西文化的论争和交流，注重传统文化传承发展中的创造性转化，对上海学界的儒学研究者来讲，是颇为自然又必然的事，更要自觉去做。

为此，我们开展儒学研究，不仅会关注儒家思想曾在中华文化的演进中具有根源性、基因性的意义与价值，而且也关注儒家思想能提供多少现代文明需要的资源因素和价值功能。

在“与孔子对话”的标识下，我们明确提出：要从资源性和根源性的结合上研究、探讨和思考、总结儒家思想的基本内涵和价值。故历届儒学研讨会，都会有不少学者撰文阐述儒学对于中华民族精神生命的根源意义，揭示其基因因素，视之为历史文化演变中能“一以贯之”的“神圣链条”（借黑格尔语），让人们清晰看到儒学遗产也是中国现代化的一项宝贵的文化资源。

其次，我们意识到，“与孔子对话”不仅是一种超越时空的、与孔子思想所作的对话，更是通过孔子的思考，进一步展开与儒家思想的对话。这样一种在文化思想层面上的古今对话，是历史性与现实性相结合的对话，也是学理性与思想性相结合的沟通与交流。

在历史的长河中，孔子已经成为儒家或儒学的名牌及代名词。与孔子对话，也意味着在儒家传统文化和现代人的认知理解之间，要建立起平等的、互动开放的交流平台与沟通途径，以正确对待今人与古人、现实与传统的辩证关系。

重要的是，孔子不仅是儒家学派的开创者、儒家文化思想体系的建构者，而且以其作为杰出思想家和伟大教育家的双重身份功效，已对中华文明的历史进程产生了深刻的、深远的影响和制约，还成为中华文化的一个精神价值载体和风格特质的象征。

正是在这样的意义上，我们认为：与孔子对话，势必涉及与儒家文化甚至整个中华文化展开对话，十分需要对话的全面性、系统性和整合性。

这至少包括两方面的含义：

一方面，在看待历史形成的儒家思想体系的建构上，要突破长期以来对儒家思想作学科性切割、过度分门别类研究导致的弊端，不局限于“儒家哲学”“儒家伦理”以及诸如“儒家心性学”“儒家管理学”那样的分科归类，更强调儒家思想作为一个整体的、内在建构性的系统，至少要考虑到有深层结构的思想学理、精神价值的内容，有包括制度安排、知识体系在内的中层结构，以及依据学理和制度要求规定的行为规范、礼节仪式等表层结构部分。

另一方面，相对于一批现代新儒家学者执着于宋儒的“道统”观念、习惯于以“孔孟一系”的“小统”来理解和把握儒家思想这样的偏狭眼界，我们主张更多地看到儒家思想发展中的开放性、兼容性品格。不仅注意儒家内部的学派分合和多元演进，而且意识到儒家的发展离不开与其他学派的相争相融、互动影响，关注到儒学史上诸如外儒内法、儒道互补、三教合流、九派交会等现象的存在，进一步推进和扩展儒学研究的范围和内容。

再次，与孔子对话，还要加强对儒家文化在学理的、精神价值层面的深度理解和有效把握，注意儒学研究的深刻性和评价的合理度。

我们主张，展开与孔子的对话，不停留于史料、话语及思想观念的表面性意义，而是注重于选择一个儒家思想古今演变中保持“一以贯之”主题，力图从一个特定的角度或层面，契入儒家思想的深层结构，揭示和把握儒学精神的基本面。

所以，在上海文庙的基地和平台上，实际发生的研究和交流进程，往往内在地包括三个基本环节：一是对儒家经典文献作认真、扎实、深入的考察、梳理和解读，弄清儒家思想的本来面目和元典意义；二是对儒家文化的理论研究和思想发掘，即在儒学古今沿革的历史进展中，理解和把握儒家文化的内涵特质和精神价值；三是对儒家的思想文化做现代诠释，揭示并发掘儒家传统文化的资源价值和现代意义。

就已经举办的八届儒学研讨会、出版的八本论文集来看，基本上都体现了上海儒学研究群体，能抓住此三项递进深化的研究环节来展开探讨交流。

在此，我们列举八届研讨会、八本论文集的主旨题名作点补充说明：

“与孔子对话”第1集，学林出版社2005年出版，主题为“新世纪全球文明中的儒学”；

“与孔子对话”第 2 集，学林出版社 2005 年出版，主题为“儒家文化与和谐社会”。此为崇明区人民政府支持、上海文庙与崇明学宫合作举办的儒学研讨会论文结集；

“与孔子对话”第 3 集，上海辞书出版社 2007 年出版，主题为“论儒学的现代生命力”；

“与孔子对话”第 4 集，上海辞书出版社 2008 年出版，主题为“儒家文化与现代生活”；

“与孔子对话”第 5 集，上海辞书出版社 2010 年出版，主题为“儒家文化与现代人的精神生活”；

“与孔子对话”第 6 集，上海辞书出版社 2012 年出版，主题为“儒家的公正与民生思想”；

“与孔子对话”第 7 集，上海辞书出版社 2014 年出版，主题为“儒家文化与现代文明”；

“与孔子对话”第 8 集，文汇出版社 2016 年出版，主题为“反思儒学在近代的命运”。

三、探讨、评析“儒学精神”为重点

据于历史与逻辑、学术性与时代性的联结，立足现实，适应现代文化发展和精神文明建设的需要，反思和总结儒家文化中的优秀传统，必须要紧紧抓住儒家思想文化体系中那些称得上核心性、基因性、精神价值性的内容。而这些内容，从属性上讲可归为“儒学精神”的。上海文庙儒学研究的又一特色，就在注力于这类儒学精神的梳理、总结、评析和提炼，由此推进儒学思想资源的传承和发展。

（一）“儒学精神”是对儒学基本问题的思考和回答

关于“儒学精神”的探讨与提炼，前提和基础在于对儒学基本问题的揭示和把握。

据于儒学史研究的考量，我们发现传统儒家所处的时代和历史条件虽有区别，内部也有不同的学派，表现出面对不同问题阐述不同的观点和主张，但之所以能统称儒家，就在于他们关注和思考的问题有趋同性、共通处，其中就包括儒学要面对的基本问题：如哲学思考上的“天人之辩”、古今沿革，社会关系的“和同之辨”及有序和谐的追求，治国理政思想上的“德法之辨”及德主刑辅的价值倾向，利益关系的“义利之辨”，人性内涵的“善恶之辨”及君子小人之别，人际关系的礼仪规范等等。

探讨和剖析儒学在面对这些基本问题时，提出什么样的概念、范畴及命题、原理，采取什么样的思路和思维方法，形成什么样的认知观念和价值判断，来进行思考、作出回答的，是我们在研究、梳理、概括“儒学精神”时着重要考虑的。反映在历届儒学研讨会上，就是我们确定的研讨主旨和论题，大都是围绕儒学的基本问题、主要观念范畴及其逻辑体系展开的。

从诠释学的角度讲，我们需要梳理和评析的“儒学精神”，存在于历代儒家积累下来的经典“文本”中，其经历的古今沿革往往有“一以贯之”的积累和传承，凝练成儒家特有的文化思想与精神价值的传统。客观理解和正确把握到这一传统，从中梳理和总结出“儒学精神”，是我们作为今人要承担的使命责任。

按“传统的现代诠释”的要求，当今人带着与古人所遇到的相通的现实问题去阅读传统“文本”时，古代思想家的思想观点就会鲜活起来，就会向我们“说话”，而今人则根据自己的意义视界对之进行解读和诠释，此诚如已故著名哲学家冯契所称，通过“与古人为友”，可以对历史的文化现象作出客观分析。他说：“我能与古人为友，对古人的生活、思想及其所处的时代条件有同情的了解，我才能对古代作品作出比较客观的评价。”[①]并发挥孟子“知人论世”“以意逆志”的观点，强调对历史人物思想的评价，要放在当时的时代条件下去考察，又要用自己的理解来考察、探讨，进而作出实事求是的分析和合理的评价。

（二）关于“儒学精神”的内涵和成分

对此，我们的研讨会与论文集进行过颇为系统的探讨交流。

举一个代表性例子，根据时任上海伦理学会会长、“文庙儒学研究”主持人朱贻庭教授的提议和身体力行，我们结合中国哲学研究和中国伦理重建的讨论，概括出“天人之辨”“形神之辨”“心性之辨”“义利之辨”“和同之辨”等道德哲学基本理念和主要论题，阐述其为中国传统伦理奠定立论基础、找到理论范式，又提炼为义利、和同、本末、形神等一系列对偶范畴，以此为纲结和纽带，为构建中国伦理学的逻辑体系提供了合理的思路、建构框架和话语表述系统。其中就包含了关于“儒学精神”的深度研究和论述概括。

上海文庙儒学研究群体所探讨的“儒学精神”，还有一个关注的重点，就是关于儒家思想中的人道原则和人文主义精神问题。

从文化发生学的角度看，儒家人道原则和人文精神的渊源主要在“五经之首”的《周易》。《周易》由经到传，历经约八百年，其内涵有“推天道以明人事”的思维智慧和思想意蕴，孔、孟、荀、庸等先秦儒家都作过阐述发挥，促成了中华人文观念、人文精神的先启和早期发展。所以，我们对儒学人文精神的研究，从《易经》思想意蕴的剖析入手，通过易学与儒学思潮互动、渗透过程的考察，以进一步探讨中华人文精神的形成机制，深入揭示其思想内涵，并和西方人文主义作差异比较，以重新诠释中华人文主义的精神特质及其价值，由此产生了许多有新

---

① 冯契：《人的自由与真善美》，载《冯契文集》〈增订版〉第3卷，华东师范大学出版社，2016，第75页。

意、影响大的研究成果。

（三）凝聚为概念范畴的“儒学精神”

另外，我们注意抓住儒家提炼的一些概念范畴，对“儒学精神”古今演变中积聚的丰富内涵及其多重展开，还组织过系列性专题研讨。有多部论文集，收录了梳理和评析儒学有关天人相参、义利合一、有序和谐、刚柔兼济、道德理性、公平正义、天下担当、生态环境等方面的理念、概念、范畴、命题，极大丰富了“儒学精神”所包涵的内容，大大拓展了“儒学精神”研究的深度和广度。

四、上海儒学研究的继往开来

依托上海文庙为基地和平台，上海学者自主协调和有计划推动的儒学研究，已走过了二十多个年头。

令人高兴的是，通过二十多年的努力，上海已形成了一个志同道合、协调合作，有一定数量规模的儒学研究群体。这个研究群体的成员，主要为各高校和社科研究机构的专业人士，老、中、青都有，许多是专攻中国哲学和中国伦理的，也有毕生从事儒学（经学）研究的。他们秉持真诚的文化理想和事业追求，据于学术良知、文化自觉和责任担当而走到一起。他们赋有扎实的文献功底和理论素养，能潜心研究、深入思考、积极体悟、精细撰作，致力于学理性研究和时代性探索的结合，不断开拓新的研究课题。

上海学者的儒学研究，有许多含特色的时代考量，首先一个就是有承担精神和使命意识，不断明确儒学研究的目标和任务。着眼于传统文化和现代化的关系，适应上海大都市精神文明建设的需要，很注意将儒家思想资源的梳理、总结，纳入为都市文化精神内涵的丰富和充实。

其次，意识到上海处于改革开放的前沿，是现代中西文明重要的交汇点，处于这种区位条件和文化优势地位，更要有中西文化比较思考的自觉和智慧，有兼容诸家学派思想的雅量和大气，有宽容开放的心态，在积极参与全球文明对话和交流、交往的过程中，以责任意识、担当精神，对研究儒学、诠释儒学、转化儒学作出更多、更有成效的贡献，推进儒学优秀的思想资源和现代大都市文明建设相融合。

面临新时期文明进步和文化建设的新形势和新任务，上海学者的儒学研究还要有新的突破和新的创建：从时代的政治层面对儒家文化作反思性批判仍要继续；精神传统层面上的文化接续还要深入；通过资源性发掘，对儒学价值系统作学理性重建要有新的拓展；为适应现代精神文明建设需要而实现儒学资源的生活化发展，更有许多艰巨的工作要做。

习近平总书记曾指出，要讲清楚中华优秀传统文化的历史渊源、发展脉络、基本走向，讲清楚中华文化的独特创造、价值理念、鲜明特色，增强文化自信和价值观自信。

这两个"讲清楚"，对开放条件下深化传统文化的研究和弘扬提出了新的更高的要求，也为我们进一步探讨儒家文化的资源价值和现代转化指明了方向。其实，进一步深入的、真正有时代意义的儒学研究，是和整个中华传统文化的研究密不可分的，也只有纳入"传统文化现代转化"的发展轨道，才能产生新的时代性的成果。

所以，我们坚信，儒学研究的目标和使命，应该是通过这种研究，认真汲取中华优秀传统文化的思想精华和道德精髓，大力弘扬以爱国主义为核心的民族精神和以改革创新为核心的时代精神，深入挖掘和阐发中华优秀传统文化讲仁爱、重民本、守诚信、崇正义、尚和合、求大同的价值观念，使中华优秀传统文化成为涵养社会主义核心价值观的重要源泉。

上篇

“担当”论

儒家论担当

朱义禄

中国古代的“担当”一词，常见于宋明学人的文集，以明代中晚期到明清之际最为流行。

明代学者洪应明《菜根谭》一书有“宇宙内事要力担当”的话，申述了“天下担当”的意涵。① 之前，南宋的朱熹与陈亮都喜欢用“担当”一词，称：“岂不可出来为他担当一家事”②，“孟子终日言仁义，而与公孙丑恶论一段勇如此之详，又自发为浩然之气，盖担当开廓不去，则亦何有于仁义哉？”③检点本人所见，常用“担当”一词的，在明代还有王阳明、黄绾、王艮、王栋、罗汝芳、李贽、周海门、陈继儒、袁宏道、黄宗羲、李渔、颜元等十余人。此后“担当”一词为小说家所沿用而广泛流传，如冯梦龙的《警世通言》与曹雪芹的《红楼梦》等。④

宋明学人所使用的“担当”一词，含义不尽相同。概括来说有三。

---

① 洪应明说：“宇宙内事要力担当，又要善摆脱。不担当，则无处世之事业；不摆脱，则无出世之襟期。”（参见朱义禄：《菜根谭鉴赏辞典》，上海辞书出版社，2017，第190页。）洪应明因《菜根谭》一书而蜚声于后世，生卒年代不详。他应袁了凡（1533—1606）之邀请，从事道教的研究，又与万历八年（1580）进士于孔谦过从甚密。估计他生活的年代当在周海门与袁宏道之际。明代著名文人陈继儒有与《菜根谭》一模一样的文字，只是把“处世”改为“经世”。（见《小窗幽记》卷三《峭》，吉林出版集团有限责任公司，2012，第87页。）洪应明与陈继儒二人，在认同儒家担当精神的同时，又夹杂进佛家意识，故不详论。

② 朱熹：《朱子语类》卷八十七，中华书局，1986。

③ 陈亮：《陈亮集》卷二十《又甲辰秋书》，中华书局，1974，第281页。

④ 冯梦龙：《警世通言》卷四十《旌阳宫铁树镇妖》：“贤弟好去为官，家下一应事体为姐的担当，不劳远念。”人民文学出版社，1987，第628页。曹雪芹：《红楼梦》第六十二回：“你既有担当给了我，原该不叫一个人知道。”人民文学出版社，1979，第788页。

青年时代的王阳明，想通过格竹来弄懂朱熹的格物致知学说，结果反而生了一场大病。他对学生叙述这一经历时说：“其格物之功，只在身心上做，决然以圣人为人人可到，便自有担当了。”[①]罗汝芳所说与王阳明相近：“若肯担当，莫说是汝，即途人皆可以为圣贤；若不担当，莫说是汝，即是圣贤，亦不知所终矣。”接着学生问道：“担当果是要紧，但须以何为先？”罗汝芳的回答是：“以信为先。”[②]两人强调向内用力，就能成为圣贤了。在王阳明那里是“良知”，在罗汝芳那里为“赤子之心”。[③] 在他们看来，在自家主体意识中确立起成为圣人的信心，就是他们使用“担当”一词首先要表达的含义。

担当的另一种含义，是指独立人格精神。晚明时期浙东著名学者周汝登，为张元忭的文选作序时，对其人格着实赞扬了一番：“更一片精神流贯世道，尤为近世士人所希。方江陵柄国时，人人讳言学，而公口不绝谈，在京师联群京师，在越联群于越”，“义所当为，挺身一无所避。至今想见其殷恳之衷，直前之气，犹令人神王而心竦。以此精神担当世道，鼓舞人心，似宇宙间不可一日无若人者”。[④] 张元忭（1538—1588），明代学者，号阳和。浙中王门代表性人物，明清之际学者张岱的曾祖父。“方江陵柄国，人人讳言学”，是说张居正执政时禁止讲学的事。就张居正所实行的改革而言，如同茫茫黑夜中的一道闪电，让明王朝的危机得以缓和。但以他个人的性格来说，他容忍不得

① 王阳明：《王阳明全集》卷二《传习录下》，上海古籍出版社，1992，第120页。

② 罗汝芳：《罗汝芳集》，凤凰出版社，2007，第282页。意为担当的前提是诚信，诚信是履行担当的必备的心理条件与人格素质。本文不作展开。

③ 罗汝芳把孟子“性善论”纳入了自己学说的宗旨“赤子之心”中，详见本人即将出版的《泰门王门思想研究》一书第五章。

④ 周海门：《周海门先生文录》卷七《张阳和先生文选序》，《周汝登集》，浙江古籍出版社，2017，第180、181页。周汝登，号海门，官至南京尚宝司卿。明代著名学者，笃信阳明心学，又杂糅进佛教，为明末把阳明心学引向禅学的代表性人物。所著《圣学宗传》，黄宗羲很是不满，有尖锐的批评。

不同政见者，独断专行。当时心学思想在神州大地广为传播，书院讲学蔚然成风。阳明心学中偏重思想解放的一面，成为士人们批评朝廷的思想利器。张居正认为，必须禁锢此种风气："二三子以言乱政，实系朝廷纲纪所系，所谓芝兰当路，不得不锄者，知我罪我，其在乎是？"[①]"芝兰"为能发出芳香的花木，若是挡住了我的去路，也得挥锄去之。这是万历七年（1579）下诏，毁书院，禁讲学的主要原因所在。何心隐撰写《原学原讲》万言长文，矛头直指张居正。湖广巡抚王之垣谄媚张居正而捕杀何心隐，是当时文化专制主义诛杀异端的一个实例。张元忭不惧高压，无论在京师，还是在浙江，他联络士人与学者一起讲学，从没有间断过。张元忭挺身而出，浩然之气洋溢于胸中，"以此精神担当世道"。须知，他是张居正的门生，但他一生从不依附他人。张居正时，满朝官吏为之奔走求神，他不趋附奉承，时人评曰："盖君之进也，出江陵门下，当其炎炎时，卑者蚁附，高者鸷鸣，而君不随不激，有以自守。"[②]这令我想起了陈独秀的名言："盖自认为独立人格自主之人格以上，一切操行，一切权利，一切信仰，唯各自固有之智能，断无盲从隶属他人之理。"[③]"义所当为，挺身一无所避"，正是张元忭独立人格的真实写照。

"担当"的第三个含义是指个人的责任感。内中分为两个层次：一是对个人的所作所为承担责任。李贽评论王艮时说："然此老当时亦为气魄亏，故不能尽其师说，遂一概以力量担当领会。"[④]这是说，王艮之学已偏离王阳明了，但他不怕旁人议论，愿意自己承担责任。最为

① 张居正：《张太岳集》卷二十五《答汪司马南溟》，中国书店，1999，第297页。

② 王锡爵：《明奉直大夫左春坊左谕德兼翰林院侍读阳和张公墓志铭》，载《张元忭集》，上海古籍出版社，2015，第6页。

③ 陈独秀：《敬告青年》，《青年杂志》1919年1月15日第1卷5号。

④ 李贽：《与焦漪园太史》，载《李贽文集》第一卷《续焚书》，社会科学文献出版社，2000，第27页。

人们熟知的是黄宗羲“赤身担当”了：“诸公掀翻天地，前不见有古人，后不见有来者。释氏一棒一喝，当机横行，放下拄杖，便如愚人一般；诸公赤身担当，无有放下时节。”[①]这是说，泰州学派中的颜山农、何心隐等人，为实现自身理想而不惜以身殉之的精神。二是指个人对社会与民族所承担的责任。至于张载《西铭》中四句教，“为天地立心，为生民立道，为去圣继绝学，为万世开太平”[②]，虽无“担当”二字，但确实洋溢着担当精神。

综上所述，担当的三种含义中，其核心就是责任感。在“成圣”情结成为传统的古代社会里，文人与学者视“成圣”，或教导学生“成圣”，是他们安身立命的责任所在，是他们责无旁贷的义务。至于独立人格，是同个人责任感密切相关的。

① 黄宗羲：《明儒学案》卷三十二《泰州学案一》，载《黄宗羲全集》第7册，浙江古籍出版社，2005，第703页。

② 张载：《张子语录》，载《张载集》，中华书局，1978，第320页。

担当意识与儒学精神

朱义禄

担当精神是儒家思想得以传承的一个重要根源性因素，具有积极的资源价值。

从整个儒学发展史的长河来考察，“忧患意识”与“世道担当”构成了儒家“担当”观念的两大内涵，也集中体现了儒学精神的一个基本特征和学问风格。

但“世道担当”是以“忧患意识”为前提和支撑的，而“忧患意识”的自觉及其延伸、落实，就体现为强烈的“世道担当”，这种“忧患意识”与“世道担当”的辩证，屡屡见于历代大儒的思想学说中，成为儒学精神演变发展进程的一大亮点。

一、忧患意识之凝成

一般来说，以周公“制礼作乐”为标志而成书的《周易》，最早透露出“忧患意识”的内涵。《周易》一书，出现了吉、凶、悔、吝、无咎等词汇，但只是程度上的差别，但均离不开以忧患意识为背景。对《周易》的忧患意识进一步作阐述、发挥的是孔、孟。只要人有生老病死、实现欲望、追求发展、自我需要等事情，忧患之心就随之而来。忧患心理是人类的普遍心理，但忧患意识却非人人所能有。一般人忧患身体健康不佳、财富不多、地位不高、名声不显、生命不永等，这只是忧患心理，而不是忧患意识。只有超越自我的层面进到忧国、忧民、忧世的深度，才可能有忧患意识的萌生。个人的患难、贫困、屈辱，孔子以为是不值得忧虑的，值得忧虑的是“道”，“君子谋道不谋食”“君子忧道不忧贫”。[①]“忧道”包括两方面意思：一是忧虑是否得“道”，此属道德修养的完成（内圣）；一是忧虑能否行“道”，即政治理想的推行（外王）。前者属主体的自律，后者则超越个人自我的范围，提升到国家、社会的层面。

孔子的忧患意识，到孟子那里得到较为完备的发展。据近人杨伯峻统计，《孟子》全书的“忧”字共27见，归纳一下有三个方面的内容：

第一，提出“生于忧患死于安乐”的见解：“入则无法家拂士，出则无敌国外患者，国恒亡。然后知生于忧患而死于安乐。”[②]这里生死相对，忧患安乐并称，重点在忧患上。“死于安乐”是指忘了忧患意识而尽情享受快乐，不幸死亡。过于安逸，缺乏忧患意识，必将导致悲剧的产生。

第二，以树立终身的忧患意识为“君子”的必备品性。孟子说：“君子有终身之忧，无一朝之患也。”[③]“君子”是儒家理想人格的所在，他有着深沉的忧患意识。按照孟子的见解，人皆可以为尧舜，不如尧舜就是“君子”的终身忧患。

第三，孟子主张与民同忧民，给忧患意识注入了民本思想的新因素：“乐民之乐者，民亦乐其乐，忧民之忧者，民亦忧其忧，乐以天下，忧以天下，然而不王者，未之有也。”[④]劝诫国君不要行暴政，是从争夺天下的角度要国君认识“民为贵”的道理，“忧民之忧”与“乐民之乐”是以“王天下”为出发点。“王天下”的前提是与民同忧乐，因为庶民不但是生产的主力，而且承担着赋役，在对外战争及诸侯之间的争斗中起着

① 《论语・卫灵公》。
② 《孟子・告子下》。
③ 《孟子・离娄下》。
④ 《孟子・梁惠王下》。

举足轻重的作用。

大约成书于战国末的《易传》说："《易》之兴也，其于中古乎？作《易》者，其有忧患乎？"直接采用"忧患"一词，揭示"易经"的忧患意蕴，又传承、提炼孔孟的忧患意识，表达得更明确了。

后世儒家对忧患意识，发挥得最为出色的当数范仲淹了。在《岳阳楼记》中，他提出"先天下之忧而忧，后天下之乐而乐"的主张。范仲淹没有到过岳阳楼。他的好友、同科进士滕子京在庆历四年(1044)贬谪为岳州太守。到任后的次年，他重修岳阳楼，寄去《求书记》请范仲淹作《记》，并附了一册《洞庭晚秋图》。范仲淹当时被贬到河南邓州，他见图后浮想联翩，写成千古名篇《岳阳楼记》。这种"先忧后乐"的高超境界是他积淀于心许久的民本思想的升华。范仲淹"先天下之忧"的"天下"，不是古代君王心中的"家天下"，而是指社会底层的民众。在"以工代赈"的实际行动中，他的"先忧后乐"境界显现无遗。

"以工代赈"一词最早出现在北宋，是指官府出资兴建公共建筑的办法来赈灾，而不是用领赈米、赈银或煮粥赈济的传统办法来解决灾民的生计。这在古代救灾史上是一个创举，沈括觉得这件事很新鲜，就把它记录在《梦溪笔谈》中。"以工代赈"的始作俑者是范仲淹。皇祐二年(1050)，范仲淹知杭州时，两浙地区发生饥荒。当地民众"好为佛事"，他召集各佛寺的主持说："饥岁工价至贱，可以大兴土木之役。"于是"诸寺工作鼎兴"。范仲淹又命令官府翻新仓库吏舍，每天使用上千名灾民。"监司奏劾杭州不恤荒政，嬉游不节，及公私兴造，伤耗民力。"[①]"监司"是监察州县地方官的官员简称，他上书弹劾范仲淹，说他不是脚踏实地在做救灾工作，而是嬉戏游乐，毫无节制，又大兴土木，尽干些伤耗民力的事情。为此范仲淹向朝廷上奏，讲自己兴造公

① 沈括：《梦溪笔谈》卷十一《官政一》，上海古籍出版社，1987，第419页。

共工程事的理由。“以工代赈”的效果是良好的，“贸易、饮食、工技、服力之人，仰食于公私家，日无虑数万人，荒政之施，莫此为大”。当时两浙地区只有杭州秩序安定，民众没有外逃的。沈括称赞说：“皆公之惠也。”①为了解决民众的饥饿，范仲淹冒着被弹劾的风险，自觉扛起赈济灾民的责任。

忧患意识是说主体对社会、国家、生民抱有一种强烈的主体责任感。它是人在困难的处境中，或觉察到未来灾难即将降临时，在思想与意志上所提振的警惕心及行为上所激发的主体情感。与忧患意识相关的字眼大多是感伤的，但却蕴藏着克服当前境遇所造成之障碍的精神动力。顺此意思而下，就是“担当世道”理念的萌生。

二、忧患意识落实于“担当世道”

由《易经》肇始的儒家忧患意识，经过孔子的发挥，到孟子那里形成了面对忧患而要求加以救济的宗旨。这一宗旨就是孟子“穷独达兼”的人生哲学，其中“兼善天下”的意思与“担当世道”是同义的。孟子说：

> 士穷不失义，达不离道。穷不失义，故士得己焉，达不离道，故民不失望焉。古之人得志，泽加于民，不得志，修身兼于世。穷则独善其身，达则兼善天下。②

先秦诸子奔走于各诸侯国之间，其目的就是“各以其说以干世主”③。儒家可谓其中的翘楚。指责孟子不懂人性的荀子，在这一点上却是认同了孟子：“通则一天下，穷则独立贵名。”④从深受儒学影响

① 沈括：《梦溪笔谈》卷十一《官政一》，上海古籍出版社，1987，第 419 页。

② 《孟子·尽心上》。它为历代士大夫所信奉，与整个封建社会相始终。

③ 《史记·孟荀列传》。

④ 《荀子·儒效》。

的南朝文论家刘勰的“达则奉时以骋绩”[①]，中经白居易的“达则兼济天下”[②]，到清初大儒李二曲的“儒者之学，明体适用之学也……明体适用之正业，处也有守，出也有为，生民蒙其利济，而世运宁有不泰?”[③]就历代士大夫实际人生经历而言，“独善其身”是不得已而为之，其内心深处跃动着的是“兼善天下”的雄心壮志。孟子的“达则兼善天下”，后世通用的是白居易“达则兼济天下”。一字的改动，更能体现出担当的意味。

儒家不同于道家的根本之处在于，儒家是主动地把天下的事情揽在自己的身上，而道家则尽量把应做的事情往外推。孔子一生栖栖遑遑，奔走于列国之间，热心救世，以至达到了“知其不可而为之”的地步，为后人作出了榜样。这一优秀传统，映照在明清之际启蒙学者身上。他们承担了个人主体对社会整体极为沉重的时代使命感与历史责任感，达到了明清之际所能达到、在今天看来尚属难能可贵的高度。生活在明清鼎革之际的颜元，他表示自己要做“担当世道、劳济生民”的人：

> 天为世道人心生圣贤，原不是教他“逸”的。七先生身分各有一定的，可不可便各成一高品，而不做担当世道、劳济生民的人，故曰“逸民”。夫子无一定隐见，无一定进退，只一副热心肠，虽不遇圣明，而一生无一日安逸，此所以为千圣之中为独异，岂第异于七子哉！[④]

“七先生”指伯夷、叔齐、虞仲、夷逸、朱张、柳下惠、少连。其中影响深

① 刘勰：《文心雕龙·程器》，载陆侃如、牟世金：《文心雕龙译注》齐鲁书社，1981，第407页。

② 白居易：《白居易集》卷四十五《与元九书》，中华书局，1979，第964页。

③ 李颙：《李二曲集》卷十四《盩厔答问》，中华书局，1996，第120页。

④ 颜元：《四书正误》卷四，载《颜元集》，中华书局，1987，第226页。

刻的是“不降志辱身”的伯夷与叔齐。颜元以为，伯夷与叔齐这样的“逸民”不是后人的榜样。因为孔子是不希望人去做“逸民”的。这是颜元诠解《论语·微子》时说的。颜元以为，孔子的行为后人作出了表率，他周游列国，热心救世，常常一个地方坐席未暖，就惦记着另一个地方而匆匆离去了，为的是做有益于国计民生的事情。“一生无一日安逸”，在颜元看来，是孔子被后世尊为圣人的缘由。颜元豪迈地说：“天下事皆吾分内事，儒者不费力，谁费力乎！”[①]临终时嘱咐学生说：“朝廷大政，天下所不能办，吾门人皆办之；险重繁难，天下所不敢任，吾门人皆任之。”[②]颜元强调一个“任”字，天下人不敢担当的“朝廷大政”，他与自己的学生都能承当。“天下内事，皆吾分内事”，就是他心目中的担当精神。他不但自己对社会、民族有着深沉的社会责任感，抱有强烈的担当精神，还希望他的学生也要有此种精神。

“担当世道”在顾炎武那里，初表达为：“引古筹今，亦吾儒经世之用。”[③]顾炎武以为，“经世之用”不仅仅是学风，更主要的，它是有力地推动人们去干预社会现实的使命感，去改变现实困境的精神动力，是个人与民族、国家的前途与命运捆绑在一起的责任感的映照。后来顾炎武表达为：“今日拯斯人于涂炭，为万世开太平，此吾辈之任也。”[④]“吾辈”与顾炎武常讲的“匹夫”实为同义词：“梦中之心，觉时之心也；匹夫之心，天下人之心也。今将暂别贵地，民生利病望悉以见教。”[⑤]他把“天下人”的“利病”，放在自己的心中，而“匹夫”之心，是贯串顾炎武一生的。正是从关心国家民族的命运与前途的责任感出发，他花了毕生

---

① 颜元：《存学编》卷二，载《颜元集》，第 68 页。

② 颜元：《存学编》卷一，载《颜元集》，第 40 页。

③ 顾炎武：《亭林文集》卷四《与人书八》，载《顾亭林诗文集》，中华书局，1983 年第 2 版，第 93 页。

④ 顾亭林：《亭林文集》卷三《病起与蓟门当事书》，载《顾亭林诗文集》，第 48 页。

⑤ 顾亭林：《亭林文集》卷四《与人书七》，载《顾亭林诗文集》，第 92 页。

的精力去研究中国的历史与现状。他对“国”与“天下”作了严格的区别，认为“亡国”只是改换朝代的事情，“保国”只涉及统治者们的利益，而“天下兴亡”是关系到整个国家与民族生死存亡的大事。“天下兴亡，匹夫有责”，至今，它已成为每一个有志于中华腾飞的热血青年与志士仁人的口头禅。“天下兴亡，匹夫有责”，正是“担当世道”的经典性表述。这在黄宗羲那里，就是主体对民族前途所抱的“扶危定倾之心”：

> 扶危定倾之心，吾身一日可以未死，吾力一丝有所未尽，不容但已。古今成败利钝有尽，而此不容已者，长留于天地之间。愚公移山，精卫填海，常人藐为说铃，圣贤指为血路。①

在黄宗羲看来，“常人”只知墨守宋儒的传注，以求得个人修养上的受用。在“天崩地解”时代里，“落然无与吾事，犹且说同道异”②。他们没有责任感，民族的前途与他们毫不相干。黄宗羲指出，历史上的“成败利钝”是有尽头的，但只要自己生存于世间，尚有一点力量未尽，就是没有竭尽全力。“不容但已”，是指不得不然、必然如此的意思，为主体蕴涵着一种冲动、难以遏制的情感。“扶危定倾之心”如同愚公移山、精卫填海一样是“长留于天地之间”的。“常人”却藐视这种“不容但已”的主体情感，就像小说不登大雅之堂一样（“常人藐为说铃”）。黄宗羲强调，“扶危定倾之心”，不受外界任何力量的影响，这就是发自内心而身不由己的担当精神。

“担当世道”的理念，王夫之以为，是体现在“以身任天下”的“豪杰”身上的：

---

① 黄宗羲：《兵部左侍郎苍水张公墓志铭》，载《黄宗羲全集》第十册，浙江古籍出版社，2005，第288页。

② 黄宗羲：《留别海昌同学序》，载《黄宗羲全集》第十册，第646页。

> 既以身任天下，则死之与败，非意外之凶危；生之与成，抑固然之筹画。生而知其或死，则死而知其固可以生；败而知有可成，则成而抑思其可以败。生死死生，成败败成，流转于时势，而皆有量以受之，如丸善走，不能逾越于盘中……岂徒介然之勇，再鼓而衰，不足恃也？……豪杰之与凡民，其大辨在此夫！①

"以身任天下"的人，是把生死成败置于度外的"豪杰"。在王夫之心目中，个人的命运应当与国家民族的危难捆绑在一起。当个人为扭转局势而从事各种活动时，已懂得生死成败、相因相转的道理。生命的死亡，事业的失败，他们都有足够的气量承受。这与持一介之勇的"凡民"，有着天壤之别。

"担当世道"的理念，核心是责任感。责任感有低层次与高层次之不同，低层次的责任感是自我约束，即自身不做危害他人与社会的事情，对自身的行为负责任。如遵守社会公德、照顾好自己的家庭等。高层次是指主体对他人、民族与社会所承担的责任，时刻把天下的事情放在心中，始终不忘在条件许可时自觉地践行有利于民众的事情，为国家与民族建功立业。这种担当精神就是高层次责任感的典范。这是古代儒家留给中华民族宝贵的精神资源。明清之际，启蒙学者所以成为同时代的先行者，固然与他们的个人经历、学术修养及所处的社会环境有关，但也与他们所具有的担当精神分不开。尽管他们的理想因时局的变动没有得到实现，但他们的内心，充塞着的是"匹夫有责""扶危定倾""身任天下""利济苍生"的责任感。儒学的优秀传统，不是在专注于钻故纸堆与只知道闭门修养的陋儒那里，而是和孔孟提倡且为明清之际启蒙学者所继承并身体力行的担当精神相关的。

---

① 王夫之：《读通览鉴》卷二十八《五代上》，中华书局，1976，第1039页。

儒家担当精神的思想基础

施忠连

一、儒家担当精神的形成与发展

李大钊赠友人的“铁肩担道义，妙手著文章”对联，十分清晰地展示了中国共产主义者的革命意志和时代担当。正是这种意志和担当，赋予中国共产党人特有的精神气质，造成他们英勇顽强的坚韧品格和宏伟不竭的精神力量，使他们成为中华民族的脊梁。当然，毋庸置疑，中国现代革命家铁肩承担的道义与他们妙手所著的文章具有鲜明的时代特质。

从渊源上讲，李大钊的这副对联，却衍生于明代铮铮铁骨名臣杨继盛的临刑豪言：“铁肩担道义，辣手著文章”，只是将其中“辣手”二字改为“妙手”而成。明嘉靖年间，杨继盛任兵部员外郎，其时正值权相严嵩为非作歹，杨继盛嫉恶如仇，上疏弹劾严嵩“五奸十大罪”，遭奸人构陷入狱，被严刑拷打至死。杨继盛为弘道行义慷慨赴死，弘扬了儒家士大夫以天下为己任、威武不能屈、舍生取义的豪杰精神，是其责任意识、时代担当的集中表现。

儒家的担当精神是儒学奠基人孔子和孟子着力倡导和培育的，有效促使儒家宝贵传统的形成。

孔子要求“当仁不让”，勇于任事。他自己为了实现理想政治，虽然年过半百，仍然冒险犯难，坚持率领弟子周游列国。他还提出“杀身成仁”，主张牺牲自己的生命，以维护、推进正义事业。正是在孔子思想的熏陶下，其弟子强烈地意识到“士不可以不弘毅，任重而道远。仁以为己任，不亦重乎；死而后已，不亦远乎”①。孔门担当意识由于孟子而获得更大发扬。孟子主张士大夫，即社会精英应当将天下人的命运置于自己的心中，提出“乐以天下，忧以天下”②。士人要有完善外部世界的强烈责任感，见有一人挨饿犹己使然，见有一人溺水犹己溺之。而且，士人应当养成“浩然之气”，以大无畏的精神面对危害真理和正义的各种强大的势力，“道之所在，虽千万人吾往矣”③。在特定的人生境遇中，在生命与道义不能兼顾之时，仁人志士不得已作出选择时要“舍身取义”。正是在孔孟精神的鼓舞下，后世儒家杰出人士以民族的命运为怀，以进击的姿态应对时代的挑战，为国家和人民排忧解困。如东汉被誉为“天下楷模”的李膺身陷党锢之祸，慨然“欲以天下风教是非为己任”④，最后为国事被拷打至死，显示出有天下担当之士的骨气和高风亮节。

到了宋明时期，儒家担当观念得到更明确的表述，担当精神得到更大的发扬，其内涵有了更广泛而深入的阐述。那时儒学大师常以“担当”二字评品人格，担当一词逐步为广大士大夫所使用。如二程赞赏吕大均兄弟不畏人言，编写《吕氏乡约》，说他们“任道担当，其风力甚劲”⑤。朱熹多次强调担当精神，指出“决然不为小人邪说所乱，不为小利近功所移，然后可以向前担当，鞠躬尽力”。文天祥在《己未上皇帝书》中主张改革，震动朝野，此奏折说：“天下有事，凡能担当开拓排难解纷，惟其才耳。”可见，那时担当已经成为社会精英的普遍追求。

---

① 《论语·泰伯》。
② 《孟子·梁惠王下》。
③ 《孟子·公孙丑上》。
④ 《后汉书·李膺传》。
⑤ 《二程遗书》卷二上。

宋明时期对担当观念最概括、最全面的表述当推张载“四为”名言：“为天地立心，为生民立命，为往圣继绝学，为万世开太平。”[①]张载对担当观念的这种表述，立意之高，眼界之广，心胸之宏伟，思想之深邃，纵观整个儒学发展史，罕见其匹。以现代人的眼光看，其担当意识之博大精深，不逊于世界任何一个精神传统和宗教学说。程颢曾说，“天地无心，以生物为心”[②]，张载自己也明确说过，“天地之心惟是生物”[③]。他又说：“天地之大德曰生，则以生物为本者，乃天地之心也。”[④]而据宋儒之说，仁乃生生之道。可见，“为天地立心”就是将仁确立为宇宙最高法则，让整个宇宙充满生机，世界万物蓬勃生长，繁荣兴盛。“立命”一词取自《孟子·尽心上》“夭寿不二，修身以俟之，所以立命也”一语。“为生民立命”是说帮助人们认识精神、德行和品格对于成功的人生具有决定性意义，应当借以安身立命，掌握自己的命运，以创造一个富有意义的人生，而不受寿夭穷达等不可知的命运摆布。“为往圣继绝学”是要在异端邪说甚嚣尘上的时代，阐发和弘扬人类精神导师早已提出、却被世人抛弃的真理和学说。“为万世开太平”则是要为人类开创理想政治和永久和平的美好生活环境。总之，“四为”名言极其精辟地表达了传统社会士大夫在构造、践行儒家宇宙观、人生观、学术思想和政治哲学方面基本观念的宏伟抱负，显示了儒家的担当意识在为宇宙立法、为世界确立意义和秩序、为人类建立价值标杆和理想环境所达到的精神高度。

明清以后，由于儒家大师坚持不懈的努力，儒家的担当意识开始对大众产生影响，顾炎武的名言“天下兴亡，匹夫有责”对这一意识在

---

① 张载《横渠语录》。
② 《二程粹言·天地篇》。
③ 《横渠易说·上经》。
④ 同上。

社会上的普及发挥了巨大的作用。清末到民国时期,中国陷入空前的民族危机,各阶层无数仁人志士与谭嗣同、李大钊、方志敏等英雄人物一样,勇敢地承担起挽救国家危亡的历史重任,前仆后继、义无反顾地投入与国内外凶恶敌人的殊死搏斗,硬是为中国开辟出了一个全新的天地,传统的担当意识对于中国的浴火重生无疑发挥了重要作用。

二、天下情怀:万物一体之仁

儒家特别注重孝道,在许多人看来,这是一种宗法主义学说,似乎只关注家庭和家族。然而,如前所述,儒家的担当意识显示了十分宽广的眼界和非常博大的胸怀,其承担责任的范围囊括宇宙、世界、人类和国家。而且,其担当意识如一根红线,贯穿儒学发展的全过程和中国数千年波澜壮阔的历史进程,而不是只表现于儒学经典的只言片语之中,也不是靠少数好古学者在古籍中索隐,加以牵强附会解说、拔高而得的。儒家的担当意识不是偶然出现的,而是有深刻的思想基础,是其全部学说,尤其是其哲学理论的结晶。

儒家的担当意识不是出于某种道德教条要求的责任感,更不是来自某种宗教信仰所规定的使命承担,从根本上说,是源于儒家万物一体的博爱思想。

孔子盛赞“博施于民而能济众”的行为,认为能够这样做的人完全具有仁的品德,甚至可以说达到圣人的精神境界了。[①] 同样,孟子也提出仁是一个无限地扩充爱的过程,他说:“亲亲而仁民,仁民而爱物”[②]。这种博爱思想不只是一种理性认识,更是生发于心灵深处的恻隐之情。恻隐之心是热爱、关怀、同情、怜悯他人的一种感情,被孟

---

① 《论语·雍也》。

② 《孟子·尽心上》。

子称为“仁之端”，加以培育、扩充后，能够使一个人与万物一体。反之，人如果无恻隐之心，对百姓或他人任何不幸、对世间任何不平之事都会麻木不仁，无动于衷，由此对世界、社会、他人就不会承担应尽的责任与义务，而且事事从个人利益出发，斤斤计较，由此产生各种矛盾，进而引发冲突，甚至互相残杀。

万物一体之仁则不然，它有三个显著特征，从而具有三个独特的优越性。

首先，它不是来自超越于个体、或超越于人类之上的神的精神力量，而是源于自我，源于个体的内心，是忠恕之道使然。诚如孔子所言，“己欲立而立人，己欲达而达人”①。又如孟子所说，“幼吾幼以及人之幼，老吾老以及人之老”②。这样，担当意识就会从内心油然而生，对他人的思想、感情和欲望有一种切身的体验，因此关爱他人和社会有一种内生的不竭动力，成为一种自觉的行为。这种由自我而生的关爱、同情能够打通自我与他人之间的界限，理解、体谅他人，甚至设身处地为他人着想，感受到他人的情感以至于痛苦，体会到他人的难处，感同身受，如此就能消解、破除横亘在个体与他人之间的隔膜、冷漠、误解、对立，甚至仇恨，竭诚关心和帮助他人。

其次，万物一体之仁使人产生一种天下情怀，从而勇于对世界和全人类承担责任。儒家虽然认为爱有等差，但一贯反对将仁爱限制于家人，反对用狭隘的家庭窒息仁爱。《论语·学而》“孝悌为仁之本”之说不是把仁归结于孝悌，而是把孝悌视为仁的起始，用孝悌所体现的那种发自内心的、自觉的、非功利的、炽烈的爱来定义仁的内涵，体验真正的仁爱情感。其实，真正的爱，其本质特征是扩散的，扩充的，利

---

① 《论语·雍也》。
② 《孟子·梁惠王上》。

他的，而不是封闭的，凝固的，利己的。局限于狭隘的小圈子的“爱”，其实质是自私，并不是真正的仁爱。实际上孔子高度赞颂“博施于民而能济众”的博爱精神，认为这已达到圣人的精神境界了[①]。孟子提出，天下哪怕有一人陷入灾难、饥饿之中，仁爱之人也会感到非常不安，会产生强烈的责任心去拯救他。他以儒家推崇的圣人的情操为例说：“禹思天下有溺者，犹己溺之也；稷思天下有饥者，犹己饥之也，是以如是其急也。”[②]按照儒家的理念，世上所有的人都是兄弟姐妹，任何一个人处于困顿之中，他人都要加以援助，这种思想在张载的《西铭》中得到经典性的表述。《西铭》提出，天下所有的人都是天地这一对父母所生，为一母同胞，一个人无论在哪里，都要“尊高年”“慈孤弱”，关爱儿童，“凡天下疲癃、残疾、茕独、鳏寡，皆吾兄弟之颠连而无告者也”，人人都应该对他们给予帮助。可见，儒家的担当精神远远超越家庭、乡里、民族和国家，普施于全世界，普及于全人类。正是出于这种对天下人福利所怀抱的强烈而深切的责任心，儒家精英终身在学术研究或治国实践中致力于探索改良政治、完善社会环境、实现世界永久和平的方法和途径，不少人为此遭受恶势力的残酷迫害，甚至献出宝贵的生命。

再次，儒家的万物一体之仁具有知性内容，要求人们追求知识，促进天地间万事万物的兴旺发达。孟子曾经明确地提出“亲亲而仁民，仁民而爱物”[③]，这句话揭示仁爱不断扩展的过程，强调仁爱不能停留于亲亲和仁民，而且要达到爱惜天地万物，促进其生长发育的地步。与此相似，《中庸》提出：“唯天下至诚，为能尽其性。能尽其性则能尽人之性；能尽人之性，则能尽物之性；能尽物之性，则可以赞天地之化

---

① 《论语·雍也》。
② 《孟子·离娄下》。
③ 《孟子·尽心上》。

育；可以赞天地之化育，则可以与天地参矣。”这也就是《中庸》所说的成己、成人、成物的递进过程。尽己之性就是充分发挥自己的仁爱之性，如此方能成就自己；尽人之性就是帮助他人充分发挥仁爱之性，这样就能成就他人；尽物之性就是充分认识和发挥事物之本性，促使事物茂盛发育，蓬勃生长，即成物。因此，《中庸》清楚地指明，“成物，知也”。这里的“知”应读为“智”，这句话是说“成物”是智识方面的事情。可见，从事知识、理论、学问方面的研究、创新也是人们必须担当的职责，是成仁以达成理想人格的必须。尤其值得注意的是，尽物之性以成物的意识是以儒家生物之仁的观念为理论基石，以“赞天地之化育”为抱负。“赞天地之化育”之“赞”，按照朱熹的解释意为“裁成辅相”。此语出自《周易·象》：“天地交，泰，后以财（裁）成天地之道，辅相天地之宜，以左右民。”“裁成辅相”根据程颐的解说，表达的意思是：“天地之道，不能自成，须圣人裁成辅相之。如岁有四时，圣人春则教民播种，秋则教民收获，是裁成也；教民锄耘灌溉，是辅相也。”①朱熹持相似的看法：“天生得许多人、物，与你许多道理，然天却自做不得，所以生得圣人为之修道立教，以教化百姓，成就万物”。② 由此可见，“赞天地之化育”一说意在激励、鼓舞人充分发挥自己的主观能动性和创造性，积极地参与、干预天地间大自然的演变过程，具体说来就是要去探索自然及其规律，把握事物的性质和功能，从中总结出有助于国家治理、社会完善、文明进步和人民幸福的法则、方略、理论，把有益于人类的可能性变为现实性，而把有害于人类的可能性消弭于无形，有力地推动世界向着更美好的未来前进，这就是儒家的担当意识、张载“四为”说深厚而又坚实的思想根基。

---

① 《河南程氏遗书》卷二十二上，“伊川先生语八上”。

② 《四书集注·中庸章句》。

三、境界追求：弘道行义担使命

“道”在日常用语中表示道路，在儒学中原是指政治学和伦理学意义上的必由之路，能够为治国理政、为人生确立正确方向；引申泛指必须遵循的法则或方向，可以指特定的哲学观念、政治原则、道德准则和文化传统，也可以指最高的真理、最深邃的哲学智慧、普遍的道德法则和正确的政治路线。孔子认为道对于人来说具有头等重要的意义，他要求每一个想有所作为的人“志于道，据于德，依于仁，游于艺。”①行道被置于首位。在他看来，生命的价值、生活的意义就在于闻道、求道和行道。他甚至用振聋发聩的语言说：“朝闻道，夕死可矣。”②儒家的睿智就在于，在他们看来，人对于道不是完全被动地接受和遵循，而是可以采取积极主动的姿态以弘扬道，正如孔子所说：“人能弘道，非道弘人。”③君子在腐败风气盛行、邪恶势力嚣张之时，应当自觉地承担责任，勇敢地站出来，以自己的正义行为行道和弘道，正是灵魂这一坚定而不可抑制的冲动使中华今古志士仁人的生命绽放出灿烂光辉。

“义”的本义为“宜”，因此义的观念注重行为的正当性和恰当性。正当性表明行为合乎正义、道义、原则，是正确的，高尚的，富有意义的，甚至是崇高的。因此，孔子提出君子必须“行义以达其道”④，平时对待各种事情要以义为依归⑤，甚至要“守死善道”⑥。义的特点是同一个人的行为紧密地联系在一起，义可以说是人们的行为的应然要求和必然命令。因此，那些对社会、国家、民族负有责任的人，在面临人

① 《论语·述而》。
② 《论语·里仁》。
③ 《论语·卫灵公》。
④ 《论语·季氏》。
⑤ “义之与比”，见《论语·里仁》。
⑥ 《论语·泰伯》。

生重大抉择时，必须不顾任何对己不利后果，不惜牺牲个人的任何代价，做出合乎义的行动来。否则他的灵魂将要经受强烈内疚的痛苦煎熬，而且必定会遭到外界舆论的指责。所以孔子说："见义不为，无勇也。"①

总之，道义的巨大作用就在于在人们的灵魂中激发宏伟的正能量，使他们胸中充满浩然正气，油然而生一种庄重的使命感，以致面对腐朽而张扬的势力，能够以进击的姿态，义无反顾地投身正义的事业，这就是历代儒家杰出人物担当行为的精神根源。

四、宏大的人生抱负：使命意识

所谓使命感是指一个人对肩负、完成一项伟大事业所抱有的自觉意识，他以为这是其生命意义所在，因此以全部身心为之奋斗终生。基督教也有使命意识，但是其教徒只是把传播主的教诲、把践行教义视为自己的使命。另外必须指出的是，基督教往往会压抑人们的世俗使命意识，因为它认为每个人都有原罪，因此把骄傲列为七宗罪之首，把不依赖上帝而以拯救天下苍生为自己使命视为狂妄的自负，是一种不可饶恕的罪行。与此截然不同，儒家的使命感特别宏大，儒家大师感觉自己对国家、民族以至于人类，对一种文明负有责任，并且将在历史上发挥非凡的作用。

孔子本人就是如此，他将自己视为传统文化的继承者和拯救者。《论语》记载说，孔子在匡这个地方被包围，性命难保，但他镇定自若，说"文王既没，文不在兹乎？天之将丧斯文也，后死者不得与于斯文也；天之未丧斯文也，匡人其如予何？"②显然，在孔子看来，传统文化

① 《论语・为政》。
② 《论语・子罕》。

要靠他来接续、传播下去。而“天生德于予，桓魋其如予何？”[①]一句表达了同样的信念。孟子也有如此宏大的气象，他曾经用十分自信的口气对他的学生说：“五百年必有王者兴，其间必有名世者。夫天未欲平治天下也，如欲平治天下，当今之世，舍我其谁？”[②]孟子在不经意间透露了他的使命感，他的抱负极大，口气自然也就很大。他纵观以往，环顾宇内，以为当今只有自己才能平治天下，成为数百年一遇的伟大历史人物！

孔孟这样的使命感影响很大。儒家精英研读孔孟之书，其自命不凡之气往往油然而生。张载的“四为”志向也是其人生抱负的表白，这与孔孟的使命意识一脉相承，儒家的使命感是其担当意识的重要来源。像陆九渊“仰首攀南斗，翻身倚北辰。举头天外望，无我这般人”[③]这种自命不凡的气概在儒家士人中并不少见。王夫之中年之后身陷亡国困境，窜身瑶乡，伏身深山，后于衡阳湘西草堂，自题画像堂联：“六经责我开生面，七尺从天乞活埋。”他在这样困顿的处境之中，仍然壮怀激烈，豪情万丈，要继往开来，以自己的笔开创中华思想学术文化的新局面。黄宗羲在亡国之后隐居乡间著书立说，其《明夷待访录》书名清楚地显示其非凡的志向：期待成为《洪范》作者箕子这样的伟大精神导师，为类似周武王这样的雄才大略的圣王，立天地人法，在新的历史条件下开创永久的清明政治和延续数百年的盛大朝代。他们都可以说是张载“四为说”的生动体现。清代杰出的历史学家赵翼对此有过精彩的总结，说“江山代有才人出，各领风骚数百年”，这句名言也可以说从一个侧面反映了儒家使命感在历史上造就的人才辈出的盛况。

---

① 《论语·述而》。

② 《孟子·公孙丑下》。

③ 《陆九渊集·仰首》。

使命感赋予儒家精英一种精神上的优越感，从思想和理论的制高点，雄视历史，俯视过往和当今各色权势人物，鞭挞丑恶，规划和开创美好未来。由于这种使命感，儒家精英如孔孟，身处任何逆境，遭受种种屈辱和不幸，意志也不稍有消沉，不会无所作为，而是生命不息，奋斗不止，因而大都各自奏出各有特色的生命华章，这就是使命意识催生担当行为的神奇效应。

五、担当精神需落实于力行

所谓“力行”，就是竭力而行，勉力而行，是讲行动的强度，也就是以顽强的意志、坚韧的精神去实行一种理想、原则、观念或主张，不论遭遇多大困难，经历多少挫折，也要坚持不懈，不达目的，绝不罢休。理想是对现实的超越，原则是对现实中种种不合理的东西的规范，观念往往是对现实社会中盛行的某种思想和行为的限制或否定，主张在实现的过程中通常会遭遇来自各个方面、包括自己的惰性的阻力，如果不用强大的精神力量对付现实社会中的负面因素和反对力量，促使自己扎扎实实地去做，一步一个脚印地去实行，那么理想就只能是空想，原则很可能成为人们弃之如敝屣的废则，观念不过是与现实社会无涉的少数人头脑的制成品，而主张则停留于一厢情愿的主观企求。儒家对此有非常清醒的认识和透彻的分析，因此特别强调力行的重要性。

显然，没有力行观念，担当意识就会落空。正是靠力行观念，儒家的担当成为可以指望的、富有成效的行为。

从本质上说，孔孟是思想家和学者，在这方面他们取得了伟大的成就；然而，孔孟重视的不仅有理论和学术，还有实行，他们怀抱强烈的从政欲望，希望通过自己的努力来改良政治，但他们在这方面是失败者。尽管如此，他们并不气馁，反而更加重视行。也正因为如此，他们特别深刻地感受到力行的重要。当然，力行在他们看来也是培育和完善人们的道德和人格所必须。

孔子对弟子的教诲，力行是个基本内容。力行用孔子的话来说就是“行笃敬”[①]：用踏踏实实、认认真真的态度来行动。他强调言行一致，提出君子讷于言而敏于行，反对口惠而实不至。他还主张，考察、评价一个人的人格，不仅要“听其言”，而且要“观其行”[②]，因为只有从其行为或行动，人们才知道其所说是不是他真正所信奉的东西。

《中庸》对力行的作用给予高度评价：“力行近于仁”。从此语的上文“好学近乎知”和下文“知耻近乎勇”，我们可以认识到，只要力行，离仁、即理想人格就不远了，就像好学使人越来越富有智慧，知耻使人越来越勇于弃恶从善。可见，力行是养成理想人格、成为仁人的必备条件。此后各个时代的儒家大师无不以自己的理论和语言强调行的重要性，如朱熹提出“知先行重”，王阳明主张“知行合一”，等等，无不显示力行观念在儒学体系中的决定性作用。

力行赋予儒家一个特别宝贵的特征，即注重实践，这就使儒家的学说、理想与中国人的日常生活、与历朝历代治国理政的实际过程紧密地结合在一起。凭借儒家精英的担当和奋斗，儒学最终成为普通中国人的生活方式，中国数千年构造、完善社会生态和政治生态的基本手段，由此成为中华传统文化的基本内容和东方文明的精神基础，从而深刻地影响了世界历史的发展进程。

五、玉汝于成：担当要经磨炼

儒家精英对于弘道行义、实现使命的力行过程将要遇到的苦难从

① 《论语・卫灵公》。
② 《论语・公冶长》。

不回避，相反，他们为了激励人们担当不容推卸的社会职责和历史责任，以痛切的言语反复地教人毫不气馁地接受命运的打击，坦然面对贫穷、不幸和苦难。在这方面孔子的表现十分突出，他成为儒学奠基人和中华文明的精神导师与此关系很大。

孔子一生多次遭遇苦难，在周游列国时他与其一众弟子或是断粮数日，生活难以为继，或是被围攻，生命处于危险之中，但都泰然处之，弦歌不辍。他还曾赞扬其大弟子颜回“一箪食，一瓢饮，在陋巷，人不堪其忧，回也不改其乐”①。这些都体现了数千年来人们津津乐道的“孔颜之乐”。“孔颜之乐”的精神实质不在于“安贫”，也不在于知足常乐，更不是以贫为乐。孔子这句话首先突出贫困生活的艰难与痛苦，一般人难以忍受。孔子以此反衬儒家理想人格在如此艰难的状况中仍然不坠青云之志、以求道行道弘道为乐的高尚情怀和精神境界。儒学不同于基督教的苦行僧主义，后者刻意追求苦行以显示信教之虔诚笃实，而前者是把贫困与苦难视为非己所愿而不得不接受的人生境遇，并且以崇高的精神和事业的追求所带来的心灵愉悦来克服贫困与苦难所造成的痛苦。北宋周敦颐曾在其《通书》中揭示这层意思：“夫富贵，人之所爱也；颜子不爱不求，而乐乎贫者，独何心者？天地间有至贵至爱可求而异乎彼者，见其大而忘其小焉尔。见其大则心泰，心泰则无不足；无不足，则富贵贫贱，处之一也。”此语道出孔子颜回心境——“至贵至爱可求”，这是很有见地的，但是“心泰则无不足”一语则不妥，因为儒家精英所追求的“至贵至爱”不易获得，为此他们始终不满足，总是尽力倡导忧患意识。孔子就常常讲到“忧”，例如他说：“德之不修，学之不讲，闻义不能徙，不善不能改，是吾忧也。”②而饱读

---

① 《论语·雍也》。

② 《论语·述而》。

儒家经书的范仲淹也有其忧:“居庙堂之高,则忧其民;处江湖之远,则忧其君。”正是这种“进亦忧,退亦忧”的深沉而又强烈的忧患意识引起儒家精英强大的心灵张力,促使他们采取有力行动,完善个人人格和国家政治生态,以实现自己的使命。

“孔颜之乐”不是消极的无为,不是逃避责任,而是有作为的,进取的。苦难对于儒家精英来说是一种考验,也是一种磨炼,是一种特殊的手段用以锤炼意志、增长才干,养成雄奇的人格以实现宏伟的抱负,孟子将这种认识表达得最为充分而透彻。他说:“天将降大任于斯人也,必先苦其心志,劳其筋骨,饿其体肤,空乏其身,行拂乱其所为,所以动心忍性,增益其所不能。”①这段话虽然从行文上看其主语即主体是“天”,是“天”在磨砺人,但是“天”在儒家哲学中很少表示人格神,在这里如同在大部分儒家表述中一样,表示不以人的意志为转移的客观必然性。因此,此语是说肩负伟大使命的杰出人物通常都要经受各种苦难的打击和磨炼,孟子以此劝勉那些有宏大使命与抱负的人,在遇到各种苦难和打击的时候,不要沮丧,而要用积极的态度对待它们,用以锤炼自身,这是担当“大任”所不可缺少、也是通常会出现的历程。可见,勇于承受苦难是担当的题中应有之义。

为担当大任而以苦难磨砺自身的思想在儒学思想体系中占据十分重要的地位。张载为自己撰写的座右铭《西铭》以极其凝练的文字高度概括了儒家价值系统,讲述儒家理想人格应取的人生姿态。全篇仅 250 个字,却以浓重的笔墨,渲染儒家理想人格对待人间苦难的博大胸怀和弘阔的精神境界,张载赞颂“无所逃而待烹,申生其恭也”,并以“贫贱忧戚,庸玉汝于成也。存,吾顺事;没,吾宁也”之语总结全文,凸显儒家理想人格大气沉雄。

---

① 《孟子·告子下》。

儒家的担当精神和行为既昭示了儒学的精神性，又凸显了儒学的实践性，这两方面的结合构成了儒学的特质，使儒学具有强大的生命力，并且造就了中国历史上众多杰出人物的惊天地泣鬼神的英雄行为和伟大功业，如苏武、文天祥、杨继盛、史可法、林则徐、谭嗣同等等，他们无不是弘扬儒家担当精神的典范。这些历史人物所代表的各个领域卓异恢奇人物，以自己的行为所展示的价值系统构成了中华民族最可贵、最值得珍惜和发扬光大的精神财富，帮助中华民族赢得各个时代的严峻挑战，不断地推动中国历史的进步。

从“儒墨纠缠”看儒家仁爱精神的演进及其价值

施炎平

“儒墨纠缠”的提法，是我联系先秦诸子百家争鸣的文化背景，在思考和梳理儒、墨思想演变进程时获得的一个体会和见解。感慨于儒、墨两家关系上不断发生的交织、集聚的历史现象：既充斥着对峙论争，又持续发生着互相渗透和吸收影响；既互相排斥批判，又存在着互相为用以致兼容合流的倾向。很容易让人产生“儒墨纠缠”的深刻印象。

随着阅读和研究的深入，我对“儒墨纠缠”现象形成了一些逐步清晰起来的认知和理解，现在也成了我结合儒墨比较研究、以深入理解和把握儒学精神价值及其资源意义的一个新的思路和方法。或者说，我是想换个角度来思考儒学精神尤其是儒家仁爱精神的演进历程，并就其特质和价值作些剖析。

一、“儒墨纠缠”的历史考辨

从中国文化史、思想史的角度看，我发现“儒墨纠缠”现象的主要表征有三：一是儒家与墨家初成时的同源；二是早期发展中发生的互批、对峙和相争；三是后来演变中不断呈现的互融、互补趋势，可称之为儒墨相容。

(一) 儒、墨同源

说儒墨同源，有一个根源性的原因：墨子生活的年代晚于孔子，大约与孟子同时，但墨子曾学儒者之术，与孔子同尊尧舜，亦自称“循圣王之道”。这个事实，后世史书多有记载。

据《吕氏春秋·博志》记载：“盖闻孔丘、墨翟，昼日讽诵习业，夜亲见文王、周公旦而问焉。用志如此其精也，何事而不达？何为而不成？故曰：‘精而熟之，鬼将告之。非鬼告之也，精而熟之也。”[①]可以说，墨子与孔子相似，对儒家崇奉的先圣文王、周公及其思想遗存，也是虔诚精心，昼夜诵读，研习精熟，以致日有所思、夜有所梦，在梦中亦朝见、问道文王、周公。赞扬墨子“用志如此其精”，事必达，为必成，同样具有儒家那样的传道责任和事业担当精神。

司马迁的《史记·太史公自序》曾引司马谈《论六家之要旨》，曰：“墨者俭而难遵，是以其事不可遍循。然其强本节用，不可废也。”又肯定：“墨者亦尚尧、舜，言其德行曰……此墨子之所长，虽百家弗能废也。”在司马迁父子看来，“墨者亦尚尧、舜”，当然是认可了墨子开创的墨家学派与儒家是同出一源的。

《淮南子·要略》也指出，墨学之原起于“学儒者之业”，又为补儒学之弊而成。说：“墨子学儒者之业，受孔子之术，以为其礼烦扰而不说(悦)，厚葬靡财而贫民，[久]服伤生而害事，故背周道而用夏政。”这段表述，后来清学者孙诒让著《墨子闲诂》所附《墨子传略》中，就直接采用，同时又引《淮南王·主术训》关于墨子“通六艺”的说法，作了考释辨析，称：“按淮南王书，谓孔墨皆修先圣之术，通六艺之文(主术训)。今考六艺为儒家之学，非墨氏所治也。墨子之学，盖长于《诗》《书》《春秋》。”[②]指出了墨家原出儒，至少学习、传承了儒学“六艺”中的诗、书、春秋三艺，后来“背周道而用夏政”，与儒家在思想传承发展

---

① 《吕氏春秋》卷第二十四。见中华书局版《诸子集成》六，第314页。

② 《墨子间诂·墨子后语·墨子传略》。见中华书局版《诸子集成》四。

上，当属“一源多流”，或“同源异流”。

其实，儒墨两家不仅同出一源，而且其代表人物常有师友关系和身份互换。如墨子弟子、曾为墨家第二代巨子（学派领袖）的禽滑厘，就是“受业于子夏，后学于墨子”。《史记·儒林列传》这样列举“孔子卒后，七十子之徒散游诸侯”的情悦：“与田子方、段干木、吴起、禽滑厘之属，皆授业于子夏之伦，为王者师。”子夏是孔子嫡传弟子，禽滑厘受其业，并因此而担任了“王者师”，当然要受儒家影响，传承儒家之学，后来转学墨子，走了一条和墨子相似的学问之路，“儒墨同源”的熏陶影响应该是重要原因。

所以，孙诒让著《墨子间诂》，所附《墨子后语》有《墨子弟子》传，首列禽滑厘，称其尽传墨子之学，“与墨子齐名”，同时特意记述了两人讲论时，十分注重如何循守尧舜、文武、周公之道。《弟子传》记载很具体，说墨子与禽滑厘两人虽有师徒之分，但都谨守墨道，情同手足，曾“寄于太山”，置备酒具，铺于茅草，相对而坐，面临当时列国纷争、天下混世的局面，讨论“何欲”与“守道”问题，一致认同的仍然是“由圣人之道”。①

（二）儒墨对峙

与此同时，儒家和墨家之间的互相批判、论争甚至攻击，曾经是先秦诸子争鸣中一个突出的景象。

先说儒家如何对待墨家，孟子最为典型。孟子曾十分忧虑当时“天下之言，不归杨（朱）则归墨”的局面，尖锐批判：“杨氏为我，是无君也；墨氏兼爱，是无父也。无父无君，是禽兽也。”申称：“杨墨之道不息，孔子之道不著，是邪说诬民，充塞仁义也。”②似摆出一副与墨家势

---

① 《墨子间诂·墨子后语·墨子传略》。见中华书局版《诸子集成》四。

② 《孟子·滕文公下》。

不两立的架势，发起一通对墨家的恶骂和讨伐，在战国时期百家争鸣高潮中制造了一起儒墨对峙的大事件。

再看荀子，其撰有《非十二子》一文，对墨家的许多观点和主张进行了批判，指斥墨家“不知壹天下、建国家之权称，上（尚）功用、大（重视）俭约而僈（轻）差等，曾不足以容辩异、县（悬）君臣。然而其持之有故，其言之成理，足以欺惑愚众。是墨翟、宋钘（jiān）也。”①

不过，墨家对儒家的批评和责难也不含糊。《公孟》篇记载墨子在与程繁辩论时，就尖锐地指出儒家有“四政之弊”，称：“儒之道足以丧天下者，四政焉。儒以天为不明，以鬼为不神，天鬼不说（悦），此足以丧天下；又厚葬久丧，重为棺椁，多为衣衾，送死若徙，三年哭泣，扶后起，杖后行，耳无闻，目无见，此足以丧天下；又弦歌鼓舞，习为声乐，此足以丧天下；又以命为有，贫富寿夭、治乱安危，有极矣，不可损益也。为上者行之，必不听治矣，为下者行之，必不从事矣，此足以丧天下。”②

墨子批评儒家的四项“弊政”，包括“不明天鬼”“厚葬久丧”“弦歌鼓舞”“以命为有”，指责其造成上者怠于理政听治，下者懒于耕农从事，势必导致“足以丧天下”的后果。由此推介墨子自己的“尊天事鬼”“简葬节用”“非乐非命”“俭财廉政”的治国理政思想主张。

《墨子》还列有《非儒》专篇，集中批评儒家礼乐制度的繁琐、伪善，以及行为规范等方面背离道义又遗弃事功的弊端，指斥儒者“繁饰礼乐以淫人，久丧伪哀以谩亲，立命缓贫而高浩居，倍本弃事而安怠傲”。又借晏子应答齐景公言，指斥儒者“博学不可使议世，劳思不可以补民，类寿不能尽其学，当年不能行其礼……其道不可以期世，其学不可以道众”。③ 此与《公孟》篇对儒家的批评相互呼应。

① 《荀子·非十二子》。
② 《墨子·公孟》。见中华书局版《诸子集成》四，第 277 页。
③ 《墨子·非儒下》。见中华书局版《诸子集成》四，第 180、185 页。

（三）儒墨相容

儒墨相容，是指先秦时期百家争鸣背景下，儒墨两家既持续有互相论争、批判的一面，又产生了相互包容、相互渗透影响以致互补发展的另一面。故儒墨所谓相容，其要不在观点相同、理念相通，而在互相为用，并发生互补、合作的连锁效应。

有意思的是，对于儒家核心性思想的"仁""义"观念，墨子并没有反对，也未见有直接的批评，反而经常引用儒家仁、义等词解释自己的兼爱说、义利观思想，透露了两者多有观念上的相互通容。这种相容，战国后期的一些诸子学派，已有所发现，并一度流传出"视墨同儒"的说法。他们似乎不太关注儒墨关系上的差异与论争，而更在意两者之间的相似和共通。法家就是这样看待儒墨的。《韩非子·五蠹》说："今儒、墨皆称先王，兼爱天下，则视民如父母。"韩非主要是批判儒家、墨家偏于兼爱仁慈，而不欲刑法，但他看到儒家与墨家所宣扬的"兼爱天下""视民如父母"等观念，以及"仁义治民"的主张，并没有什么差别。

事实上，墨子之批评儒家，虽言语尖锐、针对性强，但总体上讲，是有褒有贬，正误混杂。所以，我们不仅要关注儒墨论争的对峙性和差异度，更要借鉴墨家的批评指斥，重新梳理和剖析儒家思想观念内涵的精神价值和资源意义。因为往往在儒墨论争似乎尖锐激烈的同时，儒家和墨家思想的交流渗透、互相影响也十分明显，对此，如果联系儒墨两家思想的演变历史，就更为清晰。其中，的确存在着"兼儒墨"而促进儒家思想拓深、拓展的景象。

"兼儒墨"之说，出于《刘子》书中的一个断语。据林其锬先生考释，《刘子》为南北朝时期思想家刘勰的个人专著，其要旨在"泛论治国修身之要，杂以九流之说"。全书始终贯之以系统性、整体性的思考和梳理，力图综合和汇通三教九流，尤其在揭示“儒道互补”的同时，首次确认了“兼儒墨”一说。

《刘子·九流》篇说：“观此九家之学，虽[理]有深浅，辞有详略，[偕]僪(jú)形反，流分乖隔；然皆同其妙理，俱会治道，迹虽有殊，归趣无异。”[①]又引证五行相灭而相生、四季相反而成岁的自然常理，透过诸子百家鼎立纷争的表象，直指其“俱会治道”“同其妙理”，最终“异流一源”“归趣无异”的本相和趋势。这样的分析、评价，显然是上承先秦杂家兼容汇通精神并加以发展而来。正因为有发展，《刘子》对杂家思想的总体理解比前人就更全面、更深刻了，其所说“杂者，孔甲、尉缭、尸佼、淮南之类也。明阴阳、通(本)道德、兼儒墨、合名法、苞纵横、纳农植，触类取兴，不拘一绪”。强调对诸子九流能触类旁通、融贯比兴，不拘于门户私见，以重建并凸显诸子学派兼容、多元思想会通的精神价值。

到了唐代，文学大家也是中唐大儒的韩愈，曾是儒家道统说的始作俑者，却并没有像他尊重的道统传人孟子那样去批墨子、贬墨学，恰恰相反，他首立“儒墨相用”一说，着意发挥儒家、墨家思想观念的相通契合处，肯定了在“儒墨纠缠”中亦有“异中之同”。他专作《子墨子》一文，采用反问式语词，直指孔子泛爱亲仁、重贤贤、主张“祭如在”，实与墨子所说的“兼爱”“尚贤”“明鬼”无异。进而断定：

> 儒墨同是尧舜，同非桀纣，同修身正心以治天下国家，奚不相悦如是哉？余以为辩生于末学，各务售其师之说，非二师之道本然也。孔子必用墨子，墨子必用孔子；不相用，不足为孔墨。

很显然，韩愈以“儒墨相用”重新解释孔孟儒家的“重儒排墨”传

---

① 林其锬校注：《刘子集校合编·九流》第五十五，华东师范大学出版社，2012，第1122页。

统，已一改“排斥”的“排”，而着重在次序排位的“排”了。可以说，韩愈的“道统”，在广义的内涵上，即是在“崇儒”的旗号下，容纳墨家的某些文化精神和思想资源了。

二、“兼爱”效应：从先儒“别爱”到宋儒“周爱”

自《吕氏春秋》确认“孔子贵仁，墨子贵兼”以来，人们习惯于把孔子儒家的思想宗旨归结为“仁爱”。当然，孔子讲“仁爱”，果然有墨子指斥的“差别之爱”一面，但孔子也讲仁爱可以“推己及人”，逐步扩大到“泛爱众”，似乎“仁爱”还提供了缓和甚至消解“差别之爱”的可能性。其实，如果我们简要梳理和总结一下，从孔子“仁爱”，经孟子提出“仁者爱人”与“推恩”观念，到张载据于“民胞物与”观念阐述“周爱”（周全之爱）思想，就能清楚看到，儒家“仁爱”思想的演进，确存在着不断拓深扩展为“周全之爱”“全面之爱”的过程。

（一）“兼爱”与“别爱”

我们知道，在孔子的思维框架内，行仁要以“复礼”为前提，仁爱不离亲疏贵贱有别。所谓“克己复礼，天下归仁”，就强调了一切按“礼”的等级名分和规范行事，才能被天下人称许为仁者。又如孔子弟子子思所说的：“仁者人也，亲亲为大；义者宜也，尊者为大；亲亲之杀，尊贤之等，礼所生也。”①更明确了仁爱当以亲亲、尊贤、循礼为原则。

尽管孔子也强调成圣当“博施于民而能济众”，似乎把仁爱从爱亲、推己及人到“泛爱众”②，但他毕竟为“仁爱”的内涵及其实施，设定了等级差别的前提和条件。这就难怪墨子要一针见血地揭示儒家的仁爱，不过是“爱有差别”的“别爱”。

---

① 《礼记·中庸》。
② 《论语·雍也》。

所以，墨家讲“兼爱”，首先主张的就是“兼以易别”，断定“别非而兼是”，倡导一种普遍的、全面的、不分差别的人与人相爱，来替代孔子儒家的差别之爱。同时强调“兼爱”之本质在于无分内外、厚薄，为普世之爱，一如《墨子·大取》篇所云：“爱人之亲，若爱其亲”“厚人不外己，爱无厚薄”。此外，墨子还据于人际间的换位思考和对等原则，真诚相信“爱人者人必恒爱之”。并进一步考察了人与人之有“兼爱”，实出于人的本然情性，因为：“人之于就兼相爱、交相利也，譬之犹火之就上、水之就下也，不可防止于天下也。”①

其实，在孔墨以后的思想演变中，不管是儒家的“仁爱”，还是墨家的“兼爱”，观念内涵和话语表述上都有所改变和调整，各自都有关于对方思想观念的吸收和容纳。例如，孟子曾引墨者夷子所说“爱无差等，施由亲始”②，认可了战国时期墨家之兼爱。实际上墨家并不简单排斥亲亲观念和亲疏之别，而主张在兼爱的具体实施上要从“爱亲”做起。这是墨家为接纳儒家“仁爱”思想开的一个通道。

（二）“兼爱”与“大同”理想

与此同时，儒家讲“仁爱”，表现出与墨家“兼爱”观念的相通和亲近，也有更多的实情和例证。《孟子·滕文公上》就发挥孔子“推己及人”思想，突破亲疏之别解释“仁爱”，称“老吾老以及人之老，幼吾幼以及人之幼”，似乎要消解人与人之间的亲疏差序，推动儒家的仁爱观念更和墨家“兼爱”学说靠近了。

例如，儒家讲的“天下为公”“大同”理想，很容易让人想起墨家“兼爱”的场景描述和理想境界。我们看《礼记·礼运》篇对“大道之行”的论述：

---

① 《墨子·兼爱下》。
② 《孟子·滕文公上》。

大道之行也，天下为公。选贤与能，讲信修睦，故人不独亲其亲，不独子其子。使老有所终，壮有所用，幼有所长，矜寡、孤独、废疾者皆有所养。男有分，女有归。货恶其弃于地也，不必藏于己。力恶其不出于身也，不必为己。是故谋闭而不兴，盗窃乱贼而不作。故外户而不闭，是谓大同。

这透露出的信息，表明墨家的兼爱与儒家的大同理想、仁爱精神似乎有某种相容和契合。

当然，墨家的兼爱思想，也有许多是选择、采纳自儒家的君仁、臣忠、父慈、子孝、兄友、弟恭等五伦伦理的理念，并贯之以"圣王之道"的美名，也视之为君子必备的品德。《墨子·兼爱下》曰：

故兼者，圣王之道也，王公大人之所以安也，万民衣食之所以足也。故君子莫若审兼而务行之：为人君必惠，为人臣必忠，为人父必慈，为人子必孝，为人兄必友，为人弟必悌。故君子莫若欲为惠君、忠臣、慈父、孝子、友兄、悌弟，当若兼之不可不行也，此圣王之道而万民之大利也。

由此可见，墨子声明："兼爱，即仁矣，义矣。"干脆将墨家"兼爱"与儒家"仁爱"的说辞，直接合二而一，也是很自然的了。以致现代中国哲学家冯友兰在评述历史上的儒墨关系时，断言："墨家对于儒家讲仁义，在原则上是赞同底。本来儒家讲仁义，墨家亦讲仁义。墨家所谓兼相爱，就是行仁的方法，亦可以说，就是仁的内容。墨家所谓交相利，就是行仁义的方法，亦可以说就是义的内容。"①

这种接近与相通，实在是提供了十分有利的文化生态条件和思想资源因素，推动了中国文化史上独特的"贬墨"却又"援墨入儒"的演变

---

① 冯友兰：《新原道》第二章，载《贞元六书》下册，华东师范大学出版社，1996，第732页。

进程。主要指儒家思想的演变发展中受到墨家思想的影响和渗透，很多方面是儒家主动选择吸收的。这足可证明：儒家作为中华文明的一个特定载体，有其开放、包容一面的文化品性。

（三）“推恩”：孟子对仁爱思想的发挥

孟子以“仁者爱人”立论，阐述和发挥儒家的“仁爱”思想，依据的是他“性善”为本的人性论。他论人性，核心思想讲人心存善端，本性为善，确认性善为人之自然、本有、普遍的属性。

孟子十分相信“人同类、举相似”，《告子上》篇认为“凡同类者，举相似也，何独至于人而疑之？圣人与我同类者”。明确肯定“欲贵者，人之同心也”。进而提出著名的“善端”说，称：“恻隐之心，人皆有之；羞恶之心，人皆有之；恭敬之心，人皆有之；是非之心，人皆有之。恻隐之心，仁也；羞恶之心，义也；恭敬之心，礼也；是非之心，智也。仁义礼智，非由外铄我也，我固有之也，勿思耳尔。”[①]他强调，仁、义、礼、智四者，作为人之善性的四端，是人人自然固有、普遍存在的。

那么，人为什么都有自然、普遍之性呢？孟子是如何做具体论证的呢？

《孟子·告子上》说到：“口之于味也，有同嗜焉；耳之于声也，有同听焉；目之于色也，有同美焉。至于心，独无所同然乎？心之所同然者何也？谓理也，义也。圣人先得我心之所同然耳。故理义之悦我心，犹刍豢之悦我口。”孟子的论证颇具说服力，因为他引证了人们日常生活中耳目感官和情感体验的相似性，来说明人皆有“心之所同然”，进而断定：“理义之悦我心，犹刍豢之悦我口。”所以，当孟子确认“万事之中亲为大”时，其讲的“亲”，就不是单纯的血缘亲情，而应扩大为人所共同的内心情感；也不是单纯的情绪型情感，而是如“理义之悦我心”

① 《孟子·告子上》。见中华书局出版《诸子集成》四，第446页。

那样对理义的执着与喜悦的情感。

此外，孟子又提出“事亲”与“守身”的关系，强调“守身为大”原则，由修心以守身来充实“事亲”的内涵。《孟子·离娄上》说：“事孰为大？事亲为大；守孰为大？守身为大。不失其身而能事其亲，吾闻之矣；失其身而能事其亲者，吾未之闻也。”又称：“事亲，事之本也。”孟子把“事亲为大”落实于“守身为大”，其作为人事之本的“事亲”，就不在局限于血亲和宗亲，而是突破血缘亲情框架，扩展推广于其他人际关系，如情谊关系、义务关系、伦理关系等普遍性、规范性的人际关系了。

正是在这种意义上，可以清楚看到孟子极力倡导的“推恩”，就是将“仁爱之心”，推而广之以恩泽天下众生。

关于孟子“推恩”的观念和主张，《孟子·梁惠王上》记有一段他与梁惠王关于如何实施仁爱政治的对话中，说得很清晰：

孟子批评梁惠王虽有对牛羊禽兽的恻隐之心，然不能对百姓行仁政，指出：“今恩足以及禽兽，而功不至于百姓者，独何舆？然则一羽之不举，为不用力焉；舆薪之不见，为不用明焉；百姓之不见保，为不用恩焉。故王之不王，不为也，非不能也。”孟子以“挟太山以超北海”与“折枝之类”两件事作比较，认为前者是真的做不到，而为长者折枝“是不为也，非不能也”。并据此说明：王不推行王道，非如“挟太山以超北海”那样无法做到，而犹如折枝之类，只是不想去做。所以，孟子竭力劝导梁惠王能以己心度量他人之心，推恩及于他人。说：“老吾老，以及人之老；幼吾幼，以及人之幼。天下可运于掌。《诗》云：‘刑于寡妻，至于兄弟，以御于家邦。’言举斯心加诸彼而已。故推恩足以保四海，不推恩无以保妻子。古之人所以大过人者，无他焉，善推其所为而已矣。……权，然后知轻重；度，然后知短长。物皆然，心为甚。王请度之！”①

① 《孟子·梁惠工上》。见中华书局版《诸子集成》一，第51、52页。

需要指出，孟子在向梁惠王推介仁政思想时，反复论述中是以“人同此心”“人同此情”“推己及人”的换位思维为连接，强调“推恩足以保四海”，宣扬“善推其所为而已”，以说服梁惠王将之落实于国家治理、农事耕种以及商务行旅等社会生活各领域，说：“今王发政施仁，使天下仕者皆欲立于王之朝，耕者皆欲耕于王之野，商贾皆欲藏于王之市，行旅皆欲出于王之涂，天下之欲疾其君者皆欲赴愬于王。其若是，孰能御之?”①并自信这样的推广落实才是仁政的力量强大无比的保证。

值得重视的是，孟子“推恩”的思想，还突出地表现在他不仅具体规定了亲缘网络扩展的次序，而且将亲情缘分广泛推及于民众，以致天下万物。他设计了一个“仁爱”不断拓展、扩充的路线图，说：“君子之于物也，爱之而弗仁；于民也，仁之而弗亲。亲亲而仁民，仁民而爱物。”②以为由“亲亲”拓展至“仁民”，由“仁民”再进以“爱物”，渐次把亲亲与仁爱，扩充、拓展于普天民众，以至天地万物。正如东汉经学家赵岐作《孟子注》时所解释的：“先亲其亲戚，然后仁民；仁民然后爱物，用恩之次也。”他明辨亲、民、物三者的差别和扩展次序，以为推恩要有先后、轻重，这叫“君子布德，各有所宜”。这是完全符合孟子原意的。

（四）“民吾同胞”：从“仁爱”到“周爱”

儒家仁爱观念的演进和仁爱精神的拓展，在宋代理学家那里达到了高峰。

首先，是张载提出“民吾同胞”“物吾与也”的观念，直接孟子的“亲亲、仁民、爱物”思想，发展出关于“民胞物与一体”的认同。他著《张子正蒙》，列有著名的《乾称篇》（又分称《西铭》《东铭》），说：“乾称父，坤称母；予兹藐焉，乃混然中处。故天地之塞，吾其体；天地之帅，吾其

① 《孟子·梁惠王上》。见中华书局版《诸子集成》一，第55页。
② 《孟子·尽心上》。

性。民吾同胞，物吾与也”。

联系中华文化史的进程，墨家兼爱思想的演变，经历了与儒家仁爱观念相争又相容的过程。有意思的是，这种相争又相容的过程似乎在宋代理学那里达到某种总结。尤其是张载阐述的“诚明”观念，似乎把“兼爱”的某些思想因素和儒家“仁民爱物”的观念结合起来了。

关于“诚明”一说，先秦儒家和宋代理学家讲的很多。《中庸》称：“诚者，物之终始，不诚无物。”确认“诚”是天道的本质，万物的本原。又提出“诚者，天之道也；致诚者，人之道也”的说法，基本上是从“天人相与关系”的角度理解“诚”的观念。《中庸》还区分“诚明”与“明诚”两种思维路向，认为“自诚明，谓之性；自明诚，谓之教。诚则明矣，明则诚矣”。这是根据“天命之为性”的观念，从天道观和本体论的角度讲“诚明”；又从“道德教化”的角度讲“明诚”，把“诚”发展成一个兼有认识论和修养论内涵的概念。

但张载更强调天人相参、合一的涵义，进一步阐述和发挥《中庸》“诚”的观念。其著《正蒙》一书列有《诚明》篇，提出以“性与天道合一”的观念解释“诚”，又以“尽性”与“穷理”的关系解释“诚”与“明”。而在理学的话语系统中，“尽性”是偏于伦理修养的，“穷理”则表示格物致知的认知论，都倾向于为“诚明”提供“天人合一”的立论依据。所以，张载又说：“天人异用，不足于言诚；天人异知，不足以尽明。”强调以天道、人文之“合用”，天性、人心之“同知”，来阐述“自诚明”与“自明诚”的观念，进而断言：“性者万物之一源，非有我之得私也。惟大人为能尽其道，是故立必俱立，知必周知，爱必兼爱，成不独成。”[①]引申出“知必周知”的认识论与“爱必兼爱”的伦理学，构成儒家仁爱思想发展的一个新形态，这对于丰富和扩展中国人亲缘关系和情谊观念的内涵是

① 张载：《正学·诚明》，载《张载集》，中华书局，1978，第 21 页。

一种积极的推动。

后来，朱熹断言："亲亲、仁民、爱物，三者是为仁之事。亲亲是第一件事。"[①]他根据儒家的"道统"，发挥孟子、赵岐关于亲亲、仁民、爱物的推恩次序。所以，朱熹讲"仁"当然要以亲亲为第一件事，但他把孔子的"推己及人"、孟子的"推恩"，又纳入"理一分殊"的思考，指出：所谓理一，是说天下有生之类，就其源起，"盖以乾为父，以坤为母"，故无论人、物，无不皆然；而人物之生，血脉之属，各亲其亲，各子其子，故其分又不得不殊。正是据于"理一分殊"，朱熹进一步论述张载的"民吾同胞"论，称："一统而万殊，则虽天下一家，中国一人，而不流于兼爱之弊；万殊而一贯，则虽亲疏异情，贵贱异等，而不梏（gǔ 围圈）于为我之私。"而在方法论上，朱熹用的仍然是"推"，只不过他推及的是天下之人，故主张"推亲亲之厚以大无我之功，用事亲之诚以明事天之道"。

被称现代中国"最后一位儒家"的梁漱溟，通过中、西、印三系不同的发展路向比较，从文化上归结出一个中国社会与西方社会的根本不同，就是："西洋近代社会是个人本位的社会——英美其显例；而以西洋最近趋向为社会本位的社会——苏联其显例。那我们应当说中国是一'伦理本位的社会'。"[②]他还特地解释过为什么不称"家族本位"，也不称"社会本位"，因为，在他看来，只有宗法社会可说是家族本位，但当时中国早已脱出宗法羁绊而向军国社会转移。同时，中国也没有像西洋人那样走向个人社会，没有像苏联人那样以社会为本位。其原因就在中国人的人伦关系虽始于家庭，但不断推广、扩展于社会上所有人际关系。这种推广扩展是人生而俱来的。

值得注意的是，梁漱溟还承继孟子以来许多儒家相信的"人人皆

① 《朱子语类》卷二十。

② 梁漱溟：《中国文化要义》，上海学林出版社，1987，第 79 页。

有善端”这样的观念，视这种人际关系的推广扩展是生而俱来的。他著《中国文化要义》，说：“人一生下来，便有与他相关系之人（父母、兄弟等），人生且将始终在与人相关系中而生活（不能离社会），如此则知，人生实存于各种关系之上。此种种关系，即是种种伦理。伦者，伦偶；正指人们彼此之相与。相与之间，关系遂生。……是关系，皆是伦理；伦理始以家庭，而不止于家庭。”

至于为什么会有如此相与关系的发生？梁漱溟认为就在于人际间的情感、情义，即伦理情谊的普遍存在。他指出：

> 吾人亲切相关之情，发乎天伦骨肉，以至于一切相与之人，随其相与之人深浅久暂，而莫不自然有其情分。因情而有义：父义当慈，子义当孝，兄之义友，弟之义恭。夫妇、朋友乃至一切相与之人，莫不自然互有应尽之义。伦理关系，即是情谊关系，亦即是其相互间的一种义务关系。伦理之“理”，盖即于此情与义上见之。①

显然，在梁漱溟看来，这种伦理情谊源于仁爱亲情，又必然推广、扩展于“一切相与之人”间的情谊关系、义务关系，其虽属伦理关系，但皆立于“情”“义”之上。这在很大程度上不过是现代新儒家版的关于孔子“仁爱”、张载“周爱”观念的整合和提升。

三、“仁爱之心”扩充、展开为“仁政之治”

将“仁爱之心”展开、落实为“仁政之治”，由“仁爱”发展为“仁政”，阐发出“王道政治”的思想体系，是儒家仁爱精神演进过程中一个重要的发展标志，也是人们会把儒家思想主旨归结为“内圣外王之道”的主

① 梁漱溟：《中国文化要义》，上海学林出版社，1987，第79、80页。

要依据。

(一)"仁政"出于"人心"

孔子率先确立"为政以德"的命题,认为身体力行"孝乎惟孝、友于兄弟"的孝道,就是推动"施于有政"的实际行为。又主张"道之以德、齐之以礼,有耻且格",[①]开儒家仁爱道德可转化、落实于王道仁政之先河。

孟子对此的传承、发展,关键一点在于论述了仁爱之心扩充、落实于王道仁政的必然性和合理性。他声称"人皆有不忍人之心。先王有不忍人之心,斯有不忍人之政矣。以不忍人之心,行不忍人之政,治天下可运之掌上"。孟子确认的是先王"有不忍人之心",才去行"不忍人之政",换句话说,先王是据于仁心才去行仁政,即仁政的立论和依据在"仁心"。

在孟子的话语系统中,"不忍人之心",就是人皆有之的"善端"(善心),即"恻隐之心,仁之端也;羞恶之心,义之端也;辞让之心,礼之端也;是非之心,智之端也。"[②]在孟子看来,此四端、四心,既人皆固有,又能扩而充之,发展落实于社会治理、人事行为的实务层面。所以,孟子又要称:"凡有四端于我者,知皆扩而充之矣,若火之始然,泉之始达。苟能充之,足以保四海;苟不充之,不足以事父母。"[③]孟子相信,如将"四端"一类仁爱之心,扩而充之,推广于实践应用,则大可以治国理政而平天下,小可以事父母、友兄弟,由修身而齐家。

孟子十分推重"仁政之治",视之为世间最合理(行之必王)、极有效(莫之能御)的治国理政制度。他断言:"地不改辟矣,民不改聚矣,行仁政而王,莫之能御也。"又认为:"当今之时,万乘之国行仁政,民之

---

① 《论语·为政》。

② 《孟子·公孙丑上》。见中华书局版《诸子集成》一,第138、139页。

③ 同上书。第140页。

悦之,犹解倒悬也。”[①]在孟子看来,“仁政之治”有两大优势:一是“仁政而王,莫之能御”,能保证国家强固、社会稳定,没有任何外敌能够战胜的;二是“民之悦之,犹解倒悬”,帮助民众解脱痛苦和束缚,故认定“仁政”必受民众的欢迎和喜爱。

问题在于,“仁政之治”何以有如此大的威力和能量?孟子揭示原因就在于仁政乃以德服人,使人中心悦而诚服。这一点,是孟子在批判法家法治的霸力之术时反复强调的。相对于法家主张的霸权和力政,孟子相信以德服人,使人心悦诚服,是仁政的力量之源和魅力所在,所以说:“以力服人者,非心服也,力不赡也;以德服人者,中心悦而诚服也。”[②]

(二)“仁政”与惠民政策

从内涵上讲,儒家的王道仁政有两个基本层面:一个层面是前面已有分析的,其立论基础在“仁爱之心”;另一个层面,则是标榜王道仁政的一整套治国理政制度和行为规范体系,其中的重要部分,是如何在君主集权条件下,建构起“任贤使能”的行政官吏体制和古典民生经济的运作模式。

孟子曾为推行仁政设计了五项措施,分别对“职业分途”归类的人群采取优惠实利的政策:

1. 对天下之士,行“尊贤使能”之策,广招贤能之士,集聚天下人才,充实官吏队伍,使“俊杰在位,则天下之士皆悦而愿立于其朝也”。

2. 对天下之商,采取“廛而不征,法而不征”政策,只在市场交易场所收税,或以什一之法征其地,可致“天下之商皆悦而愿藏于其市矣”。

3. 对天下之旅,实施“关,讥而不征”措施,不在道路交通关卡收

---

① 《孟子·公孙丑上》。见中华书局版《诸子集成》一,第 110 页。

② 《孟子·公孙丑上》。

费，则“天下之旅皆悦而愿出于其路矣”。

4. 对天下之农，使“耕者助而不税”，即耕农只需助耕公田代替交税，其余可耕私田自足。

5. 对天下之民，实际是指耕农以外的小手工业者，推行“廛，无夫里之布”，即可以布匹纳赋，不必另外交税，如此，“天下之民皆悦而愿为之氓(民)矣。”①

孟子相信，这五项仁政措施，是契合民意，深得民心，能获得广泛的支持和拥护的。故宣称：“信能行此五者，则邻国之民仰之若父母矣。率其子弟，攻其父母。自有生民以来，未有能济者也。如此，则无敌于天下。”②

需要指出的是，应该如何理解和评价孟子仁政的惠民政策和若明若暗的民生观念。虽然孟子说过“民贵君轻”一类话，但不能就此认为孟子具备了民主观念框照下的民生意识。其实，孟子仁政讲的惠民、重民、利民，目的在使民“驱之善也易”。仁政的本质是儒家在“王道政治”旗号下提倡的治国理政思想观念和政策措施，出发点和目标都是维护王权的权威和朝政的稳定，并常常以“水能载舟亦能覆舟”为喻，来看待和处理君民关系，应归结为所谓圣王之道以及帝王之术一类。

所以，孟子是为君王如何集权、治国、理政、安民的需要考虑，出谋划策，施行仁政的。孟子相信“仁者无敌”，知道惠民、利民、安民的政策措施实是仁政的基本，但他的核心理念乃是“保民而王”：保民只是手段、途径，王权的权威和稳定才是目的。

当然，孟子的仁政毕竟需要以“保民”为手段、途径，加上孟子有“仁者，人也”的意识，有“人同此心”、人皆存不忍人之心的自觉，又强

① 引文均见《孟子·公孙丑上》。见中华书局版《诸子集成》一，第134、135、136页。
② 同上书，第137页。

调"先王有不忍人之心,斯有不忍人之政",这也促使孟子在惠民措施的设计和推行上,体现了相当的民生内涵和人道精神。

例如,孟子讲王道之始,在于使民"养生丧死无憾",能获得温饱安定的生活保障,办法就在鼓励民众积极从事农耕、牧副生产。孟子设定的政策措施很细致:"不违农时,谷不可胜食也;数罟不入洿池,鱼鳖不可胜食也;斧斤以时入山林,材木不可胜用也。谷与鱼鳖不可胜食,材木不可胜用,是使民养生丧死无憾也。养生丧死无憾,王道之始也。"

又如,对于梁惠王因国弱丧地而求解强国之策,孟子给出的是重农抚民、轻徭薄赋、减省刑罚等,主张:"王如施仁政于民,省刑罚,薄赋税,深耕易耨(nòu)。壮者以暇日修其孝悌忠信,入以事其父兄,出以事其长上,可使制梃以挞秦楚坚甲利兵矣。"

再如,孟子明确提出"制民之产"观念,确认:"是故明君制民之产,必使仰足以事父母,俯足以畜妻子,乐岁终身饱,凶年免于死亡。然后驱而之善,故民之从之也轻。"

同时,孟子还为当时社会的小康型农户家庭,设计了仁政施行的目标和要求,即"八口之家"居"五亩之宅"占"百亩之田",满足温饱、安定、和谐的生产、生活和养老育幼的需要。孟子说:"五亩之宅,树之以桑,五十者可以衣帛也;鸡豚狗彘之畜,无失其时,七十者可以食肉矣;百亩之田,勿夺其时,数口之家可以无饥矣;谨庠序之教,申之以孝悌之义,颁白者不负载于道路矣。七十者衣帛食肉,黎民不饥不寒,然而不王者,未之有也。"[①]在农业文明条件下,孟子这样的设计和提出的政策措施,很大程度上是一种中国古代小康社会的理想蓝图,有空想,有信仰,也内涵古典中国的人文、人道精神的价值因素,不能简单

---

① 均见《孟子·梁惠王上》。见中华书局版《诸子集成》一,第122、123、124、125页。

否定。

（三）仁政之治与礼乐刑政

对儒家来讲，不仅肯定仁政出于人心，又推行一系列惠民、重民的政策措施，而且在制度建设和法制规范上，还有礼乐与刑政组合的设置和安排，反映了儒家的王道德政并不完全排斥霸道力政。

“仁政之治”包涵有礼乐与刑政两项，此理念当发轫于孔子。

孔子讲：“人而不仁，如礼何？人而不仁，如乐何？”①以为人若不仁，是无法遵循礼乐制度、服从其规范的。所谓“不仁者不可以久处约，不可以长处乐。”②说明孔子作为儒家学派的开创者，首先注重和强调的当然是礼乐仁政。但孔子曾担任鲁大司寇，主管司法事务，朝政七日，而诛乱法大夫少正卯，并指斥“此乃人之奸雄也，不可以不除”。说明孔子也清楚行政需要刑罚，诚如《孔子家语》所记孔子曰：“圣人之治化也，必刑政相参焉。”又具体解释了何种情悦下采取刑政措施：“太上以德教民而以礼齐之，其次以政导民，以刑禁之。化之弗变，导之弗从，伤义败俗，于是乎用刑矣。”③

另据《史记・孔子世家》记载，鲁定公十年，与齐会盟于夹谷，时孔子为鲁“大司寇行摄相事”，又提出“臣闻有文事者必有武备，有武事者必有文备”的主张。齐国人听闻都有点害怕，认为“孔子为政必霸”。所以，孔子治民，强调的是“道之以政，齐之以刑，民免而无耻”，在提倡“为政以德”的同时，也不忘“为政以刑”。这和孔子治政一贯追求的“张弛有度、刚柔并举、宽猛结合”，是完全一致的。也为儒家“仁政之治”逐步接纳礼乐、刑政兼具的思想，开启了大门。

---

① 《论语・八佾》。

② 《论语・里仁》。

③ 《孔子家语・刑政》，参见〔唐〕魏征编撰《群书治要》，中国纺织出版社，2016，第 71、76 页。

断定礼乐刑政是王道仁政的必备要素，明确以礼乐、刑政兼具来推进仁政的制度建设和法制规范，首见于《礼记》的论述。

《礼记·曲礼》称："礼者，所以定亲疏、决嫌疑、别同异、明是非者也。"直接把"礼"定义为等级秩序的制度安排和规章规范、行为准则。《王制》篇中更明确礼乐不可变更，声称："变礼易乐者为不从，不从者君流，革制度衣服者为畔(叛)，畔者君讨。"将违背礼乐、改变礼乐者，一概斥为悖逆和反叛，并加讨伐。由此，《乐记》首立"先王之为乐也，以法制"的命题，集中论证了刑政礼乐的四位一体，称："礼以道其志，乐以和其声，政以一其行，刑以防其奸。礼乐刑政，其极一也。所以同民心而出治道也。"荀子则强调："礼者，法之大分、类之纲纪也"。[①] 更是在法治纲纪的意义上指明礼乐观念的实质及其社会功能。

《礼记》还着重说明礼乐、刑政对于治政与治民的具体功能，说："礼节民心，乐和民声，政以行之，刑以防之。礼乐刑政，四达而不悖，则王道备矣。乐者为同，礼者为异。同者相亲，异者相敬。乐胜则流，礼胜则离。合情饰貌者，礼乐之事也。礼义立，则贵贱等矣。乐文同，则上下和矣。好恶著，则贤不肖别矣。刑禁暴，爵举贤，则政均矣。仁以爱之，义以正之。如此，则民治行也。"[②]明确"礼节民心、乐和民声、政以行之、刑以防之"四者，才是一个完备的王道政治必需的四项"通达不悖"的原则。

事实上，儒家阐发的王道政治在后来的演变发展中，更多是在礼乐刑政四项要素的互动、制约、协调中得到实施和发展的。刑是法制、法治体系，政主要指国家、社会的治理；故礼乐和刑法(治政)相结合，使儒家的"仁政"体系不仅有思想观念和制度规范的内容，当然也有法

---

① 《荀子·劝学》。

② 《礼记·乐记》，见陈澔《礼记集说》，上海古籍出版社，1987，第206、207页。

理性、法制化的一面。

对于先秦儒家用“礼乐刑政”一体观念解释“仁政”,《史记·礼书》作出一个评述:“人道经纬万端,规矩无所不贯,诱进以仁义,束缚以刑罚,故德厚者位尊,禄重者宠荣,所以总一海内而整齐万民也。”总结出“诱进以仁义,束缚以刑罚”的格言,说透了“仁政”既是人道经纬又为法制规矩的两重属性。

宋代儒学发展的一个实例可提供证明。朱熹《论语集注·为政》也有关于刑政与德礼关系的论断,十分扼要地概括表述了孔子、《礼记》以来儒家王道政治的精义,同时做了必要的区分。他说:“政者,为治之具;刑者,辅治之法。德礼则所以出礼之本,而德又礼之本也。此其相为终始,虽不可以偏废,然政刑能使民远罪而已;德礼之效,则有以使民日迁善而不自知。故治民者不可徒恃其末,又当深探其本也。”如此明确而清晰地阐述儒家关于德治与刑政关系的理念,凸出“德主刑辅”“德先刑后”“文化不改然后加诛”的思想主旨,构成了儒家“仁政”思想传承发展中一以贯之的精神价值。

(四)礼乐刑政与人性人情

更有意义的是,儒家的“仁政”不仅有“礼乐刑政”的内涵充实,还有关于“礼乐刑政”需合于人性、不违人情的要求和立论说明。

《礼记·礼运》有两段简明、清晰的阐述,说:“夫礼,先王以承天之道,以治人之情,故失之者死,得之者生。”又说:“夫礼,必本于天,殽于地,列于鬼神,达于丧、祭、射、御、冠、昏、朝、聘。故圣人以礼示之,故天下国家可得而正也。……故礼义也者,人之大端也。所以讲信修睦,而固人肌肤之会、筋骸之束也;所以养生送死,事鬼神之大端也;所以达天道顺人情之大宝也。”

又说:“圣人乃以天下一家,中国为一人者,非意之也。必知其情,辟于其义，明于其利，达于其患，然后能为之。何谓人情？喜、怒、哀、惧、爱、恶、欲，七者弗学而能。何谓人义？父慈、子孝、兄良、弟悌、夫义、妇听、长惠、幼顺、君仁、臣忠。故圣人之所以治人七情，修十义，讲信修睦，尚慈让，去争夺，舍礼何以治之？”明确提出人之情感与人之理义的内在关联，强调“以礼治之”，推行仁政还是要落实于据人情、修义理、重缘分，协调好人际关系。

《管子·心术》也有相似的观点，说：“礼者，因人之情，缘义之理，而为之节文者也。”指出了“礼”之原来，不离于人之情感，依据于义理，其功能在节制和调整人的情感和行为。

此外，荀子作《礼论》，集中阐述“礼制”和“礼治”的思想。他说：“礼有三本：天地者，生之本也；先祖者，类（种）之本也；君师者，治之本也。无天地恶（何）生？无先祖恶出？无君师恶治？三者偏亡焉，无安人。故礼上事天，下事地，尊先祖而隆君师，是礼之三本也。”①以此三者为本，而天地为先；强调以礼为治，当基于天地之理，循先祖之道，尊君师之学，进一步肯定了礼乐文化的精神创制。所遵循的乃《周易》“推天道以明人事”的思路，传递的思想信息是要求效法天道之“大公”、而成人道之公平。

所以，司马迁还进一步把“仁政”的制定和实施，引申为对人情、人性问题的探讨。《史记》曾引太史公曰：“洋洋美德乎！宰制万物，役使群众，岂人力也哉？余至大行礼官，观三代损益，乃知缘人情而制礼，依人性而作仪，其所由来尚矣。”视礼乐刑政为内容的“仁政”，恰恰是“缘人情”“依人性”的必然结果。其所说，很大程度上是对先秦《礼记》《管子》《荀子》等思想的传承和总结。

还需要指出，在儒家仁政思想的价值体系中，为寻求礼乐、刑政兼

---

① 《荀子·礼论》，载〔清〕王先谦撰《荀子集解》，中华书局，1988，第349页。

容思想的立论，其关于人性、人情的探讨，又内在包含了对公平正义原则的诉求，尤其在人际协调和行为规范方面，礼乐论、仁政说与公正观更是密不可分的。

在儒家看来，当以礼乐为本，据此经世治人，才能充分展示公平正义，实现齐家、治国、平天下的目标。诚如《礼记》所说："礼之于正国也，犹衡之轻重也，绳墨之于曲直也，规矩之于方圆也。"①又说："礼义以为纪，以正君臣，以笃父子，以睦兄弟，以和夫妇，以设制度。"②以为礼(礼义、礼乐)犹如悬衡、绳墨、规矩那样，作为治国正道的公平标准，又用于规范人际伦理，设定社会等级秩序，既有法理性、政治性要求，也诉诸伦理道德方面的自律和约束。如此，能说儒家的公正观念只是偏于伦理和心性的吗?

---

① 《礼记·经解》。

② 《礼记·礼运》。

儒学自得精神探析
——以孟子、王阳明与阳明后学为中心的考察

朱义禄

从一般意义上讲，"自得"是人类精神生活常见的现象。

在古代中国人精神生活的发生发展进程中，孟子对"自得"所作的粗线条描述，为后世学者诠释自得观念留下了巨大空间。王阳明依据自得观念创立了良知说，发展出心学的自得精神，对阳明后学产生了深刻的影响。如"多发明自得"的王艮，把阳明的心本论发展为身本论，它是儒学思想史上前所未有的新的本体论。李贽遵照"务以自得"的精神，提出了"穿衣吃饭即人伦物理"的新见解。黄宗羲把"学问之道，以自用得著为真"作为编纂《明儒学案》的指导思想，创立了为后人竞相模仿的学案体。

一、孟子：儒家自得观念溯源

任何个人，在其一生中，无论面对客观的自然界，还是反思主体自身，抑或处理与他人的关系时，都会产生一些自己所独有，而别人所无的感受来。这一现象为孟子捕捉到并确认了"自得"一说，即孟子所谓"君子深造之以道，欲其自得之也。自得之，则居之安；居之安，则资之深；资之深，则左右逢其原，故君子欲其自得之也。"①在儒家的话语体系中，君子是对德才兼备者的通称，在圣人、贤人之后。在孟子看来，君子依照正确的方法得到高深的造诣，就要求他有自觉的体会，这叫

① 《孟子·离娄下》。

自得。

儒家思想有个特点，凡是孔子与孟子提出而语焉不详的命题，后世儒者都会不断地揣摩体悟，深究其中的内涵，并从不同的角度得出各具特色的观点与结论来。二程是洛学的创始人，以为“天理”为宇宙万物的根本与三纲五常的道理。程颢说：“吾学虽有所受，天理二字却是自家体贴出来的。”[①]二程就学于理学开山祖周敦颐，但用“天理”作学说的宗旨，是依据自家的体验得出来的。二程对自得精神是大加赞美。如程颐言“学而不自得，则至老而益衰”[②]，程颢说“学贵在自得”[③]。朱熹创立的闽学，影响了明清两代七百年。朱熹是非常强调自得精神的：“读书须是有自得处。自得处，说与人也不得。”[④]“自得处”，就是与以往学说不同的新思想，所以讲“说与人也不得”。这是说一种新思想的产生，起初不一定为周围的人们所理解。与朱熹有过争论的陆九渊，对自得精神极为倚重：“自得、自成、自道，不倚师友载籍。”[⑤]

就历代学者对孟子自得精神的诠释，以阳明心学的力度为最强。

开明代心学风气之先的是陈白沙，黄宗羲对王阳明与陈白沙的关系有个判断：“有明之学，至白沙始入精微”，“至阳明而后大。两先生之学最近，阳明后来从不说起，何也？”[⑥]认为王、陈两人都继承并大力弘扬了孟子的自得精神。陈白沙说：“诗、文章、末习、著述等路头，一齐塞断，一齐扫去，毋令半点芥蒂于我胸中，夫然后善端可养，静可能

① 程颢、程颐：《外书》卷十二，载《二程集》，中华书局，1981，第424页。
② 程颐、程颐：《河南程氏粹言》卷一，载《二程集》，第1189页。
③ 程颢、程颐：《二程遗书》卷十一，载《二程集》，第122页。
④ 朱熹：《朱子语类》卷一百零四，中华书局，1986。
⑤ 陆九渊：《陆九渊集》卷三十五《语录》，中华书局，1980，第452页。
⑥ 黄宗羲：《明儒学案》卷五《白沙学案上》，载《黄宗羲全集》第七册，江浙古籍出版社，2005，第78页。

也。终始一意，不厌不倦，优游厌饫，勿助勿忘，气象将日进，造诣将日深。所谓‘知近而神’‘百姓日用而不知’者，始自此迸出体而来也。到此境界，愈闻则愈大，愈定则愈明，愈逸则愈得，愈易则愈长。存存默默，不离顷刻，亦不着一物，亦不舍一物，无有内外，无有大小，无有隐显，无有精粗，一以贯之矣。此之谓自得。”①“善端可养，静可能也”，就是白沙经常向人宣扬的“静中养出端倪”。白沙强调，静坐时要把诗歌、文章、著述、风俗等“一齐扫去”，不许“令半点芥蒂于我胸中”。“胸中”也就是心体，当人心中“始终一意”，把外在的东西“一齐扫去”时，就会达到“愈大”“愈明”“愈得”“愈长”的“境界”，这就叫做“自得”。白沙以为，“自得”不能限于读书，认知与涵养更要讲究“自得”：“先生之教不躐等，由涵养以及致知，先据德而后依仁，下学上达，日新又新。启勿助勿忘之训，则有见于鸢飞鱼跃；悟无声无臭之妙，则自得乎太极浑沦。”②“自得”是一种自我的认知与涵养，前者涉及认识论，后者则为工夫论。“勿助勿忘”，是说不需更任何外力的帮助，通过自我的感悟，学问就能臻于“日新又新”的境界，而对大自然（“鸢飞鱼跃”）的体认也达到了与“太极”合一的地步。也就是“自得者，不累于外物，不累于耳目，不累于造次颠沛，鸢飞鱼跃，其机在我”③。如以认识论来考察的话，是说不以外界为认识的对象，不依靠人的耳目感官，在不受外界事物的干扰下，通过内心的体认，就能把握客观自然界运动的规律。“其机在我”是说，通过自我的体认就能把握世界的一切。

黄宗羲说了“最为相近”后，还有“不知阳明后来从不说起”一语。这是一个误判。其实王阳明对陈白沙的学说是了解的。王阳明12岁时随父王华到京。与王华比邻而居的陈白沙，天天在京城大兴隆寺庙

① 陈献章：《与林缉颐书》，载《陈献章集》，中华书局，1987，第975页。
② 陈献章：《祭先师康斋墓文》，载《陈献章集》，第107页。
③ 黄宗羲：《明儒学案》卷五《白沙学案上》，载《黄宗羲全集》第七册，第93页。

讲学,“王华必当来会也”。白沙弟子张诩(东所)次年中进士,王华为廷试弥封官。是年王华、王阳明与张诩相识。二十年后,弘治十八年(1505),张诩到京,把《白沙先生全集》带给了王华与王阳明。王阳明读后,有《评阳明白沙之学语》:“白沙先生学有本源,恁地真实,使其见用,作为当自迥别。今其行事,事亲孝友,辞受取予,进退语默之间,无一不概于道;一时名公硕彦,如罗一峰、章枫山、彭惠安、庄定山、张东所、贺医闾辈,皆倾心推服之,其流风足征也。”[①]束景南先生的考证,有力地证实了王阳明与白沙之学是有渊源关系的。

二、王阳明:“自得”纳入圣人之道

王阳明的学说频受后人的重视,是与他因自得精神而独创一派学说分不开的。王阳明对自得精神的论述,包容了学术观、认识论与权威观。先说学术观。王阳明说:“先儒之学得有深浅,则其为言亦不能无同异。学者惟当反之于心,不必苟求其同,亦不必故求其异,要于在是而已。今之学者于先儒之说苟有未合,不妨致思。思之而终有不同,因亦未为甚害,但不当如此而遂加非毁,则其为罪大矣。”[②]“先儒”是王阳明对学术上有体会和独特见解的学者的尊称,他们的所得有“深浅”,有“同异”则是必然的。王阳明强调,应当存“同异”而辩“是非”。对与自身意见不同而加以“非毁”的做法,王阳明是坚决反对的。

存“同异”的宽容胸襟,体现在他对儒家以外学派的评判中。对当时一些学者排斥异端的主张,王阳明不以为然:

> 今世学者,皆知宗孔、孟,贱杨、墨,摈释、老,圣人之道,若大

① 束景南:《王阳明年谱长编》,上海古籍出版社,2017,第48页与第363、364页。
② 王阳明:《王阳明全集》卷八《书石川卷》,上海古籍出版社,1992,第269页。

明于世。然吾从而求之，圣人不得而见之矣。其能有若墨氏之兼爱者乎？其能有若杨氏之为我者乎？其能若老氏之清净自守、释氏之究心性命者乎？吾何以杨、墨、老、释之思哉？彼于圣人之道异，然犹有自得也。①

墨子与杨朱的学说，一个主兼爱，一个讲为我。自孟子以后，一直是儒家口诛笔伐的对象。"今世学者"以为，只有"宗孔、孟"而"贱杨、墨"，才能使"圣人之道"臻于"大明于世"的格局。王阳明以为，那是他们不了解杨朱与墨子的学说，不知道他们的学说有"自得"的地方（对"老、释"也是如此）。求是非而留"同异"，是王阳明自得精神的核心。"杨、墨"与"老、释"同"圣人之道"不同，但只要他们有"自得"处，就不应当去鄙视或排斥之。他以自得精神作为评判各家学说的准则，而对各家的自得作了充分的肯定。自得不是对前人的学说表示一下赞同或反对的意见，而是以自己的"心"去审查"先儒之学"。"心"即"良知"，只要符合"良知"之所"是"，对任何一种学说，就不必强求与"先儒之学"同一；当然，也不必故意去寻求其间的差异。王阳明断言，只有求之于"自得"，才能够有资格去讲论圣人的道理："夫求以自得而后可与之言圣人之道"②。这是王阳明评判一切的价值标准。自得就是"反求之于心"之"心"，这是一种新的是非观，但尚未完备。这是正德八年(1513)的观点，距王阳明"良知"说的明确揭橥，还有些年头。

"良知只是个是非之心"，这是王阳明经历了反复思考与人生中的艰难险阻才得出的。王阳明揭示"致良知之教"是在正德十五年(1520)："自经宸濠、忠泰之变，益信良知真足以忘患难，出生死。"③王阳明一生经历坎坷，遭廷杖、下诏狱、贬龙场，此后在平定宁王之乱中，

① 王阳明：《王阳明全集》卷七《别湛甘泉序》，第230页。

② 同上。

③ 钱德洪：《年谱二》，载《王阳明全集》卷三十四，第1278页。

功高招忌、频遭暗算、被诬谋反。常人有此磨难，早就被闷死了，但“反求之于心”的王阳明，从中领悟到了“良知”的真谛。于是致书邹守益说：“近来信得致良知三字，真圣门正法眼藏。往年尚疑未尽，今自多事以来，只此良知无不具足”，“我此良知二字，实千古圣圣相传一点滴骨血肉也”。① 同年，给杨仕鸣的信中指明，“知此者，方谓之知道；得此者，方谓之有德。异此而学，即谓之异端；离此而说，即谓之邪说；迷此而行，即谓之冥行”②。王阳明说：“尔那一点良知，是尔自家底准则。”③

“良知”作为判定是非的标准，具有普遍性、有效性与权威性三个特征。因为“良知”是人人所有的：“无是非心，非人也。”在王阳明看来，“是非之心”是天赋的，如同口之味觉、目之视觉一样。即使是盗贼，他的“良知”并没有抹去。这是普遍性。“良知”又是判断所有事项主心骨的心得，“合得的便是，不合得的便非”，“良知”为“试金石”“指南针”“灵丹”，有“点铁成金”的神效。④ 这是有效性。王阳明断言：“良知只是个是非之心。是非只是个好恶，只好恶就尽了是非，只是非就尽了万事万变。”⑤绝大多数的学者，都只着眼于“良知”上，于“是非”是忽略的。即使有的学者，着重研讨了王阳明的“是非”，但只是在狭隘的范围内打转，眼光只盯住王阳明本人。我觉得，应当跳出这样的圈子，从整个中国古代流行的是非观中去剖析。

是非观从认识论上说，就是正确与错误，也就是真理掌握在谁手中的问题。讲是非就有个主体的问题。在王阳明生活的年代里，占据

---

① 钱德洪：《年谱二》，载《王阳明全集》卷三十四，第1278、1279页。
② 王阳明：《王阳明全集》卷五《与杨仕鸣》，第185页。
③ 王阳明：《王阳明全集》卷三《传习录下》，第92页。
④ 同上书，第93页。
⑤ 同上书，第111页。

统治地位的是两种是非观：一是以天子的是非，为天下人的是非；一是以孔圣人的是非，为人们言行的标准。此外还有在社会中流传，不占主导地位的公众之是非。天子的是非为政治性的，孔圣人的是非属认识论上的。公众的是非观系社会心理层面的。吕坤对此说得极为透彻："众卿争议于朝，曰：'天子有命。'则屏然不敢屈直矣。师儒相辩于学，曰：'孔子有言。'则寂然不敢异同矣。"①"天子有命"是说，对大臣在朝廷上争论不休的问题，天子有着是非的裁定权；"孔子有言"是说，儒生在学堂上相互争辩的问题，孔圣人有着是非的终结权。天子的是非与孔圣人的是非，是笼罩在古代人们脑海中的两座大山。自秦汉以后，中国社会是一部只服从于皇帝的纵向的巨大的统治机器。君主一言九鼎，他的决定是金科玉律，不能违背丝毫。君主不对，臣下是不应该去匡正的。朱熹讲"臣子无说君父不是底道理"②，是说"君父"即使有"不是"，"臣子"不应也不敢妄议。能决定天下是非的君主，多数是不英明的。昏庸无能的帝王，在历史上屡见不鲜。如东吴孙皓、西蜀刘禅、宋仁宗赵祯等，是为昏庸型；如梁武帝萧衍、宋真宗赵恒、明世宗朱厚熜等可谓迷狂型，佞佛信道，不理理政。皇帝的是非，不管多么荒谬，人们必得遵从。

"非圣"是个滔天大罪，"非圣无法"除了藐视天子外，非议孔圣人也是其中一个内容。孔子的言论自汉代以降一直是权威主义的表率："周诗三百篇，雅丽理训诂。曾经圣人手，议论安敢列？"③韩愈这首诗，是对孔子之是非为权威主义的形象化表述。入明以后，孔子的权威地位未曾动摇过。明太祖于洪武元年（1368），遣使诣曲阜致祭。祭文中说："仲尼之道，广大悠久与天地相并，故后世有天下者莫不致敬

---

① 吕坤：《呻吟语》卷一《谈道》，时代文艺出版社，2002，第 56 页。

② 朱熹：《朱子语类》卷七。

③ 韩愈：《荐孟郊士于郑余庆》，载《全唐诗》第三百三十七卷，中华书局，1979。

尽礼，修期祀事。朕今为天下主，期在明教化，以行先圣之道。”①孔子的言论是朝廷对子民进行教化的指导原则，“与天地相并”。皇帝的责任就是“行先圣之道”。明宪宗在《御制重修孔子庙碑》中明言：“自孔子以后，有天下者无虑十余代，其君虽有贤否智愚之不同，孰不赖孔子之道以为治？其尊崇之礼，愈久而愈彰，愈远而愈盛。”②朝代有更换，君主有贤愚，以“孔子之道以为治”这一根本方针是永恒不变的。从吕坤的话可知，明代士人以天子与圣人之言为准绳。

在着皇权主宰一切的古代社会里，王阳明不可能把矛头指向天子的。“求自得而后言圣人之道”，把自得精神置于“圣人”之上，目的是把“良知”放在权威主义的地位上。要达到这一目的，王阳明就把“圣学”归于“心学”：“圣人之学，心学也。”③无论是传说中的上古圣王尧、舜、禹，还是被后世奉为圣人的孔、孟，以及近的周、程、陆，历来相传的都是“心学”。这样“圣学”，也就为“良知”所笼罩：“心之良知谓之圣。圣人之学，惟是致此良知而已。”④这就是“夫求以自得而后可与之言圣人之道”的真实意义。王阳明又把是非标准内在化了，置于每个人的“良知”中。为此他极力排除“外物”对“良知”的干扰，并写了《自得斋说》一文。王阳明说：“孟子云：‘君子深造之以道，欲其自得之也。自得之，则居之安；居之安，则资之深，则取之左右逢其原，故君子欲其自得之也。’夫率性之谓道，道，吾之性也；性，吾生也。而何事于外求？世之学者，业辞章，习训诂，工技艺，探赜而索隐，弊精极力，勤苦终身，非无所谓深造之者。然亦辞章而已耳，训诂而已耳，技艺而已耳。非所以深造于道也，则亦外物而已耳，宁有所谓自得逢原者哉！古之君

① 《明太祖实录》卷三十。
② 孔继汾：《阙里文献考》卷三十三。
③ 王阳明：《王阳明全集》卷七《象山文集序》，第245页。
④ 王阳明：《王阳明全集》卷八《书魏师孟卷》，第280页。

子，戒慎不睹，恐惧不闻，致其良知而不敢须臾或离者，斯所以深造乎是矣。是以大本立而达道行，天地以位，万物以育，于左右逢原乎何有？”[①]先引孟子的原文，然后说明妨碍君子“深造于道”与“自得逢原”的因素是“外物”。如果专注于“辞章”“训诂”“技艺”等“外物”，“非所以深造于道”。“古之君子”则不同，抓住“良知”而时刻不离，才是“深造乎是”。“古之君子”，就是王阳明的自况。

“求自得而后可言圣人之道”，是一种权威主义的表述。权威主义与权威原则不是一回事。在人类社会的各种生产方式中，在人们相互的交往活动中，在诸多人际关系中，权威总是需要的。以顺从为前提的权威原则，是有其客观基石的。不然的话，生产活动和有条理的社会组织工作就无以展开，人类的社会活动就会进入无序的状态。权威主义则不同，它强调人在主观精神上需要有一个权威，否则自己的行为和精神就没有寄托，自身的信念和理想就会失去光彩。在中国历史中，儒家经典记载的圣人言论就是权威主义的根源。当一部著作被认定为经典后，再经世代的不断诠释，在历史的延续中就成为权威主义。王阳明冲破了传统的权威主义，树立了以自家的“良知”为为判定一切标准的价值观念，凌驾于圣人之上，赋予“良知”以权威主义的品性。王阳明在嘉靖二年(1523)声言：“我今信得这良知真是真非，信手行去，更不着些复藏。我今才做个狂者的胸次，使天下之人都说我行不掩言也罢。”[②]“狂者胸次”从浅层来说，是心无杂念、光明磊落(“行不掩言”)；从深层来论，是真理在手、主相在我(“真是真非”)。阳明赋予“良知”的权威主义品性，从中可以得到充分的理解。

---

① 王阳明：《王阳明全集》卷七《自得斋说》，第265、266页。

② 王阳明：《王阳明全集》卷三《传习录下》，第116页。

三、王艮:自得精神的发明与展开

王艮是泰州学派的创立者,这是他和王阳明其他亲传弟子的不同处。他于32岁起讲解儒家经典,而以自得精神为宗旨的:"先生讲说经书,多发明自得,不泥传注,或执传注辩难者,即为解说明白。"①王艮以自身的心得来讲解儒家经典,而不是以人们熟悉的"传注"为依据。"传注"是明代人的常用语,是程朱对儒家经典注释的简称。《明史·选举志》记载明初的"科举定式":"初场试四书义三道,经义四道。""四书"指《大学》《中庸》《论语》与《孟子》,但考生必须遵循朱熹的《四书章句集注》。《诗经》遵朱熹的《诗集传》;《周易》以程颐的《伊川易传》与朱熹的《周易本义》为准;《尚书》以朱熹门徒蔡沈的《书集传》为主;《春秋》以程颐的私淑弟子胡安国和朱熹门人张洽的《春秋传》和《春秋集注》为主。这样,五经中除了"《礼记》主古注疏"外,其余经书全部纳入了程朱理学的范围。这一格局在王艮生活的时代,没有丝毫的松懈。嘉靖元年(1522)下诏:"自今教人取士,一依程朱之言,不许妄为。叛道不经之书,私自传刻,以误正传。"②别人用"传注"与他辩难,王艮用自己的观点去解说让他人明白,这是对传统的大胆突破:"吾为诸君发六经大旨。六经者,吾心之注脚也。道具于心,道明则经不必用,经明则传注不必穷。"③王艮不但突破宋儒的"传注",更直指"传注"母本的"六经"。既然"六经"是为"吾心的注脚",那么程朱对儒家经典所作的诠释("传注"),也就没有探讨的必要。

王艮的自得精神体现在理论上,是把阳明的心本论易为身本论,

---

① 董燧:《年谱》,载《王心斋全集》,江苏教育出版社,2001,第68页。

② 《明世宗实录》卷十九。

③ 董燧:《年谱》,载《王心斋全集》,第83页。

这是儒学思想史上的一个重大进展。学术界习称的“淮南格物”，本质上是围绕“身本”论而展开的产物。王艮的族弟、也是门人的王栋以为，老师讲“格物”的目的，是为了让人们明白“身本”的道理：“况先师原初主张格物宗旨，只是要人知得吾身是本，专务修身立本而不责人之意，非欲其零零碎碎于事物上作商量也。”①王栋追随王艮多年，对其师学说领会不会有错。“格物”之解历来众说纷纭，王艮之前最具影响力的是朱熹与王阳明。朱熹以“天理”为根本，故“格物”就是穷理。王阳明创立良知说，提出“格物”就是格心。王艮的“身本”论，与朱熹、王阳明截然有别。他是跳出字面解释的传统框架，而别出心裁地从本末关系入手：“立吾身以为天下国家之本”②，“身与天下国家一物也，惟一物，而有‘本末’之谓。‘格’，挈度也，度于本末之间，而知‘本乱而末治者否矣，此‘格物’也”。③ 他反复申明，只有弄清本末关系后，才能对格物真谛有切实的了解。他的用意是要突出“身”的形而上意义，是第一性的。第二，王艮把“身”比喻为“矩”，为衡量天下所有事物的标准与法则：“吾身是个矩，天下国家是个方，矩则知方之不正，由矩之不正也，是以只去正矩，却不在方上求。矩正则方正，方正则成格矣。故曰‘物格’。”④王艮以为，有了“矩”作标准，才能去衡量“天下国家”这个“方”，这就是“淮南格物”的内涵。王艮把“身”比喻为“矩”，为衡量天下所有事物的标准与法则。这同王阳明有较大的区别。王阳明是以“良知”为“规矩尺度”：“夫良知之于节目时变，犹规矩尺度之于方圆长短也。节目时变之不可预定，犹方圆长短之不可胜穷也。故规矩诚立，则不可欺以方圆，而天下之方圆不可胜用矣；尺度诚陈，则不可

① 王栋：《会语续集》，载《王心斋全集》，第 173 页。

② 王艮：《语录》，载《王心斋全集》，第 4 页。

③ 王艮：《答问补遗》，载《王心斋全集》，第 34 页。

④ 同上。

欺以长短,而天下之长短不可胜用矣;良知诚致,则不可欺以节目时变,而天下之节目时变不可胜应矣。”[①]“节目时变”,是指现实生活中纷繁复杂的变化,它们是“不可预定”的,但只要能够“致良知”,作为主宰的“良知”就能够自然而作出准确的判断(也适用于“不可胜穷”的“方圆长短”)。王艮把“规矩尺度”的“良知”易为“吾身”,实现了由心本论向“身本”论的华丽转向。

第三,王艮的身本论与王阳明的心身论有明显的不同。王阳明说:“耳目口鼻四肢,身也,非心安能视听言动?心欲视听言动,无耳目口鼻四肢亦不能,故无心则无身,无身则无心。但指其充塞处言之谓之身,指其主宰处言之谓之心。”[②]这是说,“心”对“身”来说是主宰,而“身”为“心”运作提供了基础。两者之中,“心”是根本,“身”是受驱使的。王阳明以为,一个人如果从“身”上考虑,就会走错路:“看善恶,躯壳上起念,便会错。”[③]王艮把王阳明“心身”论作了修正,一再强调“身”是“本”,抹掉了“心”的主宰义,突出了“身”为“天地万物之本”“天下国家之本”的意蕴。

王艮告诉他的门人林春说:“吾身为天地万物之本也。能立天下之本,然后能知天地之化育,夫焉有所倚?吾东城默而识之。”[④]其实局外人也是这么认为的。以王艮私淑弟子自居的耿定向知道得很清晰:“姚江始阐述良知,指眼开矣;泰州阐立本旨,知尊身矣,而未有家矣。……天台病叟曰:泰州立本说,繄岂非孔氏指哉?”[⑤]耿定向的意思是,王阳明以“良知”为宗旨,开拓了人们的眼界;王艮以“立本”为宗

① 王阳明:《王阳明全集》卷二《传习录中》,第50页。
② 王阳明:《王阳明全集》卷三《传习录下》,第90、91页。
③ 王阳明:《王阳明全集》卷一《传习录上》,第29页。
④ 王艮:《答林子仁》,载《王心斋全集》,第44页。
⑤ 耿定向:《耿定向集》卷十六《里中三异人传》,华东师范大学出版社,2015,第631、632页。

旨，只关注于“尊身”。王艮以“尊身”为“立本”的观点，不正是孔子所指向的吗？王阳明的心本论，到王艮那里转向了身本论。这在儒学思想史上是一个新的突破。

中国古代哲学经历了数千年的独立发展，到了宋明时期积累了非常丰硕的思想资料。哲学论争的中心，由先秦时期的“天人”“名实”之辩，演变为宋明时期的“理气”“道器”之争与“心物”“知行”之争。各个时代的哲学家围绕着论辩的中心，作了多方面的理论建构。宋明时期，因着对“理气”“道器”与“心物”“知行”的不同见解，形成了三个主要哲学派别，即气本论、理本论、心本论，代表人物分别是张载、二程与朱熹、陆象山与王阳明。不过这些派别难以囊括当时所有的哲学理论，但不可否认后者都与这三个派别有千丝万缕的关系。王艮的“身本”论，无疑是儒学思想史上一种新的理论形态，是从王阳明“心身”之辩中脱胎出来的。阳明心学在当时，是一个比较成熟且广泛流行的思想体系。要想从这样一个体系中摆脱出来，生发出自己的新意，那是何等艰难的事啊！历史上有无数次学生围着老师打转而无法自拔的情况。令我感到遗憾的是，时人为“淮南格物”这四个字所蒙蔽，而不深究其真实面目。“淮南格物”是赵贞吉提出的，因其富有地域特色而吸引了人们的眼球。但这把王艮身本论这一大石破天惊的新论淹没了。可以肯定地说，儒学思想史上这一本体论的新理论形态的面世，是与王艮“多发明自得”的精神密不可分的。

王艮的身本论，主旨是维护人的生存权利。身本论作为生存论，是同他青年时代参与煮盐，深知灶民生存艰难这一人生经历相关的。这是王艮津津乐道的“安身”“爱身”“敬身”的道理所在。为了使身本论更有说服力，他进而提出了“身尊道尊”合一论：“身与道原是一件，至尊者此道，至尊者此身。尊身不尊道不谓之尊身，尊道不尊身不谓之尊道，须道尊身尊，才是‘至善’。”[①]王艮“身尊”与“道尊”合一的理论，把个体自我的价值提高至“道”这样至高无上的地位。这与孔子的主张差别很大。孔子有“尊道轻身”的倾向，“朝闻道夕可死矣”[②]。孔子的“道”是指治国安民之术、道德修养之方与道德理想之则。孔子倡导的“杀身成仁”的殉道观，对后世影响是深远的。孔子强调的是，当个体生命与道德理想冲突而不能两全时，应舍弃生命以保证理想的实现。孟子以“舍身取义”的主张，发展了孔子的殉道观。对孔孟的殉道观，后世的人们有着各自的理解。历史上的民族英雄与革命志士，把“成仁”“取义”看作是维护民族和国家利益的正义行为，为培育中华民族的浩然正气与爱国情操起了积极的作用。古代有“正气未亡人未息”“留取丹心照汗青”的文天祥，近代有“苟利国家生死以”的林则徐与“养天地正气，法古今完人”的谢晋元。把此种殉道观演变为愚忠的也大有人在，如明末数以百计的官员因李自成攻陷北京而自尽，而理由当以明左都御史施邦曜讲得最透彻，“愧无半策匡时难，但有微躯报主恩”[③]。孔孟的殉道观，在历史长河中是顺着两个路径发展的，但捐躯以践道的宗旨是一致的。这同王艮的“身尊道尊”论是不相容的，故而王艮以为，孔孟殉道观仅是特殊情况下的暂时措施，不是任何时刻都要遵循的规则：“应变之权固有之，非教人以家法也。”[④]一目了然的。从“身尊道尊”合一论出发，王艮还有“仕禄害身”论与“明哲保身”论等新见解。

王艮的自得精神体现在理论上之二，是在身一元论的基础上，提出“百姓日用是道”的新命题。认为与百姓日常生活相关的事情，就是

---

① 王艮：《答问补遗》，载《王心斋全集》，第37页。
② 《论语・里仁》。
③ 参见朱义禄：《论中华民族的浩然正气》，《文汇报》1993年2月13日。
④ 王艮：《语录》，载《王心斋全集》，第37页。

"道"的所,而这种相关之事,都是为满足人的生存欲望。

第三个"发明自得"的是,他在晚年有所设想而未完成的"大成学"的理论。王艮57岁时,罗念庵造访王艮,"念庵就榻旁,述近时悔恨处,且求教益,先生不答"。当罗念庵告别时,"先生留之","遂作《大成歌》以赠念庵"。① 王艮作此,应是自知不久于人世间而又惧怕一生的学术构想湮没无闻的缘故。此诗对王艮思想的研究至为重要,诗的紧要处在这几句:

> 我将大成学印证,随言随悟随时跻。只此心中便是圣,说此与人便是师。至易至简至快乐,至尊至宝至清奇。随大随小随我学,随时随处随人师。掌握乾坤大主宰,包罗天地真良知。自古英雄谁能此?……我说道、心中正,个个人心自中正。常将中正觉斯人,便成当时大成圣。②

王艮以为,"孔子'大成学'",是他体悟出来的:

> 子谓诸生曰:惟《大学》乃孔门经理万世的一部完书,吃紧处惟在"止至善"及"格物致知"四字本旨,二千年来未有定论矣。某近理会得,却不用增一字解释,本义自足,验之《中庸》《论》《孟》《周易》,洞然吻合,孔子精神命脉具此矣。诸贤就中会得,便知孔子"大成学"。③

王艮以为,《大学》的宗旨在"止至善"与"格物致知"。如果把"止至善"

---

① 董燧:《年谱》,载《王心斋全集》,第76页。罗念庵是明代思想家罗洪先(1504—1564)的号,江西吉水人。嘉靖八年(1529)赴会试,中进士第一,任翰林院编修。嘉靖十八年(1539),为经筵院讲官。后因忤旨,黜为民。此后直至去世,未再出仕。作为阳明后学,并未受业于阳明之门,而是一个名副其实的私淑者。王艮代师授徒,在王门中地位很高,故记载说罗念庵"求教益",是符合实际的。

② 王艮:《大成学歌寄罗念庵》,载《王心斋全集》,第54、55页。

③ 王艮:《答问补遗》,载《王心斋全集》,第33页。

"格物致知",与《中庸》《论语》《孟子》《周易》中"洞然吻合"处相验证,便可把握"孔子精神命脉"。这就是"二千年来未有定论"的"孔子的'大成学'"。然而如何"吻合",王艮没有说明,因为是他不久即离开人世。

四、李贽、黄宗羲:"务以自得"与"自用得著为真"

李贽的自得精神,远可上溯到孟子,近可追根到王阳明。李贽是不自觉地卷入王阳明心学的,用时下的话说,是"被卷入"的。对其起作用的是徐用检与赵大洲。徐用检是钱德洪的学生,他与李贽同在礼部任职。见李贽不肯听赵大洲的讲学,就拿了本手抄的《金刚经》说,这是研究生死学问的经典。李贽听说事关生死,便天天清晨等候在徐用检家的门口,跟随徐用检去听讲。赵大洲是王艮的再传弟子、徐樾的学生,他公开声称学禅与名教并无冲突,力求把出世与入世打通而融为一体。① "因人而乃悟者,非自得也。犹之日射摇水,光动于壁,寒入火室,暖自外至,借彼精神,为我精神,我仍素然。其惟深造乎?深造则自得也。"②这是说,不能以他人的"精神"来当作自身的"精神",这不符合孟子所说"深造"之意蕴。一个人有所悟入的话,当是自家胸中流淌出来的体会,且不受制于外界事物的。有了"自得",方能说得上是"深造"。王阳明评判各家学派的自得精神为李贽所承继:

> 平生师友散在四方,不下十百,尽是仕途忠烈丈夫,如兄辈等耳。弟初不敢以彼等为徇人,彼等亦不以我为绝世,各务以自得而已。故相期甚远,而形迹顿遗。愿作圣者师圣,愿为佛者宗佛。

---

① 胡直:《赵贞吉传》:"身居臣子之地,每怀经世之忧;心慕道德之门,时发出世之愿。"见焦竑:《献征录》卷十七。

② 黄宗羲:《明儒学案》卷三十三《泰州学案二》,载《黄宗羲全集》第七册,第884页。

不问出家在家，人知与否，随其资性，一任进道，故得相与共为学耳。[①]

李贽说，自己交的朋友很多，都是讲忠义气节的大丈夫，我与他们相处如兄弟一般。我不敢让朋友来顺从我，朋友也不以为我与人世隔绝，人人都按照“自得”来行事。各人的期望相距很远，但行为上的不同马上被遗忘了。“自得”就是随各人的天性，凭自身的爱好去求道。想做圣人的就以圣人为师，想成佛的就去信佛，各行其是。不必区分在家还是出家，也不问知道与否，相互间的共同处是“为学”。

在论及“为学”时，李贽说：“夫惟真实敏事之人，岂但言不敢出，食不知饱，居不知安而已，自然奔走四方，求有道以就正。有道者，好学而自有得，大事到手之人也。此事虽大，而路径万千，有悟入者，有渐入者。”[②]“事”指“学问”：“人生世间，惟有学问一事，故时敏以求之。”[③]李贽以为，真实勤奋追求学问的人，不以物质生活上需求的满足为极限，而是“奔走四方”向“有道”之人请教，即“有道者，好学而自有得”。达到“自得”境界的路径是多样化的，可以是刹那间领悟了的（“悟入”），也可以是经历长期的修养而觉悟了的（“渐入”）。

李贽的“穿衣吃饭，即是人伦物理”的著名论断，是李贽依据“自得”精神而得出的：

穿衣吃饭，即是人伦物理；除却穿衣吃饭，无伦物矣。世间种种皆衣与饭类耳，故举衣与饭而世间种种自然在其中，非衣饭之外更有所谓种种绝与百姓不相同者也。学者只宜于伦物上识真空，不当于伦物上辨伦物。故曰：“明于庶物，察于人伦。”于伦物

① 李贽：《复邓石阳》，载《李贽文集》第一卷《焚书》，社会科学出版社，2000，第9、10页。

② 李贽：《答京中友朋》，载《李贽文集》第一卷《焚书》，第18页。

③ 同上。

上加察，则可以达本而识真源；否则只在伦物上计较忖度，终无自得之日矣。①

“学者”之前的话是李贽的结论，强调“穿衣吃饭”是人基本的物质生活需求，学者应当从“百姓”的日用生活中去考察人生，从而否定了理学家“存天理，灭人欲”的道德禁欲主义。“学者”之后的话是得出“穿衣吃饭，即是人伦物理”结论的缘由，而当今学术界对这一缘由是缺乏“明察”的，有必要申论一下。李贽之意是，“学者”应当从“人伦物理”这些具体事例中去认识“真空”，而不应当就事论事，从“伦物”中去辨识“伦物”。“真空”是佛教的术语，是宇宙万物的本原。李贽说：“真空既能生万法，则真空亦自能生罪福矣。”②“宜于人伦物理上识真空”是说，观察事物要从深层次的本原上考察，不能停留在浅层次的物象上。“明于庶物，察于人伦”，语见《孟子·离娄下》。“加察”是强调，人的认识要从具体向抽象作提升，否则难以“识真源”。李贽告诫人们，不要在具体事物的现象中打转，那是不可能有“自得”的。李贽之“愿作圣者师圣，愿为佛者宗佛”的“各务以自得”，简直是王阳明主张的复制。

他的“自得”是由对知识的了解转为自我的体悟，并由此得出与众不同的见解。李贽对东施效颦的行为是鄙视的：“人之所以终不成者，谓其效颦学步，徒慕前人之迹。”③当“前人之迹”在自家心中被排斥之时，就是“自得”萌生之际。以伯牙学琴之事来说，李贽强调，在“图谱无存，指授无所，硕师无见”的时刻，“凡昔之一切可得而传者，今缘不可复得，故乃自得之也。此其道盖出于丝桐之表，指授之外者，而又乌用成连先生为耶？然则学道者可知矣”④。“昔之一切可得而传者，今

① 李贽：《答邓石阳》，载《李贽文集》第一卷《焚书》，第 4 页。
② 李贽：《观音问》，载《李贽文集》第一卷《焚书》，第 164 页。
③ 李贽：《藏书》卷三十二《孟轲》，载《李贽文集》第三卷，第 598 页。
④ 李贽：《〈征途与共〉书后》，载《李贽文集》第一卷《焚书》，第 129 页。

缘不可复得”是说，不为前人的书本所限，不受硕师的知识所累；“丝桐之表，指授之外”是说，不囿于具体的器物与经验，而以自身的心解，直悟琴艺的要义，超越前人著述与他人见解之上。“学道者”应该知晓，这是“自得”境界来到的关键。

阳明的自得精神对后世产生了深刻的影响。就明代而言，一种类型是阳明后学，如王艮、李贽、黄绾、王畿、邓定宇等；另一种类型是受过阳明心学熏陶的大思想家，如张岱、傅山与黄宗羲等。[①] 阳明后学，是在不同程度上继承了王阳明自得精神的。王阳明的学生黄绾，对朱、陆之争表达了“惟求自得”的见解：“吾人学问，惟求自得，以成其身，故曰：‘诚者自成，在则道自道也。’实无门户可立，名声可炫，功能可矜，与朱、陆之同异，有如俗学也。苟能求之而有益于得，虽百家众说，皆可取也，况朱、陆哉！”[②]嘉靖四十四年(1565)，邓定宇渡江北上，途经钱塘江，顺便到会稽造访王畿，张岱的祖父张元忭也在场。王、邓二人半夜里讨论学术，留下了一段对话：“(邓定宇)曰：学贵自信自立，不是依傍世界做得的。天也不做他，地也不作他，圣人也不做他，求自得而已。(王畿)曰：如此狂言从何处得来？儒者之学，崇效天，卑法地，中师圣人，已是世界豪杰作用。今三者都不做他，从何处安身立命？自得之学，居安则动不危，资深则机不露，左右逢源则应不穷。”[③]“天”“地”“圣人”这三者，在邓定宇心目中都算不了什么，唯一可以依傍的只有“自信自立”，王畿虽说邓定宇有点狂，但以“自得之学”就能应付无穷的话来看，是同意邓定宇观点的。王畿教导儿子王应吉时说，读书要“得其精华，而遗其粗秽”，“先得我心之同然，不为言诠所

---

① 张岱“学贵自得”的见解，详见朱义禄：《论张岱与心学》，《浙江学刊》2018 年第 2 期。傅山“自得悟人”的观点，参见朱义禄主编：《中国古代人文名篇鉴赏辞典》，上海辞书出版社，2016，第 423—427 页。

② 黄绾：《黄绾集》卷十八《答邵思抑》。

③ 王畿：《王畿集》卷七《龙南山居会语》，凤凰出版社，2007，第 167 页。

滞”;作文要“直写胸中所得,务去陈言”。① 王畿断言:“圣贤之学惟自信得此及,是是非非,不从外来,故自信而是,断然必行。”②

这里着重讲一下黄宗羲,与他明快、尖锐、犀利的民主政治思想相比,他的本体论给人以非常繁杂的感觉,历来对此莫衷一是。因为黄宗羲本体论里,有着自相矛盾的地方。把黄宗羲众多关于本体论的言论综合起来,可见他是徜徉在心学天地中的,可概括为“一本万殊”:“散殊者无非一本,吾心是也。仰观俯察,无非使吾心体之流行,所谓‘反说约’也。若以吾心陪奉于事物,便是玩物丧志。”③千变万化的“散殊”(“万殊”),无非是“一本”的心体流行变化的结果。心包含了“天地万物之理”,人的认识对象“即在吾心之中”。“一本万殊”说,把不以人的主观意志为转移的客观规律(“理”),完全纳入了“一本”的“吾心”之中。黄宗羲是个心本论者,说他受王阳明心学影响颇深是符合实际的。如果从自得精神的继承上言,把黄宗羲归入阳明后学并无不确之处。

黄宗羲肯定了朱熹的自得原则:“胡季随从学晦翁,晦翁使读《孟子》。他日问季随:“至于心,独无所同,然乎?季随以所见解,晦翁以为非,且谓其读书卤莽不思。季随思之既苦,因以致疾,晦翁始言之。古人之于学者,其不轻授如此,盖欲其自得也。”④从整体上看,黄宗羲对朱熹的思想基本上是持否定态度的。唯独对他自得精神,是加以赞扬的。他希望人们大力发扬自得精神,这也是他编纂《明儒学案》的指导思想。

他与王阳明一样特别青睐自得原则,而体现在《明儒学案》这一部

---

① 王畿:《王畿集》卷十五《北行训语付应吉儿》,第 441 页。
② 王畿:《王畿集》卷四《答退斋林子问》,第 82 页。
③ 黄宗羲:《孟子师说》卷四,载《黄宗羲全集》第一册,第 110 页。
④ 黄宗羲:《明儒学案发凡》,载《黄宗羲全集》第七册,第 6 页。

巨著上。黄宗羲成功地把自得精神应用于思想史的研究领域中。他说:“羲为《明儒学案》,上下诸先生深浅各得,醇疵互见,要皆其功力所得,竟其心之万殊者,而后成家,未尝以懵懂精神冒人糟粕。”[①]“深浅各得”与阳明的“得有深浅”“竭其心之万殊,而后成家”“学惟当反之于心”,基本上是一个意思。在《明儒学案》中,黄宗羲设学案群以明学派的脉络、写案语以示学派的宗旨所在、从原著撷取精华以成选编,“这三个要素的相互配合,使学案体成为实现特定目标的载体,起到了承担学术思想史与学术思想资料选编的双重作用”[②]。《明儒学案》面世后,仿效者继踵而集,如《宋元学案补遗》《清学案小识》《两汉三国学案》《清儒学案》《新编清儒学案》《朱子新学案》等。[③] 然能为后世学者引用最多且至今不衰的只有《明儒学案》,究其原委,黄宗羲的指导原则就是自得精神:“学问之道,以各人自用得著为真,凡倚门傍户,依样葫芦者,非流俗之士,则经生之业。此编所列,有一偏之见,有相反之论,学者于其不同处宜著眼理会,所谓一本而万殊者也。”[④]大凡思想史上有独特见解的学派与学者,他都要记载下来,至于“倚门傍户”“依样葫芦”是拾人牙慧、守故蹈常的学说,其是非不足以论。就人而言,为“流俗之士”;就学问而言,为“经生之业”。“相反之论”,是与众不同、有独特见解的议论;“一偏之见”,可以说是片面的深刻,它虽不够全面,但却在某一方面有深湛之思、独到之处。学贵独创,必须是从“各人自用得著”出发的“不同处”,方能成为思想史真正研究的对象,务必要“著眼理会”。

---

① 黄宗羲:《明儒学案自序》,载《黄宗羲全集》第七册,第 4 页。

② 朱义禄:《黄宗羲与中国文化》,贵州人民出版社,2001,第 261—273 页。

③ 《明儒学案》不仅是中国第一部完善的学术史,而且创立一种新的史体——学案体,为我国封建社会里的最后一种史书体裁。这里仅提及,无法细论。

④ 黄宗羲:《明儒学案发凡》,载《黄宗羲全集》第七册,第 6 页。

五、由儒学自得精神引发的思考

《孟子》只有一部，但后世学者对它的评议、孟子形象的定位与孟子诸多观点的评估，却是出五花八门。① 且不言众所周知的荀子对孟子性善论的批评，在两汉孟子就是个毁誉不一的人物。赵岐对《孟子》一书用力尤多，作《孟子章句》，在当时颇有影响。赵岐在《孟子章句题辞》中对孟子的推崇非同一般："著书七篇，二百六十一章，三万四千六百八十四字。包罗天地，揆叙万类，仁义道德，性命祸福，粲然无所不载。帝王公侯尊之，则可以致降平，颂清庙。卿大夫蹈之，则可以尊君父，立忠信。守志厉操者仪之，则可以崇高节，抗浮云。有风之人托物，《二雅》之正言，可谓直而不据，曲而不屈，命世亚圣之大才者也。"这是说，《孟子》一书涵盖了天地万物，对自然界与人间社会都有很好的说明。照书中所说的道理去做，帝王可以坐致太平，大夫会自觉地维护君臣、父子、忠信这一套社会秩序与伦理规范。同时人们的道德风尚，尤其是坚持气节、大义凛然方面，会得到提升。不过"亚圣"仅是赵岐那样民间人士的推许，官方没有认可过。另外非议也不绝于耳。王充对孟子挖苦得很厉害："五百岁必有王者之验，在何世乎？云五百岁必有王者，谁所言乎？论不实事考验，信浮淫之语。"这是说孟子的立论是缺乏事实根据的。王充的结论是，孟子只能归入俗儒一类，"与俗儒无殊"②。俗儒出自《荀子・儒效》，意为学术荒谬杂乱，言行同于世俗的儒生。后世学者，对自己心目中瞧不起的儒生，均以俗儒呼之。

北宋时期的情况为尊重与非难并存，这是当时学者对孟子的基本

① 对《孟子》一书的诠释，同对孟子的诠释是不可分的，是合二为一的。故本文有时用《孟子》，有时用孟子，这得与话语情境的实际结合起来看，望善会其意。

② 王充：《论衡・刺孟》，上海人民出版社，1974，第160页。

态度。二程继承韩愈道统说，对孟子推崇的言论很多，大体上有两层意思。一是说孟子是继承与发展了孔子学说的："孟子有功于圣门不可言。如仲尼只说一个仁义，孟子开口便说仁义；孔子只说一个志，孟子便说出许多养气来。只此二字，其功甚多。"①二是认定《孟子》与《论语》一样，是为学的根本："学者当以《论语》《孟子》为本。《论语》《孟子》既治，则六经可不治而明矣。"②王安石始终认为，孟子是孔子以后最了不起的儒者，他作诗以孟子为憧憬的目标："欲传道义心虽壮，学作文章力已穷。他日若能窥孟子，终身无敢望韩公。"③当时指责、非议孟子的学者，是相当多的。《邵氏见闻后录》一书中，就辑录了十家批评孟子的言论。除荀子外，其余九家均为宋儒。九家中影响最大、言词最激烈是李觏与司马光。李觏直言孟子不是道统的继承者："孔子死不得其传矣！彼孟子者，名学孔子而实背之者也，焉得传？"说孟子只是表面学孔子，实质是背叛了孔子。缘由是孟子以仁义"乱天下"："孙、吴之智，苏、张之诈，孟子之仁义，其原不同，其所以乱天下则一也。"④以为孟子倡导的仁义，同兵家孙子的谋略，纵横家苏秦、张仪的诈诡，来源不一，但扰乱天下的结果是一致的。司马光，在当时已被视为一代名臣。他作《疑孟》，不赞同孟子的人性论，主张扬雄的人性善恶混论；他对孟子的君有大过失可废君的易位论大为不满，认为君臣关系当为一臣不事二君。

对孟子，赵岐尊为"亚圣"，王充贬为"俗儒"；于孟子的仁义说，二程以为是发展了孔老夫子的思想，而李觏目为扰乱天下的邪说。落差何其大矣！《孟子》的文本只有一个，但读原始文本的主体，他

① 程颢、程颐：《二程遗书》卷十八，载《二程集》第221页。

② 程颢、程颐：《二程遗书》卷二十五，载《二程集》第322页。

③ 王安石：《王文公文集》卷五十五《奉酬永叔见赠》，上海人民出版社，1974，第620页。

④ 李觏：《常语》，载《李觏集》附录一，中华书局，1981，第512页。

们的期待视界是各不相同的。由于每个人的政治见解、教育程度、所处历史情境、学术修养与兴趣，是难以趋同的。对历史上孟子的形象与学说，得出不尽相同的看法，是完全正常的。按照传统的说法，叫"我注六经"，即对经典作品的诠释中，悉数灌进自己的期待视界。"我注六经"是一种古老的解释学。与〔德〕伽达默尔所大力倡导的现代诠释学，有殊途同归之处。只不过，一个是经验的、直观的；一个是理论的、思辨的。如何理解儒学思想史上这种现象呢？借用黄宗羲的术语，原始文本与后续文本的一多关系，可以用"一本万殊"来概括，而它恰恰是儒学思想史发展过程中的必经环节与客观规律。

首先，从主体与客体上来剖解。人是认识的主体，但客体并不限于物。他人、社会生活、自然界、前人的精神产品等，只要进入人类的认识活动的都是客体。诸如书本、录音、视频等，可以视之为精神化的客体，也就是文本。当主体在阅读精神化客体（文本）时，就产生了双向的交流活动。一般地说，文本中的内容打动了主体心扉时，主客体的相互作用就应运而生了，这会引起主体思维亢奋性的思索。处于这种状态中的主体，必然会对文本作注释、写下自己的评语、留下自身的心得等文字成果。要主体对原始文本不断地阐释新的意义，原始文本得有在某一方面能够激活主体的内容。西方有个俗谚，说"一千个读者，就有一千个哈姆雷特"。艺术作品要有生命力，在于要有观众的接受。学术著作同样。当作者去世后，原始文本的意义是呈现不断变化着的状态，后世学者往往会衍生出新意义的后续文本。

试以"独善其身"与"兼济天下"为个例来说明。孟子说："故士穷不失义，达不离道。穷不失义，故士得已焉；达不离道，故民不失望焉。古之人得志，泽加于民；不得志，修身见于世。穷则独善其身，达则兼善天下。”[①]孟子提出的是进退两便的人生策略，为历代士人、学者所信奉。“达”指得志、发达、显贵等，但又不仅于此。在先秦时代，“达”既指得势做官，更指其学说、主张、见解为人君所采纳，做有利于百姓的好事。先秦诸子，奔走于列国诸侯之间，其目的就是“各以其说以干世主”[②]。儒家可谓其中的翘楚，积极出仕，干预世事，以自己学说作为拯救乱世的药方，是儒家处世的基本态度。“穷”不仅指生活穷困潦倒，还指处于逆境之中，此时要洁身自好，不与人同流合污，保持高尚的道德情操。作为一种人格模式，表现在时间上的循环替代，是同一个人在不同环境下所体现的两种相辅相成的人格。这是个人志向在社会环境所许可的限度发生耦合或背离时所形成的。它表现在空间上的移位转嬗：一旦仕途失意，退而隐居，过恬静的田园生活；如果环境变化，也会东山再起而有所作为。“达”与“穷”是孟子考察了社会与自我的关系后而提出的人生理想。其目标是实现个人的社会价值与自我价值，这是从理论上的设想，在现实生活中二者常常无法统一。

士人实现“兼济天下”的理想，唯一的途径是做官。但士人出身的官僚不是最高权力的执掌者，他们只能通过直接或间接的方式，向统治者施加影响去实现自己理想。两者之间的关系是不稳定的，甚至是别扭的。在历史上较为成功的合作中，如魏征之于唐太宗，仍可以看到，即使在太宗言听计从的时刻，二者关系也常常蕴含着危机。唐太宗在纳谏方面，确有一种历代帝王所难得的诚恳、开明的气质，但他心

---

① 《孟子·尽心下》。孟子说“兼善其身”，后世流行的是“兼济天下”。作这一变更的是李白，尔后白居易沿袭了“兼济天下”这一用法。李白对友人说：“吾与尔，达则兼济天下，穷则独善其身。”（《李太白全集》卷二十六《代寿山答孟少府移文书》，中华书局，1977，第1225页。）只是白居易在《与元九书》中使用后，遂渐流行起来：“谓之讽喻诗，兼济之志也。谓之闲适诗，独善之义也。故览仆诗，知仆之道焉。”（《白居易集》卷四十五《与元九书》，中华书局，1979，第962页。）

② 《史记·孟荀列传》。

中也萌生过“杀此田舍汉”[①]的念头，魏征也有过“君臣相遇，自古为难”[②]的慨叹。“伴君如伴虎”，士大夫们在这样的困境中，萌生隐退于林泉山间，以平抚心灵创伤的“独善其身”的念头就油然而生了。

明儒吕坤(1536—1618)有一段关于“理”与“势”冲突的话：

> 故天地间，惟理与势为最尊，虽然，理又尊之尊也。庙堂之上言理，则天子不得以势相夺。即相夺焉，而理则常伸于天下万世。故势者，帝王之权也；理者，圣人之权也。帝王无圣人之理，则其权有时而屈。然则理也者，又势之所持以为存亡者也。以莫大之权，无僭窃之禁，此儒者所不辞，而敢于任斯道之南面也。[③]

吕坤于万历二十五年(1597)，上《忧危疏》纵论时局，直陈安危，触犯了万历帝，终止了二十多年的仕宦生涯。“势”是指皇权和与此相关的政治制度及其运作，“理”是指儒家传统理想及与此相关的一套价值观念。按吕坤的理解，“理”是圣人所提倡的真理，是正义的象征。“势”有与“理”相吻合之处，而当二者偏离太大时，儒者就得据“理”力争，不惜抛头洒血地去做纠偏工作。这要求士大夫超越个体的利害得失，对整个社会政治秩序抱以终极关怀。这种入世的现实精神，势必形成“兼济天下”的境界，但士人实现此境界得借助于“势”。当“理”与“势”不一致时，就会产生“以理抗势”，发出“儒者所不辞，而敢于任斯道之南面”的呼声来。吕坤的主张，源于孟子“乐道忘势”的观点：“古之贤王好善而忘势，古之贤士何独不然？乐其道而忘人之势，故王公不致

---

① 据唐人刘餗的《隋唐嘉话》记载：“太宗曾罢朝，怒曰：‘会杀此田舍汉！’文德后问：‘谁触忤陛下？’帝曰：‘岂过魏征，每廷争辱我，使我常不自得。’”

② 吴兢：《贞观政要·君臣鉴戒》，上海古籍出版社，1978，第 81 页。清代通俗小说《小五义》第四回：“朝臣待漏，伴君如伴虎，一点不到，自家性命难保。”这自然是历代大臣发出无数次的慨叹后，流传到民间的反映。

③ 吕坤：《呻吟语》卷一《谈道》，时代文艺出版社，2002，第 56、57 页。

敬尽礼,则不得亟见之。见且由不得亟,而况得而臣之乎?”[①]孟子所处时代,列国竞争,士无常君,君臣关系处于相对松弛的阶段,“势”对“道”或多或少还有点迁就。到了大一统王朝出现之后,“势”与“道”就再不能相提并论了。明代中央权专制主义已经高度强化。朱元璋对亚圣孟子也开了刀,下令把《孟子》一书中不利于专制主义统治的话删去。执行这一任务的是82岁的老翰林刘三吾,删了85处,定为《孟子节文》,刊行天下。[②] 吕坤继承孟子“道”重于“势”的思想,抬出一个“理”与“势”来抗衡,强调“理又尊之尊”,认为“天子不得以势相夺”,结局是只能丢官了。帝王有权势,儒生有道理,两者之间常有冲突而难以协调。“理”与“势”的冲突,是皇权与士大夫之间的冲突,这一冲突贯通于整个封建社会之中。当冲突剧烈的时候,一些士大夫为了保持自身的社会理想、政治主张、人格价值,就会由“兼济天下”走向“独善其身”。

“兼济”与“独善”通过互相补充和有机结合,成为士大夫唯一可保持自身理想进退自如的人生哲学。它使士大夫得以在复杂的社会事务与个人命运相互碰撞时,找到一个应付的最佳方案。当士大夫博得明主青睐时,“兼济天下”的理想,是他们保持有所作为的内在张力;在不遇明主的境遇下,“独善其身”为他们保持人格独立不被污辱提供了抗拒逆境的力量和消弭内心苦闷的方法。这种强烈的依附与相对的独立的矛盾与统一,使“兼济天下”与“独善其身”,在文人、学者与官僚这一阶层中保持着永恒活力。

《孟子》的原始文本是独一无二的,后世儒家尤其是陆王心学代表人物的引申发展,使后续文本显示出繁花似锦的景象。这叫老树开新

---

① 《孟子·尽心上》。

② 丁易:《明代特务政治》,群众出版社,1983,第406—409页。

芽。后续文本如何演化,取决于主体所处的社会环境、个人际遇、兴趣爱好与理论素养能力等综合因素所形成的合力。原始文本脱离了产生它的社会条件与历史情境,就面临着一个无限制地被重新阐释的行程。它的意义永远是过去向着现实的一次又一次的演变。这"一本万殊"的演变过程,就是一部儒学思想发展史的真实面貌所在。

六、"且合且离":再论儒学思想史的发展规律

对原始的经典文本所作"万殊"的阐释,构成了儒学思想史发展过程中不可或缺的重要部分。下面以明清四部阐释《孟子》的著作为例来说明。这四部著作是,黄宗羲的《孟子师说》、焦循的《孟子正义》、戴震的《孟子字义疏证》与康有为的《孟子微》。《孟子师说》是黄宗羲唯一的哲学著作,借对《孟子》的阐释,黄宗羲对孟子民本思想有了新的理解,他认为民众欲望的满足是君主统治得以长治久安的最为简单的原因。他用阳明心学来阐释孟子,大力要求个性解放:"自阳明之心学,人人可以认取圣脉。后来近溪只就人所行所习,当下指点出著察一路,真觉人人去圣不远。要知孟子亦是此意。"①既然"人人可以认取圣脉",就应该让人们自由地去理解儒家经典文本中的意蕴,不应该限定一个范围去抑制人们的思想自由。他批评明王朝以朱熹学说禁锢人们思维的做法:"四子之义,平易近人,非难知难尽也。学其学者,讵止千万人千百年!而明月之珠,尚沈于大泽,既不能当身理会,求其着落,又不能屏去传注,独取遗经。精思其故,成说在前,此亦一述朱,彼亦一述朱,宜其学者之愈多而愈晦也。"②包括《孟子》在内的四书("四子"),内容并不深奥,学习它们的人很多年代也很长。现今它们

---

① 黄宗羲:《孟子师说》卷六,载《黄宗羲全集》第一册,浙江古籍出版社,2005,第144页。
② 黄宗羲:《孟子师说·题辞》,载《黄宗羲全集》第一册,第48页。

却像明珠那样沉沦于“大泽”中，学的人愈多而道理愈加晦暗。原因是有“传注”像屏风那样挡在前，更有朱熹学说从中作梗，造成人人“述朱”的思维僵化的格局。

戴震的《孟子字义疏证》同《孟子师说》一样，都是依据《孟子》而有自家独特体会的后续文本。其“以理杀人”的著名论断，就是在《孟子字义疏证》中提出的，为学术界同仁所津津乐道。他指出程朱理学的“天理”是杀人不见血的软刀子：“人死于法，犹有怜之者；死于理，其谁怜之！”[①]《儒林外史》第四十八回中，儒生王玉辉的三女儿出嫁才一年，丈夫便夭折了。她受理学“饿死事小，失节事大”的贞节观影响颇深，决心殉夫以完妇节。王玉辉知道后不加阻拦，反而以为“这是青史上留名的事”；同县的儒生则称赞道，“生这样的好女儿，为伦纪生色”。戴震的这一批判宋儒独断论的观点，是在诠释孟子“养心莫善于寡欲”时，批判理学家的禁欲主义时得出的。这与孟子原意离得很远了。“以理杀人”的论断，深刻地揭示了程朱理学在清初如何成为维护文化专制主义工具的实质，奠定了戴震在明清启蒙思想家中的重要地位。清代扬州派焦循的《孟子正义》偏重于考证，但新见并不少，如否定人兽之辩的传统见解。说：“智，人也；不智，禽兽也。”[②]传统见解以为，人与禽兽的差别在于，人有着禽兽所没有的道德，让人在万物中处于有价值的地位。焦循对传统的挑战，是与他受传教士带来的泰西之学的影响相关的。以“智”作为人兽之别的标准，这一具有近代科学因素与理性之光的主张，在康有为那里又一次复现了：“然则人与禽兽何异乎？曰：异于智而已。”[③]作于 1901 年的《孟子微》，为康有为系统地以

① 戴震：《孟子字义疏证・理》，载《戴震全集》第六册，黄山书社，1995，第 161 页。

② 焦循：《孟子正义》，中华书局，1998，第 586 页。

③ 康有为：《康子内外篇・爱恶》，载《康有为全集》第一卷，上海人民出版社，1987，第 176 页。

西方文化阐释《孟子》的著作。康有为在回顾了性善论在历史上的影响后，把天赋人权论与平等思想灌注于孟子身上："人人性善，尧舜亦不过性善，尧舜与人人平等相同。此乃孟子明人人当自立，人人皆平等"①；"盖天之生物，人为最贵，有物用则，天赋定理，人人得之，人人皆可平等自立，故可以全世界皆善"②。对儒学思想史上的经典文本的意义，是不能囿于作者本人的创造，更要关注后世阐释者的再创造。不是作者完成了作品后，其内涵与意义就凝固不变了，而是与时俱进的。如果说，黄宗羲与戴震还是在传统框架内阐释新义的话；那么，焦循同康有为则是在接触与吸取了西方文化后的再创造。③ 诚如伽达默尔所言："一段文本或一件艺术品的真正意义的发现永不会结束，事实上它是一个无限的过程。"④

从这四位学者对《孟子》(孟子)的诠释可知，儒学思想发展史中是有着一个"且合且离"的规律。明人谢肇淛对书法的传承与发展有个精辟的论述：

> 临古人书者，须先得其大意，自首至尾从容玩味，看其用笔之法，从何起钩，作何结煞，体势法度一一身处其地而仿佛如见之，如此既然久，方可下笔。下笔之时，亦便勿求酷似，且须泛澜容与，且合且离，神游意会。⑤

虽说是讲书法艺术的传承，但也适用于学术思想的继承与创新关系。"且合"是说，临摹前人法帖，不能只求形似，应当"从容玩味"，即彻底

---

① 康有为：《孟子微》，中华书局，1987，第 15 页。

② 康有为：《孟子微》第 7 页。

③ 详见朱义禄：《明清四种注〈孟〉著作散论》，《孔子研究》，2003 年第 6 期。

④ 刘放桐主编：《现代西方哲学》，人民出版社，1990，第 765 页。

⑤ 谢肇淛：《五杂俎》卷七，载《明代笔记小说大观》第二册，上海古籍出版社，2005，第 1622 页。

弄清法帖作者的旨意。“且离”是说，经过长时期的思索考量后，抛弃“求酷似”而进入“神游意会”的境界，也就是有自得之处了。对前人的学术思想也应该采取“且合且离”的态度。可以使用前人的术语，这是对传统的接受，是为“且合”；但决不应被前人的思想所困住，而应该以自家体会出来的新观点，形成有着独特见解的新文本，是为“且离”。对“且合且离”要辩证地看待，只有“且合”，学术思想就会固步自封，难以发展；只有“且离”，就是使唤人感觉到思想肤浅，如同无源之水、无本之末一样。既要“且合”，也要“且离”，只有两者有机辩证结合，才会不断涌现出有新见解的“相反之论”。一部中国儒学发展史，就是在“且合且离，神游意会”的过程中展开的。诠释《孟子》的众多后续文本在不同时代里的出现，令人感受到这么一个事实，即儒学思想以新面目呈现于世人面前，这是儒学思想得以不断翻新，也是儒学思想得以发展而经久不衰的缘故。这就是儒学思想发展史的重要规律之一。

孟子提出的许多命题大多是语焉而不详，但不因时光流逝而失去其价值。如果命题过于清晰，则令后世学者殆无发挥的余地；倘若命题过于晦涩与难懂，则令后世学者缺乏想像的可能。这两种情况，会使后人无法与原始文本进行双向交流与互动。唯有粗线条的描述，提了个头却无详尽解释的命题，才是最合适于后人从诠释中得出新论来的。因为这些命题意犹未尽，具有激活后世学者灵感的功能。《孟子》一书中，诸如“尽信书，不如无书”“自得”“良知良能”“先立其大”“反身而诚”“夷夏之辨”“仁政王道”“天时地利人和”“有恒产者有恒心”“井田制”“通功易事”“求放心”“天人合一”“不动心”“充实之谓美”“养浩然之气”等命题，涉及哲学、政治、经济、美学、道德与人生哲理乃至于读书方法，故无不成为后世学者频繁阐释的对象。孟子提出过许多具有普世意义的命题，孟子的自得精神仅是其中的一例。

就《孟子》这一原始儒学资源而言，它提供的是能容纳很多哲理内容的框架，而不是实证性结论；是一种开放式结构，而非封闭式教条；是困扰中华民族的普遍性问题，而非狭隘性的特殊问题。原始文本能成为经典文本，在儒家著述中也是很少的。只有像《论语》《孟子》那样的著作，才会产生“一本万殊”的功能，才会有着“且合且离”的情况。《孟子》那样的著作，内中藏有许多有待开发的潜能，从而成为后世儒家学者诠释不休的经典文本；缺乏潜在能力的原始文本，即使煊赫一时，最后还是要遭时代的淘汰。历史是无情的，它会在时光的消逝中，淘汰掉一切缺乏价值的东西。黄宗羲在完成《明儒学案》一书后，自信满满地自评说："此犹中衢之樽，后人但持瓦瓯箄杓，随意取之，无有不满腹者矣。"①其实把黄宗羲的这一评议用到《孟子》上，不亦宜乎！况且《孟子》比《明儒学案》的影响力更大，学者对它的研究只会朝着更加深入的方向行进，没有任何力量能够阻挡这一前进的步伐。

① 黄宗羲：《明儒学案自序》，载《黄宗羲全集》第七册，第4页。

儒学担当精神的近代命运

——以魏源、陈天华、梁漱溟为中心的考察

朱义禄

一、志士仁人:为中国求出路

儒家的担当精神,在近代历史条件下显现出新的生命活力。不过这一儒学文化资源,其表现形式及内涵与古代截然不同,这是社会环境的变化所决定的。传统的担当精神在当时增加了爱国主义、反对列强侵略等方面的时代性内容;而形式上一改古代那种比较温和的状态,显得激烈悲壮,甚至不惜以自觉捐躯作为唤醒国人精神的手段。

自从不列颠的隆隆炮声,炸开了东方古老而厚重的大门后,中华民族就进入了一个灾难深重的时代。对志士仁人来说,寻求救国救民的道路,是他们的头等大事。每个时代都有它中心的一环,在近现代中国,这一环是“中国向何处去”。这个时代里的人们,无法沉湎于采菊东篱的情趣之中,时代政治风云的迅速变幻、燃眉之急的民族矛盾,使得志士仁人们无暇旁顾,而把主要的精力与时间,投入当前急迫的社会问题研究与实践中去了。以思辨为主的思想家在近现代已不多见,而他们往往以爱国者、革命家的面目呈现于世,他们的思想聚焦于一点,即为苦难的中国找到光明的前途。志士仁人前仆后继,是为了找到这个问题的正确方案。寻觅过程中,向西方学习并结合传统进行反思,探索出一条让中华民族走上独立、自由的道路。这样,古今中西思想之间的争论与融合,成为近现代中国思想发展进程中的主线索。

为什么要向西方学习?陈天华把抵抗列强与学习西方的辩证关

系说得很明白："须知要拒外人，须要先学外人的长处。如今的人，都说西洋各国富强得很，却不知道他怎么样富强，所以虽是恨他，他的长处，倒不可以不去学他。"①如果说，魏源"师夷之长技以制夷"的思想，在鸦片战争后的几十年还不时遭到顽固派抵制的话；那么，洋务派的崛起以及张之洞"中体西用"思潮的漫延，表明国人已不再对学习西方施加压力了。在维新变法期间，无论是康有为、梁启超还是谭嗣同、严复，他们的思想都已突破了"中体西用"的格局。他们运用西方的进化论，来说明社会形态是可以发生变动的。康有为在戊戌变法时期，把西方的进化论、资产阶级民主思想，同公羊学派的"三世"说结合起来。他熟练利用了传统的圣人崇拜观念，写成了三部名著，《新学伪经考》《孔子改制考》与《春秋董氏学》。披着今文经学外衣的历史进化论，为他心目中资本主义的君主立宪制提供了锐利的思想武器。谭嗣同更萌发了暴力革命的念头。孙中山在 1923 年概述他一生阶段时说："余之谋中国革命，其所持主义，有因袭吾国固有之思想者，有规抚欧洲之学说事迹考，有吾所独见而创获者。"②孙中山把志士仁人融中西于一炉归结为"因袭"— "规抚"（引进）—"创获"，这一途径也是百年来志士仁人一直探索的行进之路，其间充满了艰辛、曲折和艰难。刘少奇在把马克思主义与儒学资源有机贯通起来时作了辩证的解释：

为党、为阶级、为民族解放，为人类解放和社会的发展，为最大多数人民的最大利益而牺牲，那就是最值得、最应该的。我们有无数的共产党员就是这样视死如归地、毫无犹豫地牺牲了他们的一切。"杀身成仁""舍生取义"，在必要的时候，对于多数共产党员来说，是被视为当然的事情。这不是由于他们的个人的革命

① 陈天华：《警世钟》，载《陈天华集》，湖南人民出版社，2008，第 75 页。
② 孙中山：《中国革命史》，载《孙中山全集》第七卷，中华书局，1981，第 60 页。

狂热或沽名钓誉，而是由于他们对于社会发展的科学的了解和高度自觉。[①]

“杀身成仁”出于《论语·于罕》，“舍生取义”源自《孟子·告子》。孔孟都关注着同一个议题：当个体自然生存与道德理想发生冲突而不能两全时，应该舍生命以维护理想中的道德原则。在古代，“成仁取义”是有着封建道德的印痕，但从刘少奇所论述的“仁义”看，已跃出了原来的框架而被赋予了革命的集体主义精神，为中华民族前途而牺牲个人生命的大无畏精神。无产阶级的政治要求同传统儒家资源，在抗日战争的特殊环境中被刘少奇有机地融会贯通了。康有为、孙中山、刘少奇，是近现代中国著名的政治领袖与思想家，他们的所作所为是具有代表性的。这些志士仁人的共同特点是，把从西方学到的先进理论与儒学资源相结合，为中华民族的复兴找到出路。儒学资源中陈腐的、落后于时代的消极因素，受到猛烈抨击；积极的、能为时代需要服务的合理因素，则被继承并发挥。这里以魏源、陈天华与梁漱溟三人为中心进行初步的考察，来说明担当精神在近现代的延续与影响。

二、魏源：“忧患成智慧”

魏源能提出“师夷之长技以制夷”的新见解，社会条件的变化是重要原因，也与他满怀忧患意识密不可分。面对鸦片战争所造成的民族灾难，魏源陷入了深思。他登上镇江金山与焦山后，目睹大好河山“火光赤如血”、众多黎民“沉沉万家哭”的悲惨情景，而“群夷争饮捷胜酒”，一派猖狂嚣张，清政府依然苟且偷安，文恬武嬉，无一点忧患之心。[②] 现实的苦难，让魏源沉浸于反思如何克服患难局面的对策。这

① 刘少奇：《论共产党员的修养》，人民出版社，1962，第 41 页。

② 魏源：《金焦行》，载《魏源集》，中华书局，1976，第 728 页。

是他“忧患成智慧”观点产生的时代环境。他断言自古相传的“六经”，都是“圣人”源于忧患意识的著作：“《六经》其皆圣人忧患之书。”由此推论：“逆则生，顺则夭矣；逆则圣，顺则狂矣。草木不霜雪，则生意不固；人不忧患，则智慧不成。”[①]具有忧患意识的人们，常常是身处逆境之中的，而逆境是产生圣人的客观环境。如同草木经历风雪雨霜后，才能生长得更为茂盛坚固一样，处于多灾多难环境下的人们，才有大智慧的产生。魏源讲了自己读《诗经》后的感受时说：

> 君子读《云汉》《车攻》，先于《常武》《江汉》，而知《二雅》诗人之所发愤；玩卦爻内外消息，而知大《易》作者之所忧患。愤与忧，天道所以倾否而之泰也，人心所以违寐而之觉也，人才所以革虚而之实也。[②]

魏源认为阅读《诗经》，不是随便翻翻的，也不是无次序地去读。应当先读《云汉》《车攻》，再读《常武》《江汉》。阅读次序的安排，于细微处映现了魏源内心深处的忧患情结。《诗经》中涉及田猎的诗篇颇多，而场面之宏伟，首推《云汉》。此诗是写周宣王会同诸侯举行田猎的诗，诗有威摄诸侯之义。《车攻》为周宣王担忧旱情不去而祭神求雨的诗，祈雨的目的是为了百姓安宁。《江汉》一诗，讲召伯平定了淮夷，受到周宣王的赏赐。《常武》是一首歌功颂德的诗，颂扬周宣王率兵亲征徐国，平定叛乱而凯旋还师的赫赫武功。《车攻》中多的是“兢兢业业，如霆如雷”“旱魃为虐，如惔如焚”“我心惮暑，忧心如熏”之类的话；《常武》中率多“王奋厥武，如震如怒”“天子之功，四方既平”这样的话。魏源之意是，依此顺序阅读《诗经》，可知它们是作者出自忧患意识的发愤之作，也让人明白鸦片战争前后清廷国力上兴盛与衰落的对比。魏

---

① 魏源：《默觚下·治篇二》，载《魏源集》，第38、39页。

② 魏源：《海国图志叙》，载《魏源集》第207页。

源是近代中国深知辩证法精髓的思想家，他以为屈与伸、如意与不如意、福与祸、利与害、消与长，这些事物对立的状态与人们所面临的不同处境，是共生而处于统一体中的。知晓了这一道理，“君子”就要“于安思危，于治忧乱”①。魏源断定，《易》是作者心中宣泄忧患意识而作的，这是符合实际情况的：“作《易》者，其有忧患乎？”②发愤与忧患，让人们的心灵觉醒过来。至于“违寐而之觉，革虚而之实”，意思是说，要做切实可行的事情，不能再侃侃而论。最主要的事情是了解西方列强的实际情况，以便寻求解决困境的良方来。他指责朝中掌权的顽固派，抱着闭关自守、天朝上国的自大心理，不知墙外有天，舟外有地。

深沉的忧患意识，令魏源以新眼光去看待西方，这是他著《海国图志》的动因：

> 何以异于昔人海图之书？曰：彼皆以中土人谭西洋，此则以西洋人潭西洋也。是书何以作？曰：“为以夷攻夷而作，为师夷长技以制夷而作。”③

“师夷长技以制夷”，即学习西方的先进科学技术，以战胜列强的武装侵略。需要注意的是，“彼”与“此”的确切内涵。“彼”指抱着传统的文化自大主义，主张以夏变夷的顽固派；“此”是指魏源，称自已是以西方人的眼光来谈论西方的“长技”等新事物（如“船坚炮利”）。

肇始于孔孟而流传了两千多年的夷夏之辩有个标准，那就是夷夏的差别不在地域与血统上，而在文化水平的发展程度上。华夏指中原地区，华夏之民都是有文化教养的人；夷狄为对四周少数民族与周边国家的称呼，是没有文化教养的野蛮人。如东夷、西戎、南蛮、北狄，这

---

① 魏源：《默觚上·学篇七》，载《魏源集》第19页。
② 《易传·系辞下》。
③ 魏源：《海国图志叙》，载《魏源集》第207页。

些化外之民，他们披头散发，身上刻着花纹，以鸟兽之皮毛为衣服。华夏与夷狄的区分，以是否接受与推行华夏文化为标准。由于特殊的地理条件和文化背景，中国曾长期地对周边民族与国家，扮演了先进文化输出者的角色。夷夏之辩，在历史上成为汉族同化少数民族的同化机制，对中国成为一个多民族的大家庭，有不容抹杀的积极作用。这一情况到了近代发生了根本的变化，以夏变夷的主张行不通了。但抱着这种传统心态的顽固派，却以不变的心态要应付万变的事情。

如果说，在乾嘉时期把西方人视为向慕天朝上国的夷狄，还是有点依据的；那么，后来在战争中输得一败涂地，观念上还要以胜利者自居时，就显得异常可笑了。① 1860 年，离魏源去世三年了。英、法、俄、美等国的使馆在北京设立，朝廷面临的一大难题，就是外国使节觐见皇帝的礼仪问题。朝廷大臣为此辩论三个月，同治皇帝不能决断。有人主张拒之不见，以崇天朝上国的尊严，以杜外夷的骄纵。翰林院编修吴大澂说，按照中国的定制，是从来没有不跪的臣下的。持以夷变夏的人不知道，“夷”的内涵在近代中国已发生根本性变化。从对象说，“夷”不再是中国周边的少数民族和国家，而是西方列强。从实质看，“夷”不再是游牧文化，而是比农业文化更先进的工业文化。从“夷”与“夏”接触后的结果言，“夏”以学习“夷”为归宿，先是仰慕船坚炮利，次是学习声光化电（科学技术），往后要仿效西方的政治制度等。这是国人在现实教训面前，逐步地去接受西方文化的客观进程，已是不可逆转的时代思潮。而持以夏变夷的“此”，即持天朝上国观念的大臣们，是知道这一大变局而不欲变通。他们把英人叫“英夷”，与其办

① 1739 年，英国派遣特使马戛尔尼到华谈判通商与传教事宜。清廷援引前例，要马戛尔尼代表英吉利朝贡，以贡使身份行三跪九叩之礼。马戛尔尼不从，经再三磋商，以觐见英王的礼节见乾隆后才算了事。看似解决，实为不欢而散。双方各自认定的地位不同，是产生分歧的缘由所在。

理外交事务称“夷务”。作为时代痕迹留下来的有《筹办夷务始末》八十卷。顽固派的成员，主要代表人物有倭仁、徐桐、叶德辉、刘鸿锡等。倭仁（1804—1871），蒙古正红旗人，道光进士。平生精研义理之学，号称“理学大师”。同治初年，任内阁大学士，对洋人恨之入骨。1867年，他在一奏折中称：“且夷人，吾仇也。咸丰十年，称兵犯顺，凭陵我畿甸，震惊我宗社，焚毁我园囿，戕害我臣民。此我朝二百年来未有之辱，学士大夫无不痛心疾首，饮恨至今。”①1862年清廷开设同文馆，是为最早的洋务学堂。1867年，同文馆决定招选科甲正选官员入馆学习天文算学。倭仁上疏反对：“立国之道，尚礼义不尚权谋，根本之图在人心不在技艺。今求一艺之末，而又奉夷人为师。无论夷人诡语，未必传其精巧，即使教者诚教，学者诚学，所成就者不过术数之士，古今未闻有侍术数而能起衰弱者也。”②倭仁的结论是：“何必师事夷人！”③早期改良派的王韬说，在19世纪70年代至80年代里，“以西法为可行者不过二三人，以西法为不可行、不必行者几乎盈廷皆是”④。

魏源是属于“西法为可行者不过二三人”中的，他是以“西方人的观点”去看待“夷长技”的。其缘由是他怀有深深的忧患意识。没有忧国忧民情结的人，心境是很泰然的，是不会去思索救国救民真理的。魏源在《海国图志》中，赞美美国的民主政治，颂扬彼得大帝向西欧学习工艺，对英国这一当时世界上最强大的国家的政治制度有深入的介绍……正是出于“忧患成智慧”的视野，他才有“师夷长技以夷”的主张面世。他的“智慧”早已超越了传统夷夏之辨的陈旧观念，但他没有抛弃夷夏之辨的术语，而是作了个翻新。“师夷长技以制夷”的新思想，

① 《筹办夷务始末》（同治朝）卷四十七，第25页。

② 王之春：《国朝柔远记》卷十六，载《洋务运动》第2册，第30页。

③ 《筹办夷务始末》（同治朝）卷四十七，第25页。

④ 王韬：《弢园文录外编》卷二《洋务下》，中州古籍出版社，1998，第82页。

奠定了近代中国向西方学习的理论基石，使他成为近代中国人重新认识世界的前路先驱，对后人起着创榛辟莽的作用。

如维新派谭嗣同自称是“忧伤之中人”[①]。关于谭嗣同的情感，大多数人的论述着眼于他英爽豪迈的侠气上，或津津乐道于他与大刀王五的交往，殊不知他也是充满忧患意识的。1895年春，马关条约签订，他有感而发，写了一首诗：“世间无物抵春愁，合向苍冥一哭休。四万万人齐下泪，天涯何处是神州？”[②]诗末一句是说，偌大的地球，哪里有我中华民族的立足处?！深含国土沦丧之痛、神州陆沉之忧。谭嗣同之所以为后人景仰，是因为他可以逃命却宁愿捐躯以唤醒国人的觉悟，“有心杀贼，无力回天。死得其所，快哉快哉！”[③]这是临刑前口吟而成的。谭嗣同被逮捕前，有日本人愿意助他出逃，谭嗣同决心以壮烈的牺牲作为自己应尽的责任，回绝道：“各国变法，无不从流血而成，今日中国未闻有因变法而流血者，此国之所以不昌也。有之，请自嗣同始。”[④]谭嗣同的殉道，是同他心中始终跃动的忧患意识相关的。他开启了以自我捐躯为担当精神的新模式，以期唤醒国人变革社会现实的觉悟。这是近代志士仁人对儒学担当精神的新发展，为后来人所仿效！

三、陈天华：“慨然欲任天下事”

以个人自杀引起较大社会反响，在近现代中国以陈天华、梁济（梁漱溟之父）、王国维三人较为典型。梁济在1918年10月自沉北平积水潭，王国维1927年5月自沉昆明湖，都是循儒家“成仁取义”原则殉

---

① 谭嗣同：《自叙》，载《谭嗣同全集（增订本）》，中华书局，1981，第89页。
② 谭嗣同：《有感》，载《谭嗣同全集（增订本）》，第542页。
③ 谭嗣同：《临终语》，载《谭嗣同全集（增订本）》，第287页。
④ 谭嗣同：《临终语》，载《谭嗣同全集（增订本）》，第556页。

清而死的。陈天华蹈海自尽，行为与梁济、王国维相同，但目的与意义，有着天壤之别，这是为正义而采取自尽的形式，是担当精神在志士仁人身上的真实体现。陈天华，字星台。1875 年生于湖南新化。他与杨笃生一起创办了《游学译编》与《新湖南》杂志。与黄兴、刘揆一等人，于 1904 年在东京组织革命团体——华兴会，其规模与影响仅次于兴中会。1905 年同盟会成立，陈天华是发起人之一，他和马君武、宋教仁等起草会章与公告，《革命方略》即陈天华所写。同盟会机关报《民报》发刊，发行人是张继，经理为陈天华。他参与了编辑工作，也是撰稿人之一。

甲午战争后，原先弱小的东邻日本一跃成为世界强国，给予国人极大的刺激。陈天华随其父到湖南新化县城后，考入了一所讲求新学的实业中学堂。在实业中学堂，他如饥似渴地学习新知识，在"拾阅新学中书报纸"时，立下了"慨然欲任天下事"的志向。[①] 在陈天华看来，救国有两条道路："其一作书报以警世，其二则遇有可死之机会则死之。"[②]他短暂又壮烈的一生是践履了这两条的，他以为这是自己担当世道的所在。第一条是生时积极有作为，发挥自己擅长写作的特点，通过舆论宣传唤醒在民族灾难面前麻木不仁的国人；第二条是以个体生命的结束，来激励人们救亡图存。这是儒家担当精神在近代中国的积极意义上的体现。

危难之际有所作为，以兼济天下、伸张正义为己任，是陈天华对生命价值的基本看法。他在实业中学堂的一篇题为《述志》的文章中，表达了自己的抱负：

> 大丈夫立功绝域，决胜疆场，如班定远、岳忠武之流，吾闻其

① 徐佛苏：《对于陈烈士蹈海之感叹》，《新民丛报》1906 年第 2 号。
② 陈天华：《绝命辞》，载《陈天华集》，湖南人民出版社，2008，第 231 页。

> 语，未见其人。至若运筹帷幄，赞划庙堂，定变法之权衡，操时政之损益，自谓差有一日之长。不幸而布衣终老，名山著述，亦所愿也。至于循时俗之所好，返素真之所行，与老学究争胜于盈尺地，有死而已，不能为也①。

这反映了陈天华矢志献身救国的担当精神。即使不能如愿，也决不取媚于世。担当在陈天华的心里，是一种坚定的责任、无所畏惧的信念。陈天华有自知之明，觉得自身的长处是在著书立说上。他说："吾今有一言奉告业报诸君：救中国之前途、唤醒世人之迷梦者，报之力最大。"②其《猛回头》《警世钟》《狮子吼》等著作，以平易通顺的文字，宣扬激烈的民主革命思想，为青年学生和士兵所欢迎，成为辛亥革命前革命党人培育人们革命思想的重要教材。陈天华被誉为资产阶级民主革命的思想家、宣传家，是与他"作书报以警世"的主张分不开的。国民党元老冯自由是这样评价陈天华的："日惟从事著述，专以鼓吹民族主义为务，所著咸由白话文或通俗文，务使舆夫走卒皆读之了解。故其文字小册子散播于长江沿岸各省，最为盛行，较之章太炎《驳康有为论革命书》与邹容《革命军》，有过之而无不及。"③武昌科学补习会的革命党人吕大森、朱和中等人，组织一个活版印刷公司，专门翻印《猛回头》《警世钟》等书。日知会的发起者、同盟会元老、孙中山的至交曹亚伯在《武昌革命真史》一书中说，日知会"每于夜间或兵士出勤之时，由营中同志，秘置革命小册子于各兵士之床。士兵每读《猛回头》《警世钟》诸书即奉为诸宝，秘藏不露。思想言论，逐渐改良"④。达尔文的进化论是他宣传革命思想的主要理论根据，在他心目中，"宇

① 陈天华：《述志》，载《陈天华集》，第 1 页。

② 陈天华：《论湖南官报之腐败》，载《陈天华集》，第 9 页

③ 冯自由：《革命逸史》第二集，中华书局，1981，第 119 页。

④ 曹亚伯：《武昌革命真书》，上海书店，1982，第 130 页。

内各国，无不准进化之理，其所以有雄飞突步得有今日者，进化为之也，非自古而然，革命亦其一端也”。[①] 他把革命视为人类社会进化、发展的必由之路，论证了革命的必然性与合理性。陈天华“作书报以警世”，取得如此的轰动效应，从理论层面上说是与他笃信革命进化论密不可分的；从意识层面上说，则与他内心“慨然欲任天下事”的担当精神是相关的。

当生命的存在与所追求的理想发生冲突时，孔子与孟子主张“杀身成仁”“舍生取义”的殉道观。儒学这一思想对近代志士仁人产生了深远的影响。陈天华把它与中华民族的兴盛联系在一起，认为人终有一死，但要死得光明磊落。如果人人都有不怕死的大无畏精神，中华民族不会灭种，中国也不会亡国：“苟千人之中有一不畏死者，则天下莫强焉。而奄奄有种绝之虞，则何以故？以畏死故。是故畏死者，中国灭亡一大原因也。”[②]他主张“当兵的人，要舍生取义”[③]。对历史上的民族英雄，他是非常崇拜的：“文天祥，史可法，为国死节，到如今，都个个，顶祝馨香。”[④]陈天华的“义”，与封建道德中的“义”有很大的区别，是指反对列强与推翻清廷的正义斗争，属于资产阶级革命的范畴。“盖志士迟早一死，不死于政府，必死于外敌。死，一也，又何择焉！”[⑤]陈天华认为，有两种情况使得生命失去它应有的价值。一是停留在空谈救国、知而不行；一是明知列强在瓜分中国，“诸君其何乐留此七尺之躯，以观此惨剧也”[⑥]。生时讲救国而无实际行动，“不如死而少言

---

① 陈天华：《中国革命史论》，载《陈天华集》，第 210 页。
② 陈天华：《敬告湖南人》，载《陈天华集》，第 3 页。
③ 陈天华：《警世钟》，载《陈天华集》，第 79 页。
④ 陈天华：《猛回头》，载《陈天华集》，第 47 页。
⑤ 陈天华：《复湖南同学诸君书》，载《陈天华集》，第 16 页。
⑥ 陈天华：《敬告湖南人》，载《陈天华集》，第 3 页。

之有效乎”[①]。对列强瓜分中国，陈天华认为，应该“轩轩昂昂排去此等惨剧，以奏我和平之曲，讵非大丈夫之所为乎！”[②]陈天华认为，壮烈的牺牲比苟且偷生更有价值。1905 年 12 月，陈天华在东京大森湾投海自尽，决非一时的冲动，而是他“慨然欲任天下事”的担当精神与儒家“舍生取义”的殉道观相结合所导致。[③]

他蹈海赴死不是对革命前途失去信心，而是想以自尽来换取千百万人的觉醒。陈天华以为，这是他义不容辞的责任。一如宋教仁所说：

> 盖君之意，自以为留此身以有所俟，孰与死之影响强，吾宁取夫死觉吾同胞，使共登于救国之一途，则其所成就较以吾一身之所为孰多耶？噫！此则君之所以死欲？君之心则苦矣。[④]

此与他《绝命辞》所云，“雪日本报章所言，举行救国之实，则鄙人虽死之日，犹生之年矣”[⑤]，是完全一致的。他期望用自我牺牲去唤醒留日学生的觉悟，说明陈天华没有找到更好的革命理论。尽管有这一缺陷，但他的牺牲毕竟换来了千百万人的觉醒。陈天华生命的自然形态结束了，但他生命的社会意义却绵延着。这在当时起了很大的激励作用，相当多的留日学生决定集体归国。1906 年 5 月，在革命党人禹之谟、宁调元的组织下，陈天华灵柩被送回湖南，葬于岳麓山下。送葬时，长沙学生全体出动，送葬队伍绵延十里之外。禹之谟等人又慷慨演说，激扬民心，形成反清大示威。毛泽东回忆少年时代读《警世钟》时说：“特别是在读了一本关于瓜分中国的小册子后，我现在还记得，

---

① 陈天华：《绝命辞》，载《陈天华集》，第 231 页。

② 陈天华：《敬告湖南人》，载《陈天华集》，第 3 页。

③ 陈天华蹈海而死，在临死前写下《绝命辞》的直接动因，是 1905 年 12 月 2 日，日本文部省颁布《关于清国人学之公私立学校章程》，强迫留日学生要遵守清政府的法令。见《陈天华集》，第 310—312 页。

④ 宋教仁：《陈星台先生〈绝命书〉跋》，载《陈天华集》，第 236 页。

⑤ 陈天华：《绝命辞》，载《陈天华集》，第 231 页。

这本小册子的开头：'呜呼，中国其将亡矣！'""我读了以后，对国家的前途感到沮丧，我开始意识到，国家兴亡，匹夫有责。"[①]这"沮丧"两字不是丧失信心，而是忧患意识的体现；正是从忧国忧民出发，毛泽东开始萌生了对祖国前途承担责任之念。陈天华的自尽，是担当精神到了极点而又思索不出救国救民良策的愤世之举，但在特定的历史条件之下，已转化为孕育救国反帝的爱国主义精神的酵母。李大钊对生命的意义有一精辟的论述："人生的目的，在发展自己的生命，可是也有为发展生命必须牺牲生命的时候。因为平凡的发展，有时不及壮烈的牺牲以延长生命的音响和光华。绝美的风景，多在奇险的山川。绝壮的音乐，多是悲凉的韵调。高尚的生活，常在壮烈的牺牲中。"[②]陈天华抱着以打动国人的担当精神牺牲自我，韵调是悲凉的，但他的精神生命的光华是华夏儿女永远铭记在心里的。

四、梁漱溟：《吾曹不出如苍生何》

这是梁漱溟研究中所忽视的一篇重要文章，却是他早年担当精神的充分体现。文章写于 1917 年，是说志士仁人应出来担当世道，将天下苍生从水深火热的状态中解脱出来。是年 10 月，作者从长沙到北京。时值北洋军阀旧部王汝贤等率部溃走长沙，大掠而北，沿途烧杀掠抢，民不聊生。血气方刚的梁漱溟有感而发，写了这篇文章。"吾曹"是指"好人"："凡自念曰吾好人者皆吾曹。"[③]。"吾曹"既指他本人，也指天下所有向善的好人；"苍生"是指水深火热中的黎民百姓。梁漱溟以为，自己有责任把百姓从水深火热中拯救出来，"吾曹不出如

① 斯诺：《西行漫记》，三联书店，1979，第 111、112 页。2008 年版的《陈天华集》中无"呜呼，中国其将亡矣"的开场白。原因有二：一是历史上《警世钟》有两个版本；二是其作为二十世纪初的热销书，翻印过十几次了，不知道毛泽东看到的是什么本子。

② 李大钊：《李大钊文集》下册《牺牲》，人民出版社，1984，第 118 页。

③ 梁漱溟：《梁漱溟全集》第四卷《吾曹不出如苍生何》，山东人民出版社，1991，第 519 页。

苍生何”，有点救世主的意味，但担当精神却是凸显了出来。梁漱溟呼吁社会上有担当精神的人，集合在一起组织国民息兵会。梁漱溟是一个非战争主义者，认为武力是破坏社会秩序之源，要求人们“痛悔武装势力之为乱本，而共舍之”①。梁漱溟要求，必须克服“缔造共和者先抱以武装的势力左右政局之谬见”②。具体的办法，是每个人从自我做起，同心协力组织国民息兵会，与他一起宣传非战主义，以改变当前的军阀混战的恶劣局面。梁漱溟强调，政治上的事情不应当有武装力量介入，因为政治是属于讲道理的地方。“吾曹不出如苍生何”的担当精神，作为一种信念，向前可溯源到他 14 岁时。梁漱溟说他自幼就怀有“一心要救国”的信念：“我从十四岁以后，心里抱有一种意见。甚么意见呢？就是鄙薄学问，很看不起有学问的人；因为我当时很热心想作事救国。那时是前清光绪年间，外国人要瓜分中国，我们要有亡国灭种的危险一类的话听得很多，所以一心要救国。”③这是出于爱国而来的担当精神。梁漱溟的“吾曹”即“好人”的思想，到 1922 年(30 岁时)演为“好人政府主义”。是年，由蔡元培出面，17 位名流签署的“好人政府主义宣言”面世。④ 无论是“吾曹”“好人”，还非战主义，抑或国民息兵会，乃至好人政府主义宣言，从实质上说，都是一种抽象的理论，只是坐而论道。不过胡适从《吾曹不出如苍生何》一文中，已敏锐地觉察到梁漱溟是一定会付诸行动的：“民国六年我游湘目睹南北战争之祸，归来便发表一篇《吾曹不出如苍生何》的文章，印成小册子到处分送散布，其时我在北大任课未久；适之先生亦是初从美国回来到

① 梁漱溟：《梁漱溟全集》第四卷《吾曹不出如苍生何》，第 522 页。

② 同上。

③ 梁漱溟：《梁漱溟全集》第四卷《如何成为今天的我》，第 851、852 页。

④ 梁漱溟：“回忆民国十一年直奉战争后，我与守常(李守常先生)同访蔡先生(蔡孑民先生)，意欲就此倡起裁兵运动；其后约期在蔡家聚会，由先生提出‘好人政府主义’的宣言，十七人签名发表。”见《梁漱溟全集》第五卷，第 33 页。

北大。我这篇文章很得他的同情与注意。其后，事隔数年，他还提起来说，当日见了那篇文以后，即在日记上记了一句话：梁先生这个人将来定会革命的。”[①]这是在1930年梁漱溟任《乡治》主编时的自白。胡适所说的“革命”，与现今人们的理解是不同的。胡适的意思是，梁漱溟一定会把理念化为行动的。胡适的猜度是准确的，就梁漱溟的内心而言，他是一直把改变中国的现状、寻求中国社会的出路，当作自身不可推却的责任所在。同年梁漱溟年有《中国民族解放运动之最后觉悟》一书面世（此书是《乡村建设理论》的母本），他说著书的目的是：“一、村治在解决中国政治问题上的意义。二、村治在解决中国经济问题上的意义。三、村治在解决中国文化问题上的意义。四、村治在解决中国教育及其他问题上的意义。五、倡行村治的方法。”[②]这让梁漱溟与现代新儒家第一代的另三位代表人物冯友兰、贺麟、熊十力，形成极为显明的对比。另三位都是坐而论道的，或在大学任教，或著书立说，唯独梁漱溟是起而行之。造成这一区别的原因之一，是他受王泰州学派王艮、王襞父子的影响，他想到乡村去践履泰州学派的平民化学风。[③] 更重要的因子是梁漱溟从心底里，一直把谋求中华民族的出路作为自身责任所在。1931年，他在邹平创办山东乡村建设研究院，倡导乡村建设运动。“吾曹不出如苍生何”，是他以后从事乡村建设运动的指导思想。这在后面再说。

“吾曹不出如苍生何”，是贯串于梁漱溟一生的。1941年1月，发生了震惊中外的皖南事变，中国共产党严重抗议，中共参政员宣布不出席参政会。梁漱溟与统一建国同志会的同仁们，奔走于国共之际做

① 梁漱溟：《主编本刊〈村治〉之自白》，载《梁漱溟全集》第五卷，第5、6页。

② 梁漱溟：《中国民族自救运动之最后觉悟》，载《梁漱溟全集》第五卷，第115页。

③ 对此我有专文论述，详见拙著：《论王艮、王襞父子梁漱溟的影响》。见《泰州学派国际学术会议研讨会论文集》，江苏古籍出版社，2001，第220—233页。

调停工作。历经月余未成，参与调停的其他人俱已辞谢此项工作，但梁漱溟仍声明，“要一个人单独奔走到底”①。1946年5月初，梁漱溟任中国民主同盟秘书长一职。这时的国民党，想抢夺抗战胜利的成果，“下山摘桃子”。5月，国民党扩大了内战规模，先后占领了东北的四平与长春，直逼松花江南岸。同时把战火蔓延到关内。梁漱溟与沈钧儒、章伯钧等人致函国共两党领导人，呼吁立即停战。1946年6月，国民党在昆明散布谣言，说民盟企图勾结地方势力在云南组织暴动。云南省警备司令部，派兵查抄几家进步书店与进步人士住宅。在白色恐怖气氛下，民盟于6月底接连三天召开会议，由李公朴、闻一多和楚图南主持会议，向社会各界说明民盟的政治主张，是以和平方式争取民主。李公朴在大声疾呼，内战万万打不得；闻一多义愤填膺，强调以民主为准绳，反对内战。会后，民盟在昆明开展了呼吁和平的万人签名运动。面对声势浩大的争取民主的群众运动，蒋介石发出了谋杀令，特许昆明警备司令部对李公朴、闻一多等人，于必要时得便宜处置之权。7月11日，李公朴在昆明被国民党特务用无声手枪暗杀。7月15日，李公朴治丧委员会在云南大学召开追悼会，一些特务在会上捣乱，闻一多拍案而起，说杀死一个李公朴，会有千万个李公朴站起来！追悼会后，回家途中，闻一多遭到国民党特务杀害。8月3日，梁漱溟、周新民受民盟总部委托赴昆明调查。他与周新民一起调查此案的真相，所处环境极度恶劣：“我们所住的商务酒店就布满了特工人员。我们出门访人必然作随从，我们在家会客必然作记录。”②梁漱溟是在这样的境遇里写了《李闻案调查报告书》。7月18日，梁漱溟发表《民盟

① 梁漱溟：《忆往谈旧录》，金城出版社，2006，第221页。

② 梁漱溟、周新民：《李闻案调查报告书》，载《梁漱溟全集》第六卷，山东教育出版社，1993，第641页。

秘书长谈话》，大义凛然地说："有第三颗子弹吗？我就在这里等待着。"[1]这与陈天华蹈海赴死一样，是一种担当精神使然。梁漱溟"生死不能屈"的形象不仅让时人肃然起敬，即使隔了七十多年后，读到这段文字时，仍让人感慨梁漱溟不愧是中华民族的脊梁骨。

1974 年批林批孔运动中，梁漱溟坚持以一分为二的观点看孔子，反对把孔子与林彪相提并论。梁漱溟在政协小组会上，两次发言为孔子辩护。梁漱溟认为，"'批孔'是从'批林'引起的，这从字面上我理解。但我的态度是不批孔，但批林"，"至于林彪是不是要走孔子的路，行孔孟之道，我却不敢相信。我不认为林彪受害于孔子"。四人帮定下的调子是，林彪自毁于蒙古国是他奉行孔孟之道的结果。梁漱溟冒着危险，绝不违反自己既往的观点，宣称自己"堂堂正正是个人！"[2]自 1974 年 3 月到 9 月，政协学习组对梁漱溟作了历时半年多的批判。主持人问梁漱溟对众人批判他的感想时，梁漱溟脱口而出："三军可夺帅也，匹夫不可夺志。"他解释说："'匹夫'就是他独人一个，无权无势。他的最后一着只坚信他自己的'志'。什么都可以夺掉他，但这个'志'没法夺掉，就是把他这个人消灭掉，也无法夺掉。"[3]身处逆境，人格受辱，频繁受批，坚持己见，他觉得自己要站出来，肩担起捍卫的是传统文化精华的责任。

五、梁漱溟："老根发新芽"

尽管他的学术著作与政治活动十分活跃，但令梁漱溟一生声名显赫的不是别的，而是他引以为豪的乡村建设。在乡村建设运动中，他对儒学思想资源的继承与创新可以用"老根发新芽"去评价。在乡村

① 梁漱溟：《忆往谈旧录》，第 247 页。

② 《梁漱溟先生在"批林批孔"运动中》，《团结报》1986 年 5 月 3 日。

③ 李渊庭、阎秉华编著：《梁漱溟年谱》，商务印书馆，2018，第 323 页。

中推行民众教育，以儒家思想教育民众这就是“老根”；“新芽”是指结合农村的实际情况，进行移风易俗的工作，并引进西方农业方面的先进科学技术，以改善农民的生活水平。以乡村建设为使命的他，以为这是一条让中国摆脱贫穷、愚昧的道路。为什么以乡村为突破点呢？他有两方面考虑：一是乡村为中国社会的基础：“原来中国社会是以乡村为基础的，并以乡村为主体的；所有文化，多半从乡村而来，又为乡村而设——法制、礼俗、工商业等莫不如此。”①梁漱溟以为，中国社会是个农业社会，即使有些城市也很难算得上现代化的都市，而遍布境内的无非是星罗棋布的乡村。梁漱溟以为，中国社会问题的解决，在于自乡村入手。二是文化为政治的根本，以文化求政治上的解决。他说：“中国问题并不是什么旁的问题，就是文化失调——极严重的文化失调，其表现出来的就是社会结构的崩溃，政治上的无办法。”②必须从文化上着手，去谋求中国社会的出路。

乡农学校是梁漱溟实施乡村建设理想的核心所在。梁漱溟说：“一切进步的事（包括经济进步在内），使老社会转变为新社会的全靠乡农学校。”③梁漱溟以为，知识分子应下到农村去，与农民相结合。亲历乡间的知识分子对农民所实施的民众教育，让农民有头脑、有文化，这样中国社会的问题就能得救了。乡农学校与传统学校最大区别是学校功能的扩大，梁漱溟称之为“社会学校化”：“我们的目的是要化社会为学校，可称之曰‘社会学校化’。”④他从传统“乡约”中受到启发，创立了一种寓乡里组织于学校之中的农村基本社会组织——乡农学校。名为学校，却是集政治、经济、教育、卫生、军事为一体的综合组

① 梁漱溟：《乡村建设理论》，载《梁漱溟全集》第二卷，山东教育出版社，1990，第150页。
② 梁漱溟：《乡村建设理论》，载《梁漱溟全集》第二卷，第164页。
③ 梁漱溟：《乡村建设理论》，载《梁漱溟全集》第二卷，第427页。
④ 梁漱溟：《乡农学校的办法及其意义》，载《梁漱溟全集》第五卷，第347页。

织:“我们的理想是“政”“教”“富”“卫”合一。我们在邹平正在实验着行政机关教育化的理想化,用村学代替村公所,用乡学代替区公所;县自治机关的系统,就是县政府—乡学—村学,一方面乡学、村学是乡村自治机关,一方面是乡村教育机关。”[①]梁漱溟的乡村建设有理论建构与实际操作两个部分。前者有《乡村建设大意》《乡村理论建设》这样学术的专著,后者是借助于知识分子下乡与农民打成一片。梁漱溟以为,民众教育是使知识分子与农民上下通气的办法,“走民众教育的途径以完成乡村建设”[②]。沟通理论建构与实际操作的环节就是乡农学校,这是其乡村建设的生命力所在。时人在邹平实地考察后得出一个结论:“邹平乡村建设的最大特点,即在此所谓乡农学校这一点。”[③]换句话说,没有乡农学校,也无从谈及梁漱溟的乡村建设了。

肩荷着民族复兴与解决中国社会出路的双重任务的乡农学校,其灵魂是“老根发新芽”。梁漱溟以为,“一个民族的复兴,都要从老根上发新芽”,“所谓老根即指老的文化,老的社会而言”,“新芽是指它从民众教育生长出来的新社会”。[④] 为此在乡农学校,他十分注重“民族精神”的教育,十分看重道德伦理的建设作用,认为“精神陶铄”比知识技能更为重要。对乡民“精神陶铄”的目的,在于救济濒临没落的乡村精神,让乡民树立起搞乡村建设的深心大愿,以改变意志消沉的精神状态。梁漱溟在乡农学校中开设了精神陶炼课程。精神陶铄包括三方面:“合理人生态度的指点,中国历史文化的分析,人生实际问题的讨

① 梁漱溟:《山东乡村建设研究院及邹平实验县工作报告》,载《梁漱溟全集》第五卷,第581页。

② 梁漱溟:《民众教育何以能救中国?》,载《梁漱溟全集》第五卷,第479页。

③ 王国斌:《山东邹平乡村考察报告》,《中央时事周报》1933年5月。

④ 梁漱溟:《精神陶铄》,载《梁漱溟全集》第五卷,第504、505页。

论。"[①]梁漱溟断言，三者都在"民族精神"的范围内，具体地说，是中国文化的特质——以孔子为代表的人生态度与古人的道德修养方法。乡农学校有高级部与普通部之别。高级部的学生多是自己情愿来的，又选择田亩较多的农家，令其为普通部的学生。高级部的课程中，国学课七小时，精神陶铄课为 4 小时；普通部的课程中，国学课 6 小时，精神陶铄课为 1 小时。精神陶铄课的内容，在于大力宣扬孔子与儒家学说，这就是梁漱溟青睐的"老根"。

"精神陶烁"不只是停留在理论上，而且付诸于实际的社会生活中。如大力宣传社会风俗的改良，并运用乡农学校所具有的行政权力去取缔陋俗，梁漱溟以为这是自己必须承担的职责。具体来说，主要表现在三个方面：禁止妇女缠足、禁止吸毒与赌博、取缔婚姻陋习。这些情况梁漱溟是觉察到了的："妇女缠足、男孩早婚（此风邹平尤甚，有七八岁即娶妻者，普通亦多在十一二岁。）、吸食毒品、好赌博、不清洁等坏习惯，说起来实在很多，都应当赶快改除。"[②]下面以禁止妇女缠足为例。邹平女子受封建传统观念的影响，多以小脚为美而以大脚为耻，六七岁即开始缠足。尽管中华民国成立后，颁布了禁止缠足的命令，但受传统习俗的影响，广大农村依然盛行缠足。1939 年，梁漱溟对皖、苏、鲁、冀、豫、晋六省抗日游击区考察后说："我们沿途多走偏僻小路，真所谓穷乡僻壤，将民生之穷苦，风俗之固陋，看的更真切。例如山西内地妇女，缠到几乎看不见足，至须以爬行代步。"[③]针对邹平缠足的陋习，乡农学校的教员编成缠足歌，道说缠足的害处："好好的脚硬给俺缠。小了又小，尖了又尖，缠得俺七破八烂，心里战战，不是这病，就是那病，缠的俺筋骨断。"同时邹平实验县政府成立放足督查处，

---

① 梁漱溟：《精神陶铄》，载《梁漱溟全集》第五卷，第 516 页。
② 梁漱溟：《乡村建设大意》，载《梁漱溟全集》第一卷，第 669 页。
③ 梁漱溟：《我努力的是什么》，载《梁漱溟全集》第六卷，第 246 页。

配上十几名工作人员。“一二年内，10 岁以下女子不再缠足了，10 岁以上的女子也将缠足放开了”。[①] 女子放足，不只是有助于妇女的身心健康，而且变更了社会风气。

他期望在借重中国传统文化“老根”前提下，吸取西方近代文化的长处，使中西文化得以融通，从而创造出一种更有生命力的“新芽”。这就是梁漱溟乡农学校的宗旨所在：“乡农学校很注重新知识，很注重社会的改进问题。”[②]也是梁漱溟乡村建设的宗旨：“当中国精神与西洋长处二者调和的事实有了时，就是一个新社会的实现，也是人类的一个新生活。”[③]“西洋长处”，是指西方的科学与民主。梁漱溟以为，科学与民主是具有普世价值的，“科学和德谟克拉西的精神是那一地方人所不能自外的”，“按照我们的见解，这是有绝对价值、普遍价值的”。[④] 他在山东邹平的乡村建设中，在大讲内心深处的“精神陶铄”的同时，又主张“引进外面的科学技术到内地乡村”[⑤]，以改善与提高农民的物质生活水平。把零散的农民组织起来，成立多种形式的合作社，有效改变乡村的落后面貌。梁漱溟以为，村学、乡学可以创造出最合理的合作组织——合作社。合作社的种类，因生产和消费的需要而多样化，如金融、运销、林业、蚕业等等。村学、乡学的经济作用，就是培养乡民的合作习惯，指导乡民进行乡村合作事业。合作社要引进各种新技术与农业新品种并大力推广之。乡农学校要向乡民传授各种生产知识，特别是机械知识以适应“新社会”的大机器生产。为了解决乡农学校中教员不足的问题，乡村建设研究院设有乡村服务人员训练

---

① 成学炎：《30 年代梁漱溟对邹平风俗的改革》，载《梁漱溟纪念文集》，广西师范大学出版社，2000，第 166、167 页。

② 梁漱溟：《乡村建设理论》，载《梁漱溟全集》第二卷，第 345、346 页。

③ 梁漱溟：《乡村建设理论》，载《梁漱溟全集》第二卷，第 278 页。

④ 梁漱溟：《答胡评〈东西文化及其哲学〉》，载《梁漱溟全集》第四卷，第 741 页。

⑤ 梁漱溟：《乡村建设理论》，载《梁漱溟全集》第二卷，第 427 页。

部。训练部所设课程中与经济相关的有:农村经济、土壤肥料、畜牧改良与病虫害防治等;水利、农作物品种改良、蚕桑、畜牧等。学员毕业后多分在实验室各区担任教育指导员和办乡农学校等工作。以棉种改良来说,乡农学校取得的成就是显著的:"邹平工作过棉种改良工夫后,所产棉花足可纺四十二支以上细纱之用。去年经送上海商品检验局检定及申新纱厂试验,评为'具纺织上所需优良纤维之要性,等级在灵宾花上,为国产之最优者。'"①从他在乡农学校所推行的这些做法,我们看到他对西方文化中科学精神的身体力行。梁漱溟对不顾中国国情、把西方文化生搬硬套到国内的做法是坚决反对的。他期望的是"内外相交通"的模式,"有了乡村组织,才能内外相交通;内外相交通,一切新知识才能引进来"②。自 1931 年冬开始,山东邹平乡村建设研究院师生,在梁漱溟指导下,到邹平各区乡调查研究,试办乡村教育,取消原有的区,将全县划分为 10 个乡,乡设乡学,乡以下分若干村,村设村学。村学是乡学的基础。1933 年 7 月,韩复榘政权又划定邹平、荷泽两个县,为乡村建设实验区,"这二县在行政上完全属于乡建院"③。乡农学校的"社会学校化",是基于上述行政权力的归宿为前提的。梁漱溟的乡村建设运动在山东坚持的时间最长(七年),在全国的影响也较大。梁漱溟想找到解救中国的方案,始终以救国救民为自己的使命,体现了一位鸿儒的爱国之心。从"吾曹不出如苍生何"到"要一个人单独奔走到底",从"先等待第三颗子弹"到"三军可夺帅也,匹夫不可夺志",前后历时近一个甲子,梁漱溟担精神的内容,是不断变化着的。他不仅是一位哲学家、教育家、思想家、现代新儒学的早期代表之一,而且是一位勇于实践,探索救国救民之路的爱国民主人

① 梁漱溟:《山东乡村建设院最近工作概述》,载《梁漱溟全集》第五卷,第 490 页。

② 梁漱溟:《乡村建设大意》,载《梁漱溟全集》第一卷,第 649 页。

③ 梁漱溟:《邹平乡村建设一般》,载《梁漱溟全集》第五卷,第 472 页。

士。他言行一如既往，不因任何外在强大压力而变更，为国家与民族摆脱困境而作不懈的努力，是他担当精神的宗旨所在，也是他留给后人的思想财富。

中篇

“诚信”探

担当必讲诚信

胡守钧

与孔子对话，本质上是文化层面的传统与现代、历史与现实间的对话，当然要和解决现实问题相联系。我们和老子对话、和孟子对话，也是为解决当下的问题。那么，当下什么问题最严重、最突出？我认为是诚信问题。所以，要有时代担当的意识和自觉，得从讲诚信做起。

其实，担当必讲诚信，正是传统“儒学精神”的一项要义。明代大儒、泰州学派代表人物罗汝芳，在回答学生问“担当果是要紧，但须以何为先”时，就直接确认了“以信为先”①。可视为儒家谨守“担当必讲诚信”观念的一个恰当的诠释。

（一）儒家讲求“仁义礼智信”。孔子说：“人而无信，不知其可也。”后面的话很有意思：“大车无輗，小车无軏，其何以行之哉？”看似是一个简单的比喻，但联系到中国文化传统，则大有深意。有人评价中国文化经典，常用唯物还是唯心来评判，显得居高临下，深究根本。《道德经》是唯物还是唯心？《周易》是唯物还是唯心？其实，这种问法就是错误的。中国古代哲学有自己独特的传统，不能简单地用唯物还是唯心来概括。比如，《周易》这部经典，是唯物还是唯心？讲它唯物，似乎有一定道理。八卦不是指天地水火山泽风雷吗？讲它唯心，也仿佛有些道理。《系辞》不是说“变化莫测之谓神”吗？讲神，还不唯心？

---

① 罗汝芳：《罗汝芳集》，凤凰出版社，2007，第282页。担当的前提是诚信，诚信是履行担当的必备的心理条件与人格素质。本文不作展开。

因此，关于周易是唯物还是唯心，学术界争了许多年，也没争清楚。我比较悲观，再争几十年，也不会有统一的结论，仍是智仁各见。其实，《周易》的思想有其特点，讨论问题，常从自然现象说起。《象传》最明显。《乾·象》："天行健，君子以自强不息。"天行健，日月星辰运行不已，这是自然现象，每日可见。君子因此感悟，要自强不息。这便是哲学。《坤·象》："地势坤，君子以厚德载物。"地势坤，大地厚实包容万物，这也是自然现象，随处皆有。君子因此感悟，要厚德载物。这便是哲学。在一定意义上，可称之为"师法自然"。古人认为自然是物，亦有灵。"师法自然"既非唯物，也非唯心。老子借水喻道，"几近道也"，异曲同工，亦是"师法自然"。此乃中国哲学一大特点。

由此看来，孔子的话不仅仅是简单的举例说明了。"大车无輗，小车无軏，其何以行之哉？"何谓"輗"？大车（牛车）车辕和与横轭联结处插上的楔子。何谓"軏"？小车（马车）车辕和与横轭联结处插上的楔子。没有"輗"，车辕与横轭脱节，牛如何拉车？没有軏，车辕与横轭脱节，马如何拉车？輗和軏，物虽小，至关重要矣。

遥想孔子当年周游列国，或乘牛车而行，或乘马车而往。据鲁迅考证，乘牛车时居多。道路崎岖，车辆颠簸，輗和軏，或脱落，或损坏，车子抛锚，动弹不得，时有发生，留下痛苦教训。因此知道："大车无輗，小车无軏，其何以行之哉？"孔子教学生"六艺"，其中"御"是驾车的技术，当然也知道輗和軏的重要。牛车和马车（其中有輗和軏），系人造物，可称之为人化自然。由輗和軏的重要性，感知到大车无輗不能行，小车无軏不能行，进而感悟到"信"之重要，如同輗和軏。无輗和軏，车不能行；无信，人不能行。孔子从人化自然现象感悟，这便是哲学。就此而言，亦是"师法自然"也。

显然，"大车无輗，小车无軏，其何以行之哉？"不是用来说明信之重要的例证，而是生发信之重要的根本。由“天行健”生发“自强不息”；由“地势坤”生发“厚德载物”；由“大车无輗，小车无軏”，车无以行，生发“人而无信，不知其可”。这些有共同的传统，那就是“师法自然”。

（二）孔子用輗和軏来界定“信”。輗，使大车上的辕和轭契合，軏，使小车的辕和轭契合。牛拉大车，马拉小车，才能行走。所谓“信”，就是要讲契合。什么叫契合？那就是言行一致，言与行要契合。言与行通过信契合起来，言与行不契合，那就叫无信。说了，不做，无信。说得好听，做得难看，无信。公开说的，不做，偷偷做的，不说，无信。广告漂亮，商品很差，无信。公约很好，服务很差，无信。政策动人，兑现没有，无信。

“人而无信，不知其可也。”何谓可？可行，可为，可作，可生存，可发展也。社会是超大复杂的共生系统，人生活在这个共生系统之中。社会共生是人的基本存在方式。任何人的生存和发展，皆离不开他人，若无他人认可，则寸步难行，遑论发展？经商无信，无人购买商品；行医无信，无人求医治疗；任教无信，无人求学；媒体无信，报纸无人看；官员无信，百姓谁听你的？因此，人而无信，则不可行，不可作为，不可发展。走投无路，不死何为？

（三）担当是什么？就是挑担子。要对担子负责，挑起担子，确保完好，送到目的地，这才是担当。因此，担当的前提，是讲诚信。没有诚信，把担当二字叫得震天响也毫无意义。人生在世，各有担当；各行各业，各有担当，从老百姓到圣贤，各有担当。为人父母者，抚养和教育好子女，叫有担当；为人子女者，赡养好父母，有担当；农民种好地，有担当；工人做好工；有担当，教师教好书，有担当；医生看好病，有担当；官员做好官，有担当。

欲使社会众生各有担当，各行各业各有担当，必须建立完善的社会诚信体系。人以及由人组成的组织(如企业、商店、医院、学校、机关等),通过资源纽带,在相应的约束条件之下,建立并优化共生关系。没有相应的约束条件,不可能建立良好的共生关系,更无可能优化共生关系。而约束条件(包括法律、合约、道德风俗等)背后,必有诚信作为支撑。无诚信,则无社会良序;无诚信,则无完善的法律体系。

多年来,一直强调诚信建设,然而诚信危机却愈演愈烈。欲建立诚信体系,首先政府要带头,树立公信力。“政者,正也”。无论当什么官,只有一条最重要,就是要公道、公平,取信于民。大众传媒要带头守信,恪守新闻的职业道德,报道任何问题,必须以事实为依据,不可指鹿为马,失信于读者。各行各业皆要恪守职业道德,以信为本。

(四) 守信,来自内心,而非外在强迫。因此人要做到守信,必须修身,提高思想境界。怎样修身?《大学》:“古之欲明明德于天下者,先治其国;欲治其国者,先齐其家;欲齐其家者,先修其身;欲修其身者,先正其心;欲正其心者,先诚其意;欲诚其意者,先致其知,致知在格物。格物而后知至,知至而后意诚,意诚而后心正,心正而后身修,身修而后家齐,家齐而后国治,国治而后平天下。”欲修身,首先必须格物,穷究自然界、人类社会以及人自身之奥妙。通过格物获得知识和智慧,便是致知。然后诚其意,知之为知之,不知为不知,不欺人,亦不自欺。摆正我与外界的关系,摆正我与人之关系,摆正我与社会之关系。知道什么可以做,什么不可以做,正其心也。经过格物、致知、意诚、心正,然后修身,努力提高自己的思想境界,修成守信之身。社会变动不已,人生会有各种选择。凡是有利于社会发展的行业,皆是有价值的行业,皆可实现自己的价值。选择一个行业,便要遵守这个行业的行规道德,意诚守信,心正待之,敢于担当。

儒家的理想是治理天下,于是便有修身、齐家、治国、平天下之说了。以守信之身齐家,使家齐于诚信;以守信之家治国,使国治于诚信;以诚信之国平天下,天下便归于诚信,所谓“明明德于天下也”。

总而言之,诚实守信是担当的必要前提,要说担当,必须先说诚信。没有诚信,何来担当?一个无诚信之人,能担当什么?务农者若无诚信而说担当,必企图推销有害的农产品;生产者若无诚信而说担当,必企图提供劣质产品;行医者无诚信而说担当,必企图推销假药;任教者无诚信而说担当,必企图误人子弟;大众传媒工作者无诚信而说担当,必企图隐瞒真相欺骗民众;为官者无诚信而说担当,必企图损公肥私,欺世盗名。历史上,这样的事情还少吗?

诚：儒家道德哲学之核心建构

施炎平

一、中国“道德”：哲学与伦理的融通

哲学、道德、伦理三者的归类区分，更多是西方人文学科分类的产物。在中国传统思想的建构框架下，几乎所有学问只以训诂、辞章、义理之学（清代增加经世之学）对应别称，而哲学、道德、伦理也无相对独立的传承系统，大都分散消融于义理之学中。

19世纪，在中国人还没有“哲学”定名的时候，黑格尔就以世界哲学的眼界关注到了“中国哲学”。他提出：首先要注意孔子的教训“是一种道德哲学”。却声称在孔子那里“思辨的哲学是一点也没有”，“只有一些善良的、老练的、道德的教训，从里面我们不能获得什么特殊的东西”。当然，黑格尔也看到，在《易经》里中国人“曾注意到抽象的思想和纯粹的范畴”。① 但他并不真懂中国道德，原因就在他不了解《易经》与孔子、与儒家、甚至与道家，在精神价值、思想观念方面的互动渗透和连接相通，当然无法理解中国道德内涵的哲理和伦理。

黑格尔的观点和见解，曾在很长一段时间内，影响、以致误导了学术界的中国哲学、中国道德的研究和总结。

为体现中国思维智慧和话语表述的特色，我们需要回归“义理之学”的历史演变和传承发展，来梳理、剖析和总结中国古典道德哲学。

---

① 贺麟、王太庆译：《哲学史讲演录》第一卷，商务印书馆，1996，第119、120页。

参照西方的学科分类，以理解哲学、道德、伦理的思想内涵，固然重要，但系统、整体性把握三者之间的渗透与融通，才更为重要。而找出其思想体系的建构框架及其核心范畴，则是关键所在。重释中国古典道德的基本概念，是其必经的出发处和契入点。

老子首立“德者，得道之谓”的说法，是开启“中国古典道德”观念的原初表达。他在《道德经》五十一章中说：“道生之，德畜之，物形之，势成之。是以万物莫不尊道而贵德。道之尊，德之贵，夫莫之命而常自然。”据于天道自然无为而无不为的思考，确立“道生德畜”“道尊德贵”观念，道与德分立而连接，包涵人文伦理的内涵及其立论依据的考量。

连为“道德”专用词，始于荀子《劝学》篇，其讲：“故学至乎礼而止矣，夫是之谓道德之极。”在荀子的思想观念和话语体系中，“礼者，法之大分，类之纲纪也”。所谓“道德之极”，是设定道德的内涵准则为“中正之道”，将其纳入“至乎礼”的框架，又兼融“《乐》之中和”“《诗》《书》之博”“《春秋》之微”的“君子之学”。荀子以为此“在天地之间者毕矣”，是强调作为君子之学的“道德之极”，乃天地间最完美、周全的学问。这是先秦儒家关于道德的哲学思考所作的经典表述，其特色在据哲学为道德立论，以伦理阐发为主要内涵。

荀子又揭示“君子之学”的要义，在“入乎耳，箸（同‘著’）乎心，布乎四体，形乎动静，端而言，蝡（rú，同‘蠕’）而动，一可以为法则。”[①]反映了荀子讲的纳入“君子之学”的道德，实际上是主张心性合一、内外一体、知行结合的思想学问及其规范、践行的体系。这样的“道德”理解，是基于哲学思考，融入伦理内涵的。

伦理之“理”的内涵和功能，往往和“道”相似。所以，在中国人的

① 〔清〕王先谦撰：《荀子集解》，载《新编诸子集成》，中华书局，1988，第12、13页。

思想领域，道德与伦理是通用的。只不过，伦理重在人伦道理，更关注人伦的身份定位和等级次序。如《礼记·乐记》："凡音者，生于人心者也；乐者，通伦理者也。"郑玄注："伦，犹类也。理，分也。"

宋代理学开山周敦颐作《通书》，其《慎动》篇就融合"道""德"两字，有一精辟概括："动而正，曰道；用而和，曰德。"朱熹的解释颇到位，说："动之所有正，以其合乎众所共由之道也。用之所以和，以其得道于身，而无所待于外也。"都以为道是"众所共由之道"，德者"以其得道于身"，故合道与德而言，表示人如能循天地动正之道，即可获得用中和谐之则。

这样的思考和提炼，还直接导向用"道高德厚"观念解释"道德"一词。

周敦颐通过赞美孔子的人格，提出"道德高厚"命题，称："道德高厚，教化无穷，实与天地参而四时同，其惟孔子乎！"[①]朱熹则据阴阳之道，以"道高德厚"附解，说："道高如天者，阳也；德厚如地者，阴也；教化无穷如四时者，五行也。孔子其太极乎！"[②]周敦颐又说："天地间至尊者道，至贵者德而已矣。至难得者人，人而至难得者，道德有于身而已矣。"[③]明确表达了道高而至尊、德厚而至贵的观念。

到了张载，"道德"一说的整合性和兼容度更明显了。《经学理窟·义理》称："合内外，平物我，自见道之大端。道德性命是长在不死之物也，己身则死，此则长在。"能做到"和内外，平物我"，那是超越闻见之知，而进入一种德性之知的境界。[④]《正蒙·至当》对"道德"有个归纳性的说法："循天下之理之谓道，得天下之理之谓德。"[⑤]这种"循

---

① 《通书·孔子下》。
② 《通书·孔子下》。
③ 《通书·师友上》。
④ 张载：《张载集》，中华书局，1978，第273页。
⑤ 同上书，第32页。

理为道、得理谓德”的道德观念，包涵两个基本方面：对天理的敬畏与遵循，乃是“道德”的客观来源及立论依据；获得关于天理的认知理解，并贯之于人伦行为，才是“道德”本身的内容。前者当有哲学的思考和论述，才有自觉和明智；后者须体现于伦理规范的理解和执行。所以，王夫之解释张载此“道德”观念时，称：“理者，物之固然，事之所以然也，显著于天下，循而得之。”他批评那种“离理气以为道德”的偏向，警示人们不要忽视“道德”的客观依据和实理内涵，避免道德思考因脱离天理固然而导致虚幻与空泛。①

由此可见，从先秦诸子到宋明理学，中国古典道德的思想传统，源远流长，又十分注重哲学思辨和理性建构，成就了许多道德哲学的中国经典，涌现了一批批善于提炼概括道德哲学的概念范畴、又构建了内容丰富内含逻辑之思想体系的哲人大家，如孔孟、老子、荀子、周敦颐、二程、张载、朱熹、王夫之等，亦如《通书》《正蒙》《北溪字义》《正蒙注》及《孟子字义疏证》等。值得我们认真加以研究、总结。

二、儒家论“诚”：据于天人之辩展开的思考

在儒家道德哲学传承发展的过程中，对“诚”之内涵、特质的阐述、梳理，始终是一个非常突出、富有特色的论题。而且，往往是围绕天人关系问题的思考，展开为有无、动静、虚实、体用等关系之辩，阐述了一个相对确定又不断发展演变的“诚”概念。其内涵主要有五个方面。

1. 天人合一论“诚”

“诚”的概念，孔子、孟子、《大学》都很重视，有许多论述，但似乎都没有像《中庸》那样论述集中而且系统。

先看孟子，似乎最早从天道与人道的分立、互动关系上，确立“诚”

① 王夫之：《张子正蒙注 · 至当》，中华书局，1975，第 168 页。

的概念。《孟子·离娄》就断定："是故诚者，天之道也；思诚者，人之道也。至诚而不动者，未之有也；不诚，未有能动者也。"

再看《中庸》讲"诚"，多达26次，对当时人所论都有总结、概括，在学理内涵上有深化和提升。《中庸》所讲，首先是和孟子相呼应的，也强调"诚者，天之道也；诚之者，人之道也"。

其意都是说，"诚"即"天"之本体、实质，也是天道的根本；"诚之者"，即实现对天之"诚"的体认和把握，则是做人的根本道理，或称人道的根本。

由此可见，"诚"之含义包括天道、人道两个方面，而且是立论于天人合一观念才塑造形成的。

需要指出的是，《中庸》之论"诚"，却特地以"天命之为性"命题为前提和依据，很具有哲学味和思辨性。

天命，先秦诸子用的很多，原意指"天之命令"。但要理解"天之命令"的内涵实质，先得搞清"天"是什么？先秦诸子论天，有代表性、影响大的，可举孔子和荀子。孔子讲"天何言哉！四时行焉，百物生焉"，认为"天"就是四季递换、万物生长一类自然变化的客观现象，似乎属"虽不知其所以然，却能知其然"者。荀子讲"天有常道，地有常数"，还提出"天有其时，地有其才，人有其治"等命题，明确肯定"天"就是自然性、客观性、必然性的存在。

朱熹的学生陈淳作《北溪字义》，循程朱之意解释"命"，称："命，犹令也，如尊命、台命之类。天无言做，如何命？只是大化流行，气到这物便生这物，气到那物又生那物，便是分付命令他一般。"进而断言："天命，即天道之流行而赋予于物者。就元亨利贞之理而言，则谓之天道；即此道之流行而赋予于物者而言，则谓之天命。"

陈淳以孔孟所言"莫之为而为者，天也；莫之致而至者，命也"设问，引朱熹所言"以理言之谓之天，自人言之谓之命，其实一而已"作回应，把“天命之为性”的命题，概括解释为：天有天之性，是为“诚”，贯之于社会人事而有人之“诚”，是“诚”本为“一”，又贯穿、连接着天与人。

天人合一之论“诚”，到宋代思想家张载确立“性与天道合一存乎诚”命题时，又有了深化和发展。《正蒙·诚明》提出：“天所以长久不已之道，乃所谓诚。仁人孝子所以事天诚身，不过不已于仁孝而已。故君子诚之为贵。”认为“诚”是“天所以长久不已之道”，并强调“君子诚之为贵”。

张载又称：“义命合一存乎理，仁智合一存乎圣，动静合一存乎神，阴阳合一存乎道，性与天道合一存乎诚。”构建了一个理、圣、神、道与诚为次序的结构框架，以人性与天道的辩证融合思考，来确定“诚”的内涵实质。这个范畴逻辑建构中，“理”与“圣”是偏重于人文伦理的概念，“神”指动静变化之神妙，“道”则喻示阴阳之气的运动规律，而从“性与天道合一”的意义上讲“诚”，显然凸显了“诚”概念的天道、人道兼论的特质属性。

对此，王夫之作的注解和阐述，似乎把张载天人之辩的言说，转化为哲学本体论的思考，又发展为体用关系之辩的论题，并纳入天人合一、道性合一的路子，来概括“诚”概念。王夫之这样说：“诚者，神之实体，气之实用。在天为道，命于人为性。”其对“诚”概念的理解概括，是达到了古典道德哲学思想发展的顶峰了。

2. 真实无妄是“诚”

天道之“诚”，在真实、真诚、大公、至正，如朱熹所断言：“诚者，至实无妄之谓，天所赋、物所受之正理。”而周敦颐引程子所言“无妄之谓诚”时作出阐述，称：“不善之动，妄也；妄复，则无妄矣。无妄，则诚矣。”在周敦颐看来，不善之动即是妄动，由妄动之途复返，回归本心，则为无妄。由此确立“无妄则诚”的命题。

朱熹在周敦颐《通书·诚上》篇附解中所说，和《中庸》开首所称

“天命之为性”的“性”，涵义是相通的，指向的都在真实性、客观性、必然性。但作了新的发挥和发展。

朱熹的学生陈淳作《北溪字义》，系统地梳理、总结了宋儒周、程、张、朱等构建的一系列理学概念范畴，其说“诚”，尤突出了“诚”因源于天道、贯于人文，而极具真实无妄的品格属性，彰明“诚”之内涵本义就在于实然真诚。

陈淳这样说：

“诚字后世都说差了，到伊川方云‘无妄之谓诚’，字义始明。至晦翁又增两字，曰‘真实无妄之谓诚’，道理尤见分晓。后世说至诚两字，动不动加诸人，只成个谦恭谨愿底意思。不知诚者真实无妄之谓，至诚乃是真实极至而无一毫之不尽。”

又说：“诚字本就天道论，维天之命于穆不已，只是一个诚。天道流行，自古及今，无一毫之妄。”

周敦颐则说：“诚者，圣人之本。‘大哉乾元，万物资始’，诚之源也。‘乾道变化，各正性命’，诚斯立焉。纯粹至善者也。故曰：‘一阴一阳之谓道，继之者善也，成之者性也。’”①

这是依据《周易》乾卦卦辞“元、亨、利、贞”的大义，肯定“诚”之本源来自“大哉乾元”，“诚”之立，则据于“乾道变化”，都在天地自然之道内。同时，又根据《周易》“一阴一阳之为道”观念，确认“诚”之本来，乃继天之善、成天之性的必然。

朱熹作《通书附解》，他根据对《通书》与《太极图》相为表里的理解，确立“诚即所谓太极”的命题，发挥周敦颐关于“诚”的概念，称：“诚者，至实而无妄之谓，天所赋、物所受之正理也。”

与周敦颐一样，朱熹也是以《周易》乾坤阴阳观念论证“诚”之原

① 周敦颐：《通书·诚上》，载《周敦颐集》，中华书局，1990，第12—14页。

来、立论根据。如“水之有源”“万物资始”那样，“诚”之原来及其根据就在“乾元”，故“乾道之元，万物所取以为始者，乃实理流出，以赋于人之本。”朱熹的这套说辞，同时也是由阐发《中庸》“天命之为性”观念而来，以致他在解释“诚斯立”的根由时，更直接回到“天所赋为命，物所受为性”的《中庸》论题了。

3. 体用一源见“诚”

周敦颐《通书·诚下》有一“静无而动有，至正而明达”的命题，据朱熹附解：“静无，则至正而已；动有，然后明与达者可见也。”是从动静相合、有无统一的意义上讲“诚”概念的内涵属性。

朱熹曾发挥周敦颐《太极图说》的观念，作进一步阐述：以为“诚”如太极，以其原初未形之际，自是一“无”，无形无名之谓。及其“方静而阴，诚固未尝无也”。至于“及动而阳，诚非至此而后有也，以其可见而谓之有耳”。显然是循着由无而有、静而复动的思路，通过有无、动静关系思考，转化为体用一源观念，寻找“诚”的涵义。

周敦颐讲过：“寂然不动者，诚也；感而遂通者，神也；动而未形、有无之间者，幾也。诚精故明，神应故妙，几微故幽。诚、神、幾，曰圣人。”①似乎意识到“诚”为寂然不动之体，又感而遂通，具有神妙的作用。程颐作《伊川易传》，则首提“体用一源”之说，称：“至微者理也，至著者象也；体用一源，显微无间。”他根据对《周易》象、理关系的思考，又延续王弼本末、体用之辩的观念，认为象易显，体现为“用”。而“理”则隐于“象”背后，是微，为体。而隐微之理与显著之象，本为一物两面，二者统一而无间隙。

朱熹进一步发挥了程颐的这一思想。他说：“盖自理而言，则即体而用在其中，所谓‘一源’也；自象而言，则即显而微不能外，所谓‘无

① 周敦颐：《通书·圣第四》。载《周敦颐集》，第16页。

间’也。”进一步强化了程颐“体用一源”思想，更系统地解说了体用相涵的统一关系。无疑，都拓深、拓展了“诚”的思想内涵和精神价值。

4. 心性合一为“诚”

先秦儒家中，荀子论“诚”，很有深意，富有特色。他的《不苟》篇确立“诚心”一说，称：“夫诚者，君子所守也，而政事所本。”以为君子之道所循守的是养心存性，则养心存性，乃君子所以治国理政的根本。

荀子这样讲：“君子养心莫善于诚，至诚则无它事矣，唯仁之为守，唯义之为行。诚心守仁则形，形则神，神则能化矣；诚心行义则理，理则明，明则能变矣。变化代兴，谓之天德。天不言而人推高焉，地不言而人推厚焉，四时不言而百姓期焉：夫此有常，以至其诚者焉。……天地为大矣，不诚则不能化万物；圣人为知矣，不诚则不能化万民；父子为亲矣，不诚则疏；君上为尊矣，不诚则卑。”①

展开论述的是“诚”何以为君子所守、成政事之本，明确的是“诚”概念的内涵和功能。主要有三层涵义：(1)肯定了“诚”是君子养心存性的根本，“至诚”是其最佳途径和方法，舍此则无以为善；(2)提出“诚心守仁”“诚心行义”命题，确立“诚”为伦理道德的基本原则。认为以诚心守仁，则仁德自然显现于外。以诚心行义，则明理通达，化育天下；(3)以反证方法，着重说明“诚”为天地之至大，即可化育万物，又能教化万民，贯之于人事，惟“至诚”方使“父子为亲”“君上为尊”。

如同《大学》之设计——以正心诚意为基，由修身齐家而实现治国平天下那样，合道德与政事于一炉，来提炼和阐述“诚”概念的内涵和逻辑的。又似乎与《中庸》相互呼应，在天道、人文相融的思维框架内，提炼为“诚心”“诚性”，把“诚”概念的内涵深化、外延扩大了。

---

① 《荀子·不苟》。

可见，儒家从心性合一意义上讲的“诚”，是肯定了人心、人性在本质上是“诚”，这是儒家人文精神和价值理念的一大特质，而非一般所讲出于善恶之分的“人性为善”。

需要指出的是，儒家讲心性合一之“诚”，还内在地包含了命、心、性、理一以贯之的整体思考。

《中庸》开篇确立“天命之谓性，率性之谓道，修道之谓教”的命题，把性、道、教三概念纳入同一系列加以考察，又直接用“天命之”解释“性”，其中就涵蕴了关于心性合一的思考。为什么这样说？因为在先秦儒家的语汇里，“天”主要不是讲上帝的存在，也不是指神意的表征，更多是一种自然的、必然性的存在。故《中庸》所讲“天命之”，朱熹要将之解释为“天所赋予人”者而为“性”。而所谓“赋予人”，表达的是：天有天之性，赋之于人之内（心）才有人之性。

这样，“心性合一”既有了安身地，也有了挂搭处。

宋代大儒朱熹的弟子陈淳撰《北溪字义》，以体用动静关系讲心、性、理的概念，称：“心有体有用，具众理者其体，应万事者其用。寂然不动者其体，感而遂通者其用。体即所谓性，以其静者言也。用即所谓情，以其动者言也。”进而据以“性即理”“理于心为性”的思想，十分明确地用“心性合一”解释儒家仁义礼智一类道德观念。说：“性即理也。何以不謂之理而谓之性？盖理是泛言天地间人物公共之理，性是在我之理。只这道理受于天而为我所有，故谓之性。性字从生从心，是人生来具是理于心，方名之曰性。共大目只是仁义礼智四者而已。”

而张载直接提出“心统性情”一说。首先肯定人心本有善性，同时也兼具情感、情谊的因素。在张载看来，“情”并非与“性”对立，两者是对应而言、互相联系的，情为性之动，亦为性之用。朱熹则以理学的基本命题“性即理”立论，进一步阐发张载“心统性情”的思想，说：“理在人心，是之谓性。性如心之田地，充此中虚莫非是理而已。”[①]将心、性、理三者合而论之，这就从人之心性的内在根据上，又联系情感的因素，来说明人际关系的合理性和规范性问题，后来发展成“源于心、出于性、适于情、合于义”的思想体系，为中国人强调的人际诚信提供了心性根据和伦理论证。

5. 动静通复解“诚”

值得注意的是，理学开山周敦颐发挥《周易》乾卦卦辞“元亨利贞”的意涵，特别引入“诚通”与“诚复”关系的思考，力图在“诚”之亨通发展与回归复返的运动变化中，不断发掘“诚”的内涵价值。

他提出：“元亨，诚之通；利贞，诚之复。大哉《易》也，性命之源乎！”[②]直接采纳大《易》元亨利贞德观念，分解出元亨与利贞德的关系范畴，以为“诚之通”在讲“诚”的运行与通达，“诚之复”则表示“诚”的复归与守藏，断定：诚之通为动，诚之复为静。是纳入动静关系范畴，通过诚通、诚复之辩的考量，深化“诚”的内涵。

朱熹的附解，则从“乾之四德”出发，又传承、发展《易传》“继善成性”思想，作进一步的论述：“元始，亨通，利遂，贞正，乾之四德也。通者，方出而赋于物，善之继也。复者，各得而藏于已，性之成也。”又说：“太极之有动静，是天命之流行也，所谓‘一阴一阳之谓道’。诚者，圣人之本，物之终始，而命之道也。其动也，诚之通也，继之者善，万物之所资以始也；其静也，诚之复也，成之者性，万物各正其性命也。”[③]

朱熹顺着周敦颐的思路，但有所发展。他在断定元、亨、利、贞的属性分别为始、通、遂、利的同时，围绕动静通复之辩，以“动”解释“通”，以“静”解释“复”，以为“元、亨”彰显“诚之通（达）”，“利、贞”表示

① 参见朱熹：《伊洛渊源录》。

② 周敦颐：《通书·诚上》，见《周敦颐集》，第12—14页。

③ 朱熹：《太极图说·朱熹解附》，见《周敦颐集》，第3页。

"诚之复",并着重说明"诚之通"所以为"动",就在于天命流行而禀赋万物,由此能承继天地万物之"善";"诚之复"之所以为"静",则在天地万物之"归宗",皆复返天地本性,"各正其性命",即成就自己的"本性"。

三、"诚"之把握:认知与伦理的双重进路

人如何能把握天道之"诚",自觉遵循天道之"诚"呢?《中庸》提出两途:一是伦理学路向,即"择善而固执之",择善、明善,坚执固守,持之以恒;二是认识论,《中庸》提出:"博学之,审问之,慎思之,明辨之,笃行之。果能此道矣,虽愚必明,虽柔必强。"我称之为"学、问、思、辨、行"五步方法论。

很大程度上,《中庸》正是通过认知和伦理的双重进路,阐述了如何实现对"诚"的理解和把握。并有效地推动先秦儒家发展形成了以"仁知合一"观念为中心的认识论、伦理学融合的思想体系。

在对"诚"的理解把握上,《中庸》首立"自诚明"与"自明诚"两重思维路径和理解进程。说:"自诚明,谓之性;自明诚,谓之教。诚则明矣,明则诚矣。"

所谓"自诚明,谓之性",是说由诚而明,如天命洞照人心,以天道之诚贯穿并赋予人性之诚,实际上也是对"天命之为性"命题的引申发挥,从哲学上讲,属于本体论的建构。所谓"自明诚,谓之教",则设想以认知的、教育教化的途径,实现对天道之诚的理解把握。这样一种诚明关系上的合一论思考,后来由朱熹概括为"诚则无不明矣,明则可以至于诚"的命题,表明《中庸》发其端,至宋代理学,从本体与认知的双向路径,阐发"诚"的内涵与精神价值,这是有不断地传承、发展的。

不仅如此,《中庸》还在参与天地化育、规范(改造)自然上,肯定和赞扬了"诚"的价值和功能,进一步充实"诚"概念的内涵特质。称:"唯

天下至诚,为能尽其性。能尽其性,则能尽人之性。能尽人之性,则能尽物之性。能尽物之性,则可以赞天地之化育。可以赞天地之化育,则可以与天地参矣。”进而断言:“唯天下至诚,为能经纶天下之大经,立天下之大本,知天地之化育。”

说的是:唯有达到“天下至诚”境界的人,才能真正体认和把握天地自然之性;唯有体认和把握了天地自然之性,才能充分发挥人的本性;唯有充分发挥人的本性,才能尽知天下万物之性;而唯有尽知天下万物之性,才能真正了解天地自然的变化之道,参与并赞助天地自然的化育,最终实现与天地并立为三。这颇为精彩地诠释了《易经》八卦“三才之道”的意境:天在上,地在下,人居其中,不仅表示天地之中人为贵,而且要彰显“人有其治”、能“顺天而应人”,参与天地化育,进而实现“制天命而用之”的目的。

需要指出,对“诚”的理解把握,在中国古典道德哲学的传承中,更多的是依据对价值判断的体察和悟解。

孟子是个典型。他在《孟子·尽心》中说:“万物皆备于我矣。反身而诚,乐莫大焉!”据朱熹解,此句讲“理之本然”,就在当然之理,即“无不具于性分之内”的实理,所以,循理当在反诸自身,悟解到“修身”之本,即回归自心,彰明心中内涵的天道实理,这才是最大的快乐。

张载则赋予其特色并展开深度解释。他极为重视“诚明”与“明诚”的区分、联系,传承发展《中庸》以来“自诚明”“自明诚”的观念和思路,以天人合一、性道相融观念立论,又联系“天德良知”“穷理尽性”“尽性穷理”等思想命题,把认知与伦理的两重路径说的更丰富、更明晰了。

在《正蒙·诚明》篇中,张载提出:

> 诚明所知乃天德良知,非闻见小知而已。

"自明诚",由穷理而尽性也;"自诚明",由尽性而穷理也。

天人异用,不足以言诚;天人异知,不足以尽明。所谓诚明者,性与天道不见乎大小之别也。①

这和程朱解读《大学》"正心诚意"的思想也是一致的。例如,有学者问程子:"进修之术何先?"程子回答:"莫先于正心诚意。诚意在致知,致知在格物。"②以为"诚意"即需致知,诚意正心的伦理功夫,也是"尽性而穷理"的致知过程。把正心诚意的过程,看成为"认知"和"伦理"相互作用的过程,显然是顺着《中庸》"自明诚"与"自诚明"的双重思路发展而来的。

四、"诚":儒家治政担当精神的立论依据

从孔子开创的儒家思想源流的角度看,儒学在本质上也是一种天人之学。是据于天道,阐发人道,并落实于治道。这个思路和理念,在《荀子》书中有集中的体现。荀子循《易经》内涵的三才之道,曾概括出一个命题:"天有其时,地有其财,人有其治,夫是之为能参。"③

总体上讲,儒家所谓天道,肯定的是一种自然之道、必然之则,如孔子称"天何言哉? 四时行矣,百物生矣。"所谓人道,则是循天道而来的人伦应然;那治道,包括治国、治政、治人、治身、治心等,就是顺天道、明人道而有的当然。由必然而应然再成为当然,显然是儒家在治国理政问题上倡导的人道精神发展的逻辑。

这个逻辑的呈现,强烈地表明:在儒家的治国理政思想体系中,内涵有明确的精神特质和价值导向:"诚"者必有担当,担当必须有"诚"。它昭示天下,治政者必须首先成为诚信者。

---

① 张载:《张载集》,中华书局,1978,第20、21页。

② 《遗书》卷十八。

③ 《荀子·天论》。

值得重视的是，说“诚”为儒家思想的核心建构，还因为儒家对“诚”概念的提炼与阐述，往往直接为儒家治国理政的思想理念及制度设计奠定了立论和价值观依据。尤其是儒家经典《中庸》提倡的中庸之道，曾阐述五达道、三达德、国之九经等一系列思想观念、范畴体系和基本政策，融道德伦理、政治哲学、治国理政于一炉，并将之归结为：“诚”在其中居“一以贯之”的核心地位。

“中庸”作为一种观念，似首创于孔子。按朱熹的说法，是孔子传承道统，由上古圣王帝尧之“传授心法”，发挥其“允执厥中”观念而展开为“中庸之道”的。所谓“允执厥中”，在价值观念和思维方式上，就是主张“叩其两端，公允持中”。孔子把中庸之道提的很高，也有明确的论述。《论语·雍也》曰：“中庸之为德也，其至矣乎！”视中庸为至高无上的“中正之道”。又提出“君子中庸，小人反中庸”的命题，强调“中庸”乃是一种君子之道。

有意思的是，“中庸”观念的核心涵义，在《中庸》书中却是用“中和”加以表述的。其说“中和”，就断言：“喜怒哀乐之未发，谓之中；发而皆中节，谓之和。”以为人有喜怒哀乐之情感，未发时处于本真状态，自然而然，无分善恶偏倚，这就叫“中”。情感所发，无过无不及，皆合乎天地自然之性，则称为“和”。倾向于认定“中和”是人具有的一种情性融合、以性制情的精神、心理状态和德性素养。这应该更符合原创期“中庸”观念的本义和真意。

《中庸》又说：“中也者，天下之大本也；和也者，天下之达道也。”强调“中”是天下共同的根本道理，“和”又是天下共循的规范准则，以此表达“中庸之道”的思想特质和价值导向。

《中庸》指出：“天下之达道五，所以行之者三。”又说：“知、仁、勇三者，天下之达德也，所以行之者一也。”这里的五、三、一之间的关系，《中庸》有个递进探究、区分主次本末的逻辑思考。从先秦到宋明，历代儒家似乎都认同：达道，即“天下古今所共由之路”，按程子的说法是，《书》之五典到孟子“人伦五义”一脉相承；而达德，即“古今天下所同得之理”。

在《中庸》看来，五达道是指人所“共由之路”，偏重于人事行为应循的路径和方向，但其立论和依据的道理、原则，需追寻到“三达德”一类古今天下“同得之理”。而仁、知、勇三者之所以可称“达德”，为人们“五伦”行为之共同遵循之“理”，原因就在其内涵有“所以行之者一”的“一”。

那么，这个“一”指向什么呢？从文句连接和思想连贯来看，就是《中庸》断言：“诚者，天之道也；诚之者，人之道”中的“诚”。宋明理学的程朱，曾明确指出过。朱熹的《中庸章句》这样解释“所以行之一”，说：“一者诚而已矣。达道虽人所共由，然无是三德，则无以行之；达德虽人所同得，然一有不诚，则人欲间之，而德非其德矣”。又引程子说法：“所谓诚者，止是诚实此三者。三者之外，更别无诚”。

可以说，程朱是立足于“诚”，力主寻求其“一以贯之”的核心点和归结处。在儒家中庸之道范畴系统的逻辑结构上，显然有确立核心概念的自觉要求。

正是在这样的意义上，我认为：相对于三达德、五达道、国之九经等思想范畴，“诚”显然已确立了其中的核心地位。当然，这需要进一步的论证说明。

首先，看“诚”与仁、知、勇“三达德”。

《中庸》曾把仁知兼容的思想观念，整合到“诚”概念中，说：“诚者，非自成己而已也，所以成物也。成己，仁也；成物，知也。性之德，合外内之道也，故时措之宜也。”以为诚是天道，又贯人道，故至诚者循天道之“诚”，必能为仁而成就自己的人格，同时有知而知物成物，能役物而非为物所役。

“诚”与“仁”有内在联系，但整体涵义及精神特质还有层次存在差异：诚是循天道以明人事的思路，兼融天道、人道的内涵，合宇宙观、人文论而言，纳伦理学、价值论于宇宙本体、天道本根的基础而论的。

所以，孔子以“仁”为核心建构的思想体系，重在人道，而轻慢了天道的依据。虽十分敬重天道，却似乎轻描淡写地称：“天何言哉！四时行矣，百物生矣。”他侧重于思考人文、人道本身的问题，把《周易》所论“推天道以明人事”的观念引向纯粹人文性的仁学问题。

故孟子就限于人道观的范畴，断定：“仁，人之安宅也；义，人之正道也。”同时要力主“诚”，虽立于人道，却追溯其天道观的源头。

其次，看“诚”与仁、义、礼、智、信“五达道”。

孟子的“五伦”，时称“人伦五义”，有两种说法，虽有差异，实际上是交融互补的。

先有“亲、义、别、序、信”之“人伦五义”一说。《孟子·滕文公》中有一段话：“圣人有忧之，使契为司徒，教以人伦：父子有亲，君臣有义，夫妇有别，长幼有序，朋友有信。”这是中华文化史上公认的关于早期“五伦”观念的经典表述。

孟子对“人伦五义”还有个说法，称仁、义、礼、智、圣。这是孟子在论述仁、义、礼、智“四德之端”与圣人何以明天道的关系时提出的。其称：“仁之于父子也，义之于君臣也，礼之于宾主也，智之于贤者也，圣人之于天道也，命也，有性焉，君子不谓命也。”①肯定了父子关系有“仁”，君臣之间存“义”，宾主应对讲“礼”，贤能者重“智”，圣人明“天道”。

在先秦时期，所谓“五伦”，主要是指“亲、义、别、序、信”与“仁、义、礼、智、圣”两种“人伦五义”的说法。整合两种说法，用“信”代替“圣”，

---

① 《孟子·尽心下》。

正式形成“仁义礼智信”之“五伦”，应该是汉代的事。

西汉初思想家陆贾率先提出“五常”用词，称：“天道调四时，人道治五常。”①贾谊则明确主张：“天地有六合之事，人有仁、义、礼、智、信之行。”②是把孟子关于“人伦五义”的两种说法加以重组融合，开启了仁、义、礼、智、信之五伦与五行、五常观念的直接相通。

但董仲舒以“阳尊阴卑”观念立论，在确认“仁义礼智信”五伦关系基础上，又专列出君臣、父子、夫妇三伦，论述他的“三纲”思想，称：“君臣、父子、夫妇之义，皆取诸阴阳之道。君为阳，臣为阴；父为阳，子为阴；夫为阳，妻为阴。阴道无所独行，其始也不得专起；其终也不得分功，有所兼之义。”③将其改造、转化为“王道之三纲”和“五常”，简称“三纲五常”。那是为适应中央集权的大一统局面，强化封建专制的意识形态控制而进行的一种伦理政治思想重建，和先秦儒家的五伦观念和五伦关系处置相比较，显然有了很大的变异和改铸。

所以，回到《中庸》称为“五达道”的五伦，因为还没被纳入“三纲”之片面、独断的框架，更多是和孟子的“人伦五义”观念相通的，我们应看到其中蕴涵的合理、积极的因素，即贯穿有一个伦理制衡原则和协调原则。这就是孔子、孟子一脉传承的君仁臣忠、父慈子孝一类思想观念和价值原则。此如孔子回答定公问“君使臣、臣事君，如之何？”对曰“君使臣以礼，臣事君以忠”④那样，亦如孟子指出：“君之视臣如手足，则臣视君如腹心；君之视臣如犬，则臣视君如国人；君之视臣如土芥，则臣视君如寇仇。”⑤

为此，我们看《中庸》“五达道”的意涵，主要在两方面：一方面肯定

---

① 陆贾：《新语·术事》，载中华书局版《诸子集成》七，第4页。

② 贾谊：《新书校注·六术》，中华书局，2000，第316页。

③ 参见〔清〕苏舆撰、钟哲点校《春秋繁露义证》，中华书局，2019，第310页。

④ 《论语·八佾》。

⑤ 《孟子·离娄下》。

了人际关系的五项分类，在特定层面抓到了宗法条件下，稳定社会关系结构的一种网结和纽带；另一方面，又对孔子、孟子的伦理观念作出概括和总结，注重五伦关系的辩证思考，引入伦理制衡和约束机理，其对五伦伦理的认知、理解渐趋合理，处置原则也有所完善。这才是五伦观念中更具价值意义的要素。

周敦颐很直接，明确提出“诚为五常之本”，相对于“诚为本体”，仁义礼智信“五常”就只是末、只是用。他说：“圣，诚而已矣。诚，五常之本，百行之源也。静无而动有，至正而明达也。五常百行，非诚非也，邪暗，塞也。故诚则无事矣。至易而行难，果而确，无难焉。故曰：‘一日克己复礼，天下归仁焉’。”①

五常，周敦颐延续的是汉代以来的说法，肯定仁、义、礼、智、信五伦为天下恒常不变之定则。朱熹解之为“五行之性”，又认定：百行为孝、悌、忠、信一类道德规范和行为准则，以系“万物之象也”。在朱熹看来，“诚则众理自然，无一不备”，为一种实实在在的“实理”，而惟“实理全，则五行不亏，而百行修矣”。（朱熹附解）这是周敦颐与朱熹共同认可了“诚”与传统道德中的五伦五常的关系，诚更是本根性的、立论依据的，是贯穿并主宰五伦伦理和百行修炼的。

那么，如果五伦、百行缺失了“诚”，即人的道德行为规范没有人内心真诚作为支撑，周敦颐就断定其必然导向“邪暗”与“否塞”。对此，朱熹有具体解释：“非诚，则五常百行皆无其实，所谓不诚无物者也。静而不正，故邪；动而不明、不达，故暗且塞。”②

还需要指出的是，诚与五达道的关系中，尤其要注意诚与礼的次位处置，以及“诚”对于君臣关系协调的关键作用。

---

① 《通书·诚下》，载《周敦颐集》，中华书局，1990，第14页。
② 同上。

张载的观点很有代表性。他虽主张诚礼兼修，两者无分先后，但确认诚比礼更重要，原因在于：如无诚意，何来行礼。他这样说："诚意与行礼无有先后，须兼修之。诚，谓诚有是心，有尊敬之者则当有所尊敬之心，有养爱之者则当有所抚字之意。此心苟息，则礼不备，文不当。故成就其身者须在礼，而成就礼则须至诚也。"①

至于君臣关系的协调，有个典型事例，就是宋理学家程颐特地引入"诚"的观念，发挥孟子"君义臣忠"的政治伦理思想，强调"君惟诚以任下，臣尽诚以事君"。他撰《程氏易传》，曾依据"推天道以明人事"的思路，解释《泰》卦卦义，认为从卦象上看，"为卦坤阴在上，乾阳居下，天地阴阳之气，相交而和，则万物生成，故为通泰"；而"以人事言之，大则君上，小则臣下，君惟诚以任下，臣尽诚以事君，上下之志通，朝廷之泰也。"②

再次，看"诚"与"修身以道"。

《中庸》讲："故为政在人，取人以身，修身以道，修道以仁。"以为"为政在人"的理念，其内涵有三项：一是"取人以身"。看人、用人重在是否"修身"；二是"修身以道"，看修身好坏重在是否能修道；三是"修道以仁"，强调修道的关键在于行仁。《大学》提出的三纲领、八条目，阐述修齐治平之学，也倡导"壹皆以修身为本"。

而周敦颐则申明"修身为本，本必有端"，端比本要，此端即诚。《通书·家人》篇指出：以为"治天下有本，身之谓也；治天下有则，家之谓也。本必端。端本，诚心而已矣"。又曰："是治天下观于家，治家观身而已矣。身端，心诚之谓也。诚心，复其不善之动而已矣。"

---

① 张载：《经学理窟·气质》，载《张载集》，中华书局，1978，第266页。

② 参见〔清〕李光地撰、李一忻点校：《周易折中》上册所引《程传》，九州出版社，2002，第120页。

以为齐家、治国、平天下之展开，虽以修身为本，然其本有端，而端即公也、正也，追溯“修身”之原点、源头，就在内心之诚。诚虽内在于心，实在是源于天，发之于外，见之于行。故以诚为始，必能循内外合一、知行合一之途，以成修齐治平之目的。

还有，即使如国之九经一类治国理政方略措施，亦当诚信为本，才有利于推进和实施。

所以，朱熹认为：“一者，诚也。一有不诚，则是九者皆为虚文矣，此九经之实也。”

《中庸》又说：“凡为天下国家有九经，所以行之者一也。”何谓“天下国家有九经”？无非是指治国理政的九条基本法则，即“凡为天下国家有九经。曰：修身也，尊贤也，亲亲也，敬大臣也，体群臣也，子庶民也，来百工也，柔远人也，怀诸侯也”。所称的“行政九经”，其要义与价值意涵，不仅在确立治国理政的九项规范大法，更在于强调了治国理政思想体系的整合性、互补性、配套性。

例如“尊贤”与“亲亲”。儒家讲的亲亲，亲近亲近者，以血缘亲情为基，确定亲疏，分列等级。但光讲亲亲有其不足，故儒家又提出“尊贤”加以制约和弥补；“尊贤”，既在亲亲关系内选贤者，更要在血亲关系外选贤。“亲亲”与“尊贤”两者互补，本是有一定合理性的关系伦理范畴，《中庸》更将之转化、落实为国家政策。

又如“敬大臣”与“体群臣”：大臣，朝廷重臣，组成君王以下的最高权力团队，在爵位和官职上属公、卿一类，处置原则当持“敬”为先；“群臣”，士大夫一级，职能部门官吏，则以“体察”“体恤”相结合。这关系到治国理政的行政体制和官吏队伍建设。

再如“子庶民”与“来百工”：在治人安民问题上，视民如子，使民以时。又要善于招徕百工，有效管理各类手工业者、手艺匠人，以繁荣经济，充实财用。

这类整合性、互补性、配套性比较强的治国理政的大略方针，当出于同一的指导思想和伦理观念，由“诚”来一以贯之，很显然是一种颇有合理度的选择。

传统家训与儒学诚信精神

余玉花　宣　璐

中国古代的道德教育，许多是通过家训来体现并加以实施，由此也形成了浩繁的家训文献。著名的有《颜氏家训》《帝范》《温公家范》《袁氏世范》《了凡四训》《庭训格言》《圣谕广训》《朱子家训》《曾国藩家训》等经典之作，还有许多不知名的百姓家训散见在家谱、传记、艺文、墓志铭、文集当中。除了这些文字形式的家训外，还有通过口头、实物、实践、民情风俗以及行为规范的形式表达的家庭训诫，亦属于家训文化范畴。

家训文化包涵的内容广泛而丰富，而提倡诚信、规范诚信的要求、推行诚信教育，无疑是家训文化中的非常重要的部分。下面就此作一梳理和评析。

一、传统家训中的诚信观念

家训与家规一起承担着家庭道德教育的使命，“家规以惩恶，家训以劝善”①，二者各有侧重。而家训既以“劝善”为主，更多是借鉴并采用道德伦理的思想理念和行为规范，其中就包含了古代主要的伦理要求。不仅有“孝顺父母”“三从四德”等体现“三纲五常”的内容，更有大量对子孙在持家、交友、经商、从政等方面品行的教诲与劝导，如“勤俭自强”“诚实守信”“和睦乡邻”等。家训堪称是对后代全方位的道德教

① 《中国家谱资料选编·家规族约卷》，上海古籍出版社，2013，第 541 页。

育，渗透了古代诚信文化的熏陶和教导。

诚信作为儒家伦理纲常的主要德目之一，是家训中治家教子的重要内容。古代家训中记载着对子孙谨守诚信的谆谆教导。这些诚信教诲所涉广泛，涵盖个人生活的方方面面，不仅有对家族子孙修身养性的殷切期望，也包括对后辈子孙待人处事、从政经商的道德指导。就其内容表达而言，既有诚信之义阐释，亦有品行规正和人生迷津的诚信指点，闪烁着古代中国人淳朴的道德信念和智慧精神，构成了绵长深远的诚信文化传统。

第一，诚信立身。

中国古人强调修身齐家，修身是人生第一要义。修身即为做人。“未必读书，并学作人。”①三国时期的王修认为人的一生是有限的，不一定把光阴全部用在读书上，学会做人才是重要的。即使做官被认为是“光宗耀祖”，但做人更为重要。如西林岑氏祖训云：“人臣德器有偏全，才分有大小……人臣亦不能动罔不臧，要在矢念不欺，随事尽职，则公可生明，勤可补拙，亦自攸往咸宜。……宁可终身不作官，不可一日不作人，宁可获遣于上台，不可贻害于百姓。”②教育子孙不能一味迷恋仕途，出仕之前要先学会做人。如何做人？以什么作为做人的基础？家训中明确提出，诚信是立身之基。西晋王祥认为“信”与德、孝、悌、让等美德一样，是立身之本。“夫言行可覆，信之至也；推美引过，德之至也；扬名显亲，孝之至也；兄弟怡怡，宗族欣欣，悌之至也；临财莫过乎让。此五者，立身之本。”③有的家训把“信”看作是五常之基础，以突出“信”的重要性，“金木水火非土不生，仁义礼智非信不成，信

---

① 翟博：《中国家训经典》，海南出版社，2002，第468页。

② 《中国家谱资料选编·家规族约卷》，第530页。

③ 严可均：《全晋文》卷十八，转引《晋书·王祥传》，商务印刷馆，1999，第165页。

贯四端、包万善，以为立言制行之准也。”[①]诚信与欺骗对立，诚信立身就要拒绝欺骗。家训教导，只有“内不欺己，外不欺人，上不欺天”[②]才能坚定诚信立身。

如何诚信做人，家训中亦有所涉及。有的家训指出不能自欺欺人，邹岐山的《启后留言》将自欺欺人之举动比作“掩目而捕燕雀”[③]，不得为之。姚氏家训中提出“不能欺”“不忍欺”“不敢欺”的要求：“不能欺，未若不敢欺；不敢欺，未若不忍欺。然要人不欺我，须由我不忍欺人始。”[④]与其通过外在压力强迫别人不欺骗，不如以自身高尚的德行修养使别人不忍欺。如果每个人都做到“省身克己，庶几乎立行可模。主敬存诚，岂专以置言成范”[⑤]，这样就会形成一种道德上的自觉状态，社会必然安定有序。有的家训指出不能听信谣言、不得传播谣言。明成祖徐皇后在《内训》中通过谚语形容谣言的可怕，“誾誾謇謇，匪石可转；訿訿譞譞，烈火燎原”[⑥]，严训子女不可信谣传谣。

第二，诚信交友。

如何与人相处，是以关系为中心的传统社会的人生课题，因而教育后代诚信交友在传统家训中占有重要比重。许多家训规定，“与人相处之道，第一要谦下诚实”[⑦]；告诫子孙“勿欺以交朋友”[⑧]，因为谁都不愿意被人欺骗，而欺骗的行为迟早会被拆穿，“天下无肯受欺之人，亦无被欺而不知之人。智者当境即知，愚者事后亦知”[⑨]。所以与人

① 《中国家谱资料选编·家规族约卷》，第412页。
② 金缨：《格言联璧》，崇文书局，2007，第47页。
③ 郭齐家、李茂旭：《中华传世家训经典》，人民日报出版社，2009，第589页。
④ 《中国家谱资料选编·家规族约卷》，第100页。
⑤ 《中国家谱资料选编·家规族约卷》，第106页。
⑥ 纪昀：《景印四库全书》，台湾商务印书馆，1985，第709—721页。
⑦ 郭齐家、李茂旭：《中华传世家训经典》，人民日报出版社，2009，第42页。
⑧ 孙奇逢：《孝友堂家规》(孙子遗书之一)，中华书局，1985，第2页。
⑨ 汪祖辉：《双节堂庸训》，天津古籍出版社，1995，第112页。

交往不要作伪欺骗别人。

择友也要考虑对方是否诚信之人，但是面对复杂的人际关系和“知人知面不知心”的人生难题，如何判断呢？古人提出了诚信标准：“大凡敦厚忠信，能攻吾过者，益友也；其谄媚轻薄，傲慢亵狎，导人为恶者，损友也。”①“同学之友如果诚实发愤，无妄言妄动，固宜为同类。”②古人深知物以类聚、人以群分的道理，阐明择友要分类处之，而他们分类的标准则是诚信。

第三，诚信为官。

子女未来从业的选择是一个家族关切的大事，家训中多有指导。不论家庭成员中是否有人做官，作为对子女的期望，大部分家训都提到了为官从政的道德要求，其中不乏诚信从政的要求。如“为政必以风化德礼为先，风化必至诚为本”③，把至诚看作是澄清风化的根本。做官则不能作威作福，搞党羽小圈子，而要将做官与做人统一起来，立信义、笃诚信，“立党羽不如昭信义，作威福不如笃至诚”④。在传统社会里，“诚信”是在君臣和臣民之间建立双向沟通的道德约束机制，即对上要“忠”，对下要“诚”。故而在家训中就出现了“诚以治民，而民信之，则凡有事于民，无不应矣；平日诚以事天，而天信之，则凡有祷于天，无不应矣”⑤的以诚治政的教诲。

官场常有尔虞我诈，如何处理僚阁之间的是是非非，保住官位不致失去，也使为父母者牵肠挂肚，大多数长辈提出来的处事方案还是老老实实行事、和和气气待人。家训中有不少告诫诚信在谋官保职中

---

① 朱锦富：《朱氏家训》，广东人民出版社，2009，第35页。

② 翟博：《中国家训经典》，第733页。

③ 纪昀：《景印四库全书》，第703—773页。

④ 王梵志：《王梵志诗校注》增订本（上下），上海古籍出版社，2010，第45页。

⑤ 金缨：《格言联璧》，第155页。

的重要性的劝勉。如："守官处小心不得欺事，与同官和睦多礼"[①]，"清心做官，莫营私利"。[②] 虽然家训中诚信教育的目的是为了保住官位，具有强烈的功利性，但以诚信和睦去守官、去处理同事关系，比奸诈倾轧、损人恶斗要文明合理得多。

第四，诚信经商。

经商在中国古代是一个地位不高的职业，处于各种职业之末。经商不被看好的原因则出于道德的因素，当时许多人对商人的评价就是"无商不奸""十商九奸"。正是社会对"奸商"的道德评判，使经商职业在一个信奉道德的社会里被轻视，富裕之家除非没有更好的出路，一般不乐于经商，从"商"成为不得已而为之的职业。但是，即使是小农经济的社会也缺少不了商人的作用，正如北宋士人袁采在《袁氏世范》里宽慰子孙："如不能为儒，则巫医、僧道、农圃、商贾、伎术，凡可以养生而不至于辱先者，皆可为也。"[③]问题在于如何改变商人的负面形象，这就要商人认识到商品交换中诚信的重要性，"转奸为诚"，来提高商人自己的道德声誉，去获得社会的尊重。诚信经商的规范要求在传统家训中占有一席之地，受儒商传统影响的商贾之家尤其重视家训在家业传承和道德教化方面的重要作用，他们的家训更是将经商的诚信之义细加阐释，用以教导后代。一是强调诚信教育，生财有道。吴中孚的《商贾便览工商切要》开篇强调，"习商贾者，其仁、义、礼、智、信，皆当教之焉，则及成自然生财有道矣。苟不教焉，而又纵之其性，必改其心，则不可问矣。虽能生财，断无从道而来，君子不足尚也"[④]；要求

① 纪昀：《景印四库全书》，第703—772页。

② 同上。

③ 袁采：《袁氏世范》卷二，中华书局，1985，第40页。

④ 徐少锦、陈延斌：《中国家训史》，陕西人民出版社，2003，第605页。

以义取利，秉承“财自道生，利缘利取”[①]的职业伦理。二是价格公平、诚信交易。“斗斛秤尺，俱要公平合市，不可过于低昂”[②]。三是遵守承诺，履约合同。“赊须诚实，约议还期，切莫食言”，[③]经商一定要诚实守约。四是戒绝假货，反对以假乱真、缺斤少两。“出母钱，毋以苦杂良，毋短少”[④]，不要在真货中掺假，坑害他人。这些都表达了诚信经商的理念。

家训及对其有效的督行在一定程度上推动了社会诚信经商的风气，宋代以后商业开始逐渐受到重视，诚信经商的行为得到社会称道，那些靠诚信经营获取财富的商人开始得到社会的尊重。

二、传统家训的诚信教育及其训示

传统家训中除了大量关于教育子女诚信为人处世的箴言训词之外，还记载了许多富有创造性的诚信教育方法，这些闪耀着古人教育智慧的思想传世千年，至今仍不失其合理性。传统家训中的诚信教育方法主要有以下三种。

第一，言传身教。

“教子贵以身教，不可仅以言教”[⑤]。“未有不能修身而能教其子孙者也”[⑥]。在教育子女时，家长要以理服人，以身示范，才能让子女心服口服。如曾子杀彘的典故很好地说明了这个道理：曾子之妻为了让孩子不哭闹，欺骗孩子说回家给他杀猪，等妻子回去之后，曾子立马

---

① 徐少锦、陈延斌：《中国家训史》，第 604 页。

② 徐少锦、陈延斌：《中国家训史》，第 605 页。

③ 汪道昆：《太函集》卷二十八“汪处士传”，黄山书社，2004，第 599 页。

④ 同上。

⑤ 纪昀：《景印四库全书》，第 703—733 页。

⑥ 张履祥：《杨园先生全集》（下册），中华书局，2002，第 1363 页。

捉猪杀之，妻子不解，曾子云：“母欺子而不信其母，非所以成教也。”[①] 曾子这种以身作则的教育方法，用行动使自己成为孩子内心的榜样。普通百姓人家也深谙言传身教的教育效果，如义乌盘溪的施氏家训云：“为家长者当以至诚待下，一言不可妄发，一行不可苟为，庶合古人以身教之意。”[②]诚信的本意就是指言行一致，言传身教的教育方法与诚信本意相符，可以收到很好的教育效果。

第二，上行下效。

诚信教育目标的实现与否，与教育者自身能否做到诚信有关，即是否能起到一种示范作用。上行下效与言传身教的区别在于：如果说言传身教中的身教强调的是父母以行为让子女明白诚信事理，那么上行下效则重在父母以诚信行为引导子女去践行诚信。前者是知之教，后者是行之教，即以身示范。所谓“教者，效也，上为之，下效之”[③]。诚信教育就是在子女对父母行为的效仿中学习诚信、践行诚信。这里的“上”指的是教育者即父母长辈，“下”是指被教育者。在封建社会，家训中上行下效的教育方法被普遍推崇，上至皇帝家族，下至黎民之家。明成祖朱棣在教育子孙时说“以一身之孝，而率天下以孝”，可以达到“不令而从，不严而治”的效果。[④] 由于中国古代家国一体的体制，皇帝就是一个大家长，所以上行下效的诚信教育也适用于君臣之间，“人君之于臣下，必遇之以礼，待之以诚，不如是不足以得贤者之心”[⑤]。既然皇帝倡导上行下效，从而也推动了百姓家庭上行下效诚信教育方法的普遍运用。宋代赵鼎在《家训笔录》中说：“同族义居，唯

---

① 张岱年等：《传世藏书》，海南国际新闻出版中心，1996，第926、927页。
② 《中国家谱资料选编·家规族约卷》，第44页。
③ 班固：《白虎通德伦》，古籍出版社，1990，第41页。
④ 徐少锦、陈延斌：《中国家训史》，第546页。
⑤ 徐少锦、陈延斌：《中国家训史》，第547页。

是主家者持心公平，无一毫欺隐，乃可率下。”①

家训中多有记载祖辈父辈清廉、信义的品格对家族后辈的影响，对于长辈的诚信品格予以赞颂，并示之后辈效仿，以传承诚信家风。如家训中感念父亲诚笃品性：“吾父天性淳厚，孝友忠信”；自豪表达自己家族世代秉承清白做人、信义传世的家风。“我祖居天台时，以清白相传……宗族二十余家皆相顾以信义”。② 这些家训说明，只有每一代家长率先垂范“诚信”，后辈子孙才会效履诚信之行，并经世代累积形成诚信家风。反之，不良的言行也会按照上行下效的路径起负面影响：“凡宣淫导欲之事，上行必下效，断不可躬自作孽，致酿祸端。”③上梁不正下梁歪，和多米诺骨牌效应一样，也会影响后代子孙，形成不良家风的世代相传，积弊难改。

上行下效也反映了诚信教育中要贯彻言行一致、表里如一的精神。教育家庭成员应该“端严正直，内外如一”④，“内而宗族，外而亲戚朋友，一事一时，必须初终合一，心口相符，言行如一”。⑤

第三，严慈相济。

家庭诚信教育方法是一门艺术，着眼于有效性，必然要讲究方式方法。传统家庭中母亲承担着较多的教育子女的责任。母亲形象一直以“慈爱”著称，传统中国社会也以“慈”作为妇女德性的要求。从一些资料可以发现，传统家训的作者不限于男性家长，也有一些女性家长撰述了母训和女训以规范母仪和女德。像战国田稷的母亲、东晋陶侃的母亲，以及唐代崔玄暐的母亲等都是优秀母亲的典范。她们以慈

① 翟博：《中国家训经典》，第 414 页。
② 《中国家谱资料选编·家规族约卷》第 11 页。
③ 《中国家谱资料选编·家规族约卷》，第 104 页。
④ 《中国家谱资料选编·家规族约卷》，第 40 页。
⑤ 《中国家谱资料选编·家规族约卷》，第 230 页。

母之心时时训诫做了大官的子孙要廉洁奉公，不能以权谋私。

“慈爱”主要是对家长教育儿女的要求，这在家训中有所记载，更流传于家训的实践之中。历代家训表明，成功人士的父母除了“慈爱”教育之外，还定有“严格”的家风。“严”在家训中表现为训斥、体罚甚至逐出家门。“有子弟之责者，宜以朴诚为主，无以巧诈相尚。有不率则训戒之、曲抑之，无令纵恣自逞，终致门祚衰薄。”①对于一些不诚实的子弟，家训主张对其训诫，防止败坏家风。马援在《诫兄子严、敦书》中教育他的两个侄子说：“好论议人长短，妄是非正邪，此吾所大恶也，宁死不愿闻子孙有此行也。”②还有更厉害的，“凡子弟倘有奸盗、诈伪、败伦、圮族，送官正法，乃革除宗祠”③。此外，有的家训还提出体罚孩子不能过分，棍棒底下孝子都难出，何来诚信呢？所以严格也要求有度：“慈爱不至于姑息，严格不至于伤恩”④，要恰如其分地把握“严”和“慈”的度，过严会让孩子心生胆怯，有损亲情，过慈又会导致无条件的溺爱。“慈”就是不用拳脚相加的体罚，而是满怀情感，通过循循善诱、间接委婉的方式来达到诚信教育的目的。比如王昶“为兄子及子作名字，皆依谦实，以见其意”⑤，把对子女诚信品格的要求寓于名字之中，名字日日使用，使子女时时不忘父母对其的诚信教导，感受到来自长辈的道德期望。

三、传统家训诚信教育的启示

中国传统家训无疑是古老的、旧式的道德教育的文化形式，遗留着过去历史的文化痕迹，某些内容的陈旧、不合理也是显而易见的，如

---

① 《中国家谱资料选编·家规族约卷》，第 104 页。

② 翟博：《中国家训经典》，第 35 页。

③ 《中国家谱资料选编·家规族约卷》，第 300 页。

④ 张福清：《女诫：女性的枷锁》，中央民族大学出版社，1996，第 30 页。

⑤ 纪昀：《景印四库全书》，第 703—734 页。

充斥着浓厚的封建纲常思想。但是从上述家训中梳理诚信文化教育，则能发现其中也有许多闪光之处，包含了多重文化价值，对当今时代启迪颇多。传统家训所蕴藏的大量诚信文化要素并没有因为时间的推移而失去其文化的生命力，恰恰相反，在当今社会道德缺失而诚信危机重重的情况下，它们更是无比珍贵的文化资源；传统家训所记载的诚信教育的方式方法，贴近中国人的生活实际、符合道德文化教育的规律性，具有文化共时性的特点，因此也是值得传承与借鉴发展的。

第一，创建诚信教育文化的意义。

诚信文化的建设是诚信教育的前提，古人在传统家训中创建了丰富的诚信文化，这表现在：首先，绝大多数的家训都重视诚信文化价值，或是用箴言，或是用典故，或是用案例来表达诚信对于立身处世的重要性，有的甚至提到优化社会风尚之高度。如《〈颜氏家训〉序》中所言："若书之传，以禔身，以范俗，为今代人文风化之助。"①其次，家训中多有阐释诚信德性内涵的表述。《彭氏家训》中对"诚"的解释为："人只一诚耳，少一不实，尽是一腔虚诈，怎得成人？"②《袁氏世范》对"信"的论述为："言忠信，行笃敬……有所许诺，纤毫必偿，有所期约，时刻不易，所谓信也。"③传统家训关于什么是诚信的解释，既是对诚信文化的建构，同样也是诚信教育的起始。再次，家训中的诚信文化涉及社会生活各个领域，既有个人德性修养方面的，也有家庭成员间、朋友间、同事间、上下级间交往的诚信要求；既有经商谋利中的诚信规劝，也有从政仕途中的诚信诫言，林林总总形成家训诚信文化体系，为今天的诚信文化建设提供了宝贵的资源。

第二，教化功能对于诚信教育的意义。

---

① 张璧：《刻〈颜氏家训〉序》，载《颜氏家训集解》，中华书局，1993，第547页。

② 徐少锦、陈延斌：《中国家训史》，第626页。

③ 袁采：《袁氏世范》卷二，第27页。

中国传统文化的特征是道德文化，教化是道德文化社会传播和文化育人的重要功能。但是教化这一功能随着科技的进步和现代化的发展而被忽视甚至被否定，不少人认为教化已经过时。当市场经济不可避免产生诚信问题后，往往寄希望用现代制度和现代技术手段来遏制社会失信行为。问题在于，先进的技术并未能抵挡普遍出现的诚信危机。这是因为诚信作为一种精神文化，是人们内化了的一种价值，是人们的内心信念，是道德教化与养成的结果，一切外在的手段只有在引发内心认同并形成自我观念的情况下才能发挥作用。正如有的学者所指出的："当文化的价值注脚提供了行为准则和社会规范时，个体成员对文化模式的承认、认可和遵从决定了社会秩序的形成和政治制度的构建。"①而要达到个体成员对社会诚信道德的认同还是需要必要的教化，这是传统家训给予我们的启示。因为传统家训内涵着教化，正是教化这种渗透于人的生活、渗透于人们灵魂的教育才使诚信文化转化为人们内在的观念，才使社会的诚信要求涵育成个体的品格德性，否则仅靠外部手段是无法进入人的内心世界的，也难以推进社会诚信风气。虽然今天诚信文化的教育已经超越了家庭的范围，成为公共性的行为，但是精神文化的个体化仍然要借助教化的功能来推进。

第三，家庭载体对于诚信教育的意义。

传统家训其形式上就是家庭教育，家庭承载着诚信教育的使命，包括家庭对个人从小就寄予成人成事的道德期望、家庭提供的个体生活的活动空间、家庭提供的亲缘意义上的信赖关系等等，这些都构成了诚信教育的文化条件。柏拉图说："一个人成为什么样的人，从小所受的教育至关重要。每个人最初所受的教育的方向容易决定以后行

① 詹小美、王仕民：《文化认同视域下的政治认同》，《中国社会科学》2013年第9期。

为的性质,感召的力量是不小的。一个人从小所受的教育把他往哪里引导,却能决定他后来往哪里走。”①中国传统社会十分看重家庭道德教育,一方面家庭是社会的基本单位,是国家之基础;另一方面家庭确实是开展诚信道德教育最合适的场所。《颜氏家训》揭示了亲缘信赖是家庭诚信教育有效性的原因:“同言而信,信其所亲;同命而行,行其所服。禁童子之暴道,则师友之诫,不如傅婢之指挥,止凡人之斗阋,则尧舜之道,不如寡妻之诲谕。”②

除此之外,家训不同于学校章程和社会法律,它是以家庭成员为对象的诫言,围绕着个人的修养、家庭的团结和家族的延续论述各种为人处世的道理。因而在对子女“为什么诚信”“如何诚信”等问题的教育时没有高深的说教,更多的是通俗性的教诲和结合生活开展的灵活教育。唐朝房玄龄教育子孙说:“常恐诸子骄侈,席势凌人,乃集古今家诫,书为屏风,令各取一具。”③山西巨商乔映霞根据子孙的不同个性特征,在家中建立“自强不息斋”“一日三省斋”“知不足斋”等房间,营造家庭道德氛围。更重要的是,家庭诚信教育具备终生教育的条件。家庭教育不受时空限制,随时随地都可以进行教育。

现代社会的发展瓦解了传统社会大家族的家庭结构,演变为一个个相对独立的小家庭,三口之家成为今天家庭结构的标志。尽管如此,家庭依然是社会的基本单位,家庭的辈际关系也依然存在。按中国法律的规定,父母承担着抚养和教育子女的责任,其中包括培养子女诚信道德的责任。今天家庭承担诚信文化的教育职责,有助于推动社会诚信的建设。因为父母对子女的诚信教育的前提是,父母必须是诚信观念的接受者、认同者,不然的话,父母则不具有教育子女的资

① 许步曾:《西方思想家论教育》,人民教育出版社,1985,第332、333页。

② 王利器:《颜氏家训集解》(增补本),中华书局,2013,第1页。

③ 许嘉璐:《二十四史全译旧唐书·房玄龄传》,汉语大词典出版社,2004,第1965页。

格。所以父母首先是诚信文化的拥有者，而后才能成为诚信的教育者。当然，今天家庭成员之间在法律上是平等关系，上下辈之间都可能是教育者或被教育者，家训之词更适合被家教、家规、家风等用语所代替，这必将使家庭的诚信教育具有时代新意，从而深化家庭教育的内涵。但无论家庭诚信文化教育的主客体如何变化，家庭的诚信教育必将促成社会诚信之风。

第四，注重实践对于诚信教育的重要意义。

传统家训不仅强调诚信道德的内化，更注重诚信践履的教育。在古人看来，诚信的美德最终应体现在行为上，而不是嘴上说的和纸上写的。诚信实践教育的重要性还在于，诚信美德的育成也要依靠实践的途径予以强固，因而在行动中践履诚信是家训教育的重中之重。家训中诚信实践教育最具价值的当数“身教重于言教”“上行才有下效”等教育者行为示范的教育。也就是说，诚信在于行动不仅仅是对被教育者的要求，更是对教育者的要求。如“家长当以至诚待下”①，“族内长幼尊卑，相待必以诚”②，这是最具信服力的诚信教育。

今天诚信教育之所以成效不大，其中一个原因就在于重知轻行、知行脱节。由于现代知识普及化，加上发达的传媒资讯，人们似乎都知晓诚信的道理，但是如果“知”却未能行则不能算是真正的知，真知在于真行。而诚信教育最大的败笔是教育者缺少行为上示范(教育者的示范才是真正的实践教育)，从而失去诚信教育的可信度，甚至导致伪善的负面教育后果。在传统家训诚信教育实践观面前，当今的诚信教育真的应该好好反思。

---

① 《中国家谱资料选编·家规族约卷》，第 44 页。

② 《中国家谱资料选编·家规族约卷》，第 57 页。

义利之辨与儒家为政之道

陈乔见

《论语·里仁》篇载:"子曰:'君子喻于义,小人喻于利。'"此为孔子千古名言,可谓童叟皆知,妇孺习闻。这也是孔子乃至儒家"义利"之辨最具代表性的论断。这则语录文义晓白,对其理解本应无歧义,然而,事实上却并非如此。

中国经典的传承史上,至少存在着两种比较典型的诠释范式:一以宋代理学家的诠释为代表,可称之为理学诠释或道德学诠释;另一种以汉儒和清儒的解释为代表,则称之为汉学诠释或政治学的诠释。这也是儒学诠释史上"汉宋之争"的一个具体例证。宋学侧重于道德学的诠释而影响深远,至今犹是;汉学偏重政治学的诠释,相对而言暗而不彰,和之者少。因此,笔者将首先论述宋学的诠释,接着转而讨论汉学的诠释,并为政治学的诠释一辩,最后则借助理学家的例证,来说明儒家为政之道的融贯之义。

一、理学诠释:以义利判君子小人

在理学兴起之前,《论语》的传统注疏,如何晏《论语集解》、皇侃《论语义疏》和邢昺《论语疏》等,对孔子"君子喻于义,小人喻于利"这则语录并没有特别的关注,他们重点放在对"喻"字的训诂上(三者皆训"喻"为"晓"也,兹不赘引),其外并无过多的思想义理的阐释。高度重视"义利"之辨和剖判"君子""小人"之别始于理学,具体言之肇始于北宋理学大家二程兄弟。程颢说："天下之事，惟义利而已。"[①]程颐说："义与利，只是个公与私也。"[②]理学的集大成者朱熹断言："义利之说乃儒者第一义。"[③]反对朱子的陆九渊亦说："凡欲为学，当先识义利公私之辨。"[④]由是可见，自二程高扬"义利"之辨，理学家几乎异口同声地有所响应，都视"义利"之辨为儒家首要之义，而对此做出较为系统论述的莫过于朱熹，陆九渊的讲义则堪称经典。因此，下文即以朱、陆两人为例，来论述理学家对孔子"君子喻于义，小人喻于利"的道德学诠释。

朱子《论语集注》注此章云："喻，犹晓也。义者，天理之所宜；利者，人情之所欲。"[⑤]朱子在此以"天理""人欲"来解释"义""利"，表明"理欲"之辨实际上是孔子"义利"之辨的理学化形态。在朱子那里，"人欲"这个概念是贬义的，因为天理为善（是），人欲是恶（非），如朱子说："凡一事便有两端：是底即天理之公，非底乃人欲之私。"[⑥]朱子要求"存天理，灭人欲"便表明这一点——虽然这个命题被误解得面目全非。朱子《集注》又引程子曰："君子之于义，犹小人之于利也。唯其深喻，是以笃好。"以及杨氏曰："君子有舍生而取义者，以利言之，则人之所欲无胜于生，所恶无胜于死，孰肯舍生而取义哉？其所喻者义而已，不知利之为利故也；小人反是。"[⑦]程子把"喻"引申为好，君子好义，小人好利，愈加凸显了君子、小人的人品高下；程门弟子杨时则用孟子舍生取义来阐释君子喻于义，小人则唯利是图，逐利罔义。不难发现，在

---

① 程颢、程颐：《二程集》，中华书局，2004，第124页。

② 程颢、程颐：《二程集》，第176页。

③ 朱熹：《与延平李先生书》，载《朱子全书》第21册，上海古籍出版社、安徽教育出版社，2010，第1082页。

④ 陆九渊：《陆九渊集》，中华书局，1980，第470页。

⑤ 朱熹：《四书章句集注》，中华书局，1983，第73页。

⑥ 黎靖德编：《朱子语类》第1册，中华书局，1986，第225页。

⑦ 朱熹：《四书章句集注》，第73页。

理学家的解释中,“君子”“小人”的道德评价意味十分浓重,实际上是从“喻于义”还是“喻于利”来分判“君子”“小人”两种不同的人格形态。

《集注》而外,朱子与门人对“君子喻于义”章讨论颇详,可以帮助我们比较准确地理解朱子的意思。朱子说:“‘君子喻于义,小人喻于利’,只是一事上。君子于此一事,只见得是义,小人只见得是利。且如有白金遗道中,君子过之,曰:‘此他人物,不可妄取。’小人过之,则便以为利而取之矣。’”又说:“喻义喻利,皆是一事上有两段。”①朱子在此强调“义利”之辨只是在面对一事时的不同选择,君子每遇一事则思量义理,小人每遇一事则思量利害。比如,在面对道路上的财物时,君子遇见便会思量此乃他人之财物,不可妄取,取之即为不义;小人则一心想着利而取之。可见,在面对同一件事时的是非选择便体现了君子、小人的道德品格。朱子又举例说:“且如今做官,须是恁地廉勤。自君子为之,只是道做官合著如此。自小人为之,他只道如此做,可以得人说好,可以求知于人。”②同样是做官勤廉,君子认为这是义理之所当然,合当如此做;而小人则是为了博取他人赞誉。这个例子其实与面对遗失财物的例子有所不同,在彼处,是非善恶从外在行为即可分判;在此处,外在行为是一样的,但动机却有两般。可见,朱子的“义利”(或“理欲”)之辨不仅涉及外在行为的评价,而且也关乎对心术(即动机)的考量。

前举做官勤廉的例子表明,朱子把“义利”之辨在一定意义上等同于孔子所说的“为己”与“为人”之辨。实际上,朱子也确实把二者关联起来,他在训门人时说:“自家今且剖判一个义利。试自睹当自家,今是要求人知?要自为己?孔子曰:‘君子喻于义,小人喻于利。’又曰:

① 朱熹:《朱子全书》第15册,第1005页。
② 朱熹:《朱子全书》第15册,第1006页。

'古之学者为己，今之学者为人。'……大凡为学，且须分个内外，这便是生死路头！今人只一言一动，一步一趋，便有个为义为利在里。从这边便是为义，从那边便是为利。向内便是入圣贤之域，向外便是趋愚不肖之途。"①在朱子的诠释中，凡事皆有"义利"之辨，"为己"便是喻义，由此即可入圣贤之域；"为人"便是喻利，由此即趋向愚不肖（显然是道德义）之途。

不过，应当指出的是，朱子的诠释并不否定正当的个人利益。《朱子语类》卷二十七载：

> 问："'君子喻于义'。义者，天理之所宜，凡事只看道理之所宜为，不顾己私。利者，人情之所欲得，凡事只任私意，但取其便于己则为之，不复顾道理如何。"曰："义利也未消说得如此重。义利犹头尾然。义者，宜也。君子见得这事合当如此，却那事合当如彼，但裁处其宜而为之，则何不利之有。君子只理会义，下一截利处更不理会。小人只理会下一截利，更不理会上一截义。盖是君子之心虚明洞彻，见得义分明。小人只管计较利，虽丝毫底利，也自理会得。"②

弟子所问及其对此章的理解，应当说基本符合朱子的意思。但是，朱子补充说"未消说得如此重"，朱子解释说，义利犹头尾上下两截，君子只是理会头（即上一截义），当做不当做，然后裁宜为之，则利自在其中；小人则只是计较尾（即下一截利），不理会上一截义。总之，君子理会义理而利自在其中，小人则只理会利而罔顾义理。由是可知，朱子所谓"不消说得如此重"，乃是就弟子所谓君子"不顾己利"而言。可见，朱子的"义利"诠释并不是否定己利。

---

① 朱熹：《朱子全书》第18册，第2758页。

② 朱熹：《朱子全书》第15册，第1004、1005页。

“朱、陆之辩”是南宋理学史上一大公案，但二者对孔子此章的理解则无甚区别。纵观理学史，朱子而外，对“君子喻于义”章的解读最有影响的莫过于陆九渊。朱子知南康军时，邀请陆九渊到白鹿洞书院讲习，陆子所讲正是“君子喻于义，小人喻于利”一章，他说：

> 此章以义利判君子小人，辞旨晓白，然读之者苟不切己观省，亦恐未能有益也。某平日读此，不无所感：窃谓学者于此，当辨其志。人之所喻由其所习，所习由其所志。志乎义，则所习者必在于义；所习在义，斯喻于义矣。志乎利，则所习者必在于利；所习在利，斯喻于利矣。故学者之志不可不辨也。[①]

陆子以“志”“习”释“喻”，“志”与志向与动机有关，“习”与实践与习惯有关，志向和动机决定了我们的实践，并由此养成我们的习惯。陆子随后以士子参加科举考试为例进一步阐明此章义理，士子参加科举考试在所难免，其“志”却有所分别：有的整日埋头圣贤之书，志向与动机却盯在将来有可能的高官厚禄；有的则平日就专志乎义，科考则道圣人之学，出仕则尽职恪守，为官则关心国家黎民。陆子的讲演非常成功，“听者莫不悚然动心”，盖在于他能够联系实际，“有以切中学者隐微深痼之病”。[②] 陆子从志向与动机上来分判君子小人，也是把“君子”解作道德高尚之人，“小人”解作道德卑劣之人。

实际上，从心理动机（心术）来审视行为的道德与否或人物的境界高下，这是理学家的共法。如前所言，理学家把“义利”之辨与“公私”之辨勾连在一起，几乎等同。但是，他们理解“公”与“私”不完全是从公共利益与私人利益的区分来看待，而主要系从道德动机与精神境界

① 陆九渊：《陆九渊集》，第 275 页。

② 陆九渊：《陆九渊集》，第 276 页。

上来区别。如二程说："虽公天下事，若用私意为之，便是私。"[1]"人才有意于为公，便是私心。"[2]二程此论似乃针对王安石变法而言，后遂成理学家共法，如陆九渊亦说："若有意为之，便是私。"[3]表面为公（如为天下事），但暗地里却羼杂私意，这无疑是私，因为这是以公谋私或公器私用等等。理学家则更进一步，即便吾人有意为公且这个"意"不是私意而是善意诚意，这也是有我之私的表现，属于程颢《定性书》所谓的"自私而用智"，"自私则不能以有为为应迹，用智则不能以明觉为自然"。可见，理学家所追求的不仅仅是道德世界的有我之境，而是进而希冀臻至《定性书》所谓"廓然而大公，物来而顺应"的"内外两忘"的无我之境。[4] 前者体现了行为选择的自觉与自愿，后者则上升到自然。

综上所述，理学家是从道德学的视域来诠释"君子喻于义，小人喻于利"，他们是从道德人品与精神境界来理解"君子""小人"的，又把"义利"之辨等同于"公私"之辨，而"公私"之辨主要是从动机（心术）上看，这就是把"义利公私"之辨等同于诚伪邪正之辨，朱子《答陈同甫》的一句话在此颇具代表性："尝谓'天理''人欲'二字，不必求之于古今王伯之迹，但反之于吾心义利邪正之间。"[5]明代理学家亦大都从心术角度辨析义利和剖判君子小人，如潭俊说："君子喻于义，义其心也；小人喻于利，利其心也。方其未形于事，初未有义利之可言，而且为体固已判矣。"[6]可见，理学家的"义利"之辨是限于主体一己之内（心术）而展开的，实际上是以"喻义"还是"喻利"来区分道德人品的高下，而不是辨析君子与小人之主体间性的关系。

---

① 程颢、程颐：《二程集》，第 77 页。
② 程颢、程颐：《二程集》，第 192 页。
③ 陆九渊：《陆九渊集》，第 468 页。
④ 程颢、程颐：《二程集》，第 460、461 页。
⑤ 朱熹：《朱子全书》，第 21 册，第 1582 页。
⑥ 黄宗羲：《明儒学案》下册，中华书局，2008，第 1149 页。

二、汉学诠释：义利关乎公平正义

如前所析，理学家的诠释是以“喻于义”还是“喻于利”来分判道德人品之高下，喻于义者为高为君子，喻于利者为下为小人，重点落在“喻义”“喻利”，故有“义利”之辨乃儒家第一义之说。与此不同，汉儒和清儒从位（政治地位）的角度来理解“君子”“小人”，君子就是在位者、为政者、食禄者，在春秋时代主要是卿大夫，小人即庶民、小民，他们着眼的是“君子”与“小人”之间的关系问题，具体而言就是在位者与庶民之间（或者用阶级分析法的话语讲就是“统治者与被统治者之间”）的分配正义问题。

西汉大儒董仲舒在上汉武帝的《天人三策》中有一段议论，后来常为清儒所征引以说明“君子喻于义，小人喻于利”之古义，值得大段引用如下：

> 夫天亦有所分予，予之齿者去其角，傅其翼者两其足，是所受大者不得取小也。古之所予禄者，不食于力，不动于末，是亦受大者不得取小，与天同意者也。夫已受大，又取小，天不能足，而况人乎！此民之所以嚣嚣苦不足也。身宠而载高位，家温而食厚禄，因乘富贵之资力，以与民争利于下，民安能如之哉！……故受禄之家，食禄而已，不与民争业，然后利可均布，而民可家足。此上天之理，而亦太古之道，天子之所宜法以为制，大夫之所当循以为行也。故公仪子相鲁，之其家见织帛，怒而出其妻，食于舍而茹葵，愠而拔其葵，曰：“吾已食禄，又夺园夫红女利乎！”古之贤人君子在列位者皆如是。……夫皇皇求财利常恐乏匮者，庶人之意也；皇皇求仁义常恐不能化民者，大夫之意也。《易》曰：“负且乘，致寇至。”乘车者君子之位也，负担者小人之事也，此

言居君子之位而为庶人之行者，其患祸必至也。若居君子之位，当君子之行，则舍公仪休之相鲁，亡可为者矣。(《汉书·董仲舒传》)

董子此段重点阐述统治者(在位者、食禄者)与民的关系。首先，董子从天道的角度来说明人各有分，受大者不得取于小；因此，身居高位食禄者不得再制产业，以与下民争利，这样利可均布，即达到大致公正的分配。接着，他援引鲁国宰相公仪子的典故来说明此番道理。公仪子的妻子在家织帛种葵，公仪子怒而休其妻，因为公仪子认为既然我身为宰相，已经领受国家俸禄，我的家人就不能再从事产业与民争利，他认为其妻子的行为就是夺园夫、红女之利。最后，董子得出结论："夫皇皇求财利常恐乏匮者，庶人之意也；皇皇求仁义常恐不能化民者，大夫之意也。"诚如后来清儒再称引此语时所言，董子此语实际上是对孔子"君子喻于义，小人喻于利"的注解，意谓庶人之所作为就是为了追求财利以养家活命，而卿大夫则应当晓喻仁义以化民成俗。这实际上肯定了庶民求利的合理性，意在抑制在位者和食禄者乘富贵之势夺民之利。

东汉遍注群经的大儒郑玄也持同样的观点。《诗经·大雅·瞻卬》："如贾三倍，君子是识。妇无公事，休其蚕职。"郑玄《笺》云："识，知也。贾物而有三倍之利者，小人所宜知也。君子反知之，非其宜也。今妇人休其蚕桑织纴之职而与朝廷之事，其为非宜，亦犹是也。孔子曰：'君子喻于义，小人喻于利。'"①郑玄笺注此诗认为，小人(即小民)宜知晓市价，这非在位的君子所宜知，然后明确引用孔子此语来佐证。董子和郑玄的说法，应该说反映了两汉经生对孔子"君子喻于义，小人

---

① 毛亨传、郑玄笺、孔颖达疏，陆德明音释：《毛诗注疏》(下)，上海古籍出版社，2013，第1849页。

喻于利”的理解，都是从“位”（阶层）的角度来理解君子、小人的。按照清儒“汉人去古未远，其所见多古字，其习谈多古音，故其所训诂要于本旨为近，虽有失焉者寡矣”①的说法，董子和郑玄的解释当属孔子古义。

有清一代学者多反理学，他们经常往上追溯到汉代经生的解释，以此来论证理学家的错误。由于理学家颇为重视孔子的“义利”之辨，反对理学的清儒对此章自然不会置之不理，所以，我们发现，清儒有不少对此章的专门解读，要皆在反对理学家的道德学诠释。清代中叶扬州通儒焦循（1763—1820）在《雕菰集》卷九《君子喻于义小人喻于利解》云：

> “古者虽王公士大夫之子孙，不能属于礼义，则归之庶人；虽庶人之子孙，积文学、正身行，能属于礼义，则归之卿士大夫。”（《荀子·王制篇》。）卿士大夫，君子也；庶人，小人也。贵贱以礼义分，故君子、小人以贵贱言，即以能礼义不能礼义言。能礼义故喻于义，不能礼义故喻于利。“无恒产而有恒心者，惟士为能”，君子喻于义也。“若民则无恒产，因无恒心”，小人喻于利也。惟小人喻于利，则治小人者必因民之所利而利之，故《易》以君子孚乎小人为利。君子能孚乎小人，而后小人乃化于君子。此教必本于富，驱而之善，必使仰足事父母，俯足畜妻子。儒者知义利之辨，而舍利不言，可以守己，而不可以治天下。天下不能皆为君子，则舍利不可以治天下之小人。小人利而后可义。君子以利天下为义。是故利在已，虽义亦利也；利在天下，即利即义也。孔子言此，正欲君子之治小人者知小人喻于利。②

---

① 卢文弨:《九经古义序》，载《抱经堂文集》，中华书局，1990，第1849页。

② 焦循:《雕菰集》，见阮亨辑《文选楼丛书》第5册，广陵书社，2011，第2486页。

焦循明确认为荀子所谓卿大夫就是孔子所谓君子,荀子所谓庶人就是孔子所谓小人。然后又认为孟子所谓无恒产而有恒心的士即君子,无恒产则无恒心的民即小人。正因为小人(民)无恒产则无恒心,故为政者应当"必因民之所利而利之"。焦循批评后儒(理学家)严"义利"之辨而舍利不言,这可以"守己",而不可以治天下。这个批评无疑击中了理学家的要害。在焦循看来,小人(民)只有在基本利益得到满足,然后才可以为义("小人利而后可义"),君子(为政者)则应当以利天下万民为义("君子以利天下为义")——这是以天下万民之利这一普遍功利或善好后果来界定道德上的义与不义,这显然更为接近西方所谓功利主义或后果论,而远离了理学家所接近的道义论(请回想下前文所引理学家所谓"有意为公亦是私"的观点)。焦循认为孔子此语,正是要告诫为政者治理小民时要知晓小民喻于利。焦循的诠释无疑也是高度肯定小民求利的合理性,而所谓的"义"即是天下万民利益的普遍实现("利在天下,即利即义也")。

俞樾(1821—1907)《群经平议·论语·君子喻于义小人喻于利》云:

> 樾谨按,古书言君子小人大都以位而言。上文"君子之于天下也,无适也,无莫也,义之与比",《白虎通·号》篇曰:"君之与臣,无适无莫,义之与比。"是汉世师说如此,后儒专以人品言君子小人,非古义矣。《汉书·杨恽传》引董生之言曰:"明明求仁义常恐不能化民者,卿大夫之意也;明明求财利常恐困乏者,庶人之事也。"数语乃此章之确解。《尔雅·释训》:"明明,察也。"明明求仁义即所谓喻于义也;明明求财利即所谓喻于利也。此殆七十子相传之绪论而董子述之耳。《董仲舒传》"明明"作"皇皇",盖声近而义通。《国语·越语》"天道皇皇",韦注曰:"皇皇,著名也",是皇

皇即明明也。[①]

俞樾的重点在于指出，古书所谓“君子”“小人”大都以位而言，后儒专以人品分君子小人并非古义。然后他引用董仲舒“明明求仁义常恐不能化民者，卿大夫之意也；明明求财利常恐困乏者，庶人之事也”之言，认为这是“君子喻于义，小人喻于利”之确解，是七十子相传之古义而董子述之。此外，董仲舒《春秋繁露·身之养重于义》“今利之小人而义之于大人者，无怪民之趋利而不趋义也，固其所暗也”。清人苏舆《春秋繁露义证》云：“孔子曰：‘君子喻于义，小人喻于利’，以其所见之大小异也。君子谓士夫，小人谓民。”刘宝楠《论语正义》为清儒注《论语》之代表作，他注孔子此章亦采纳汉人董仲舒和郑玄的解释：“如郑氏说，则《论语》此章盖为卿大夫之专利者而发，君子、小人以位言。”[②]

综上所述，根据汉儒董仲舒和郑玄以及清儒的理解，《论语》“君子喻于义，小人喻于利”章与其说是对利的一概否定，毋宁说是高度肯定小民庶民（小人）逐利的合理性（不言而喻是以正当的方式），从而要求为政者必须因民之所利而利之，从而达到天下万民利益的普遍实现这一大致公正的财富分配；意在防止在位者和食禄者乘富贵权势从事经营活动，与民争利，夺民之利，从而造成富者愈富、贫者愈贫的两极分化。

三、儒家为政理念：因民之所利而利之

宋学的解释影响深远，深入人心；汉学的解释较少有人留意，和之者少。身处清末民初的程树德撰《论语集释》，资料收罗甚广，并摘要引及前文所述俞樾、焦循的解释，但他有一按语：“近代注《论语》者多

① 俞樾：《群经平议》，见王先谦编《清经解·清经解续编》第12册，卷一三九一，上海书店出版社，2014，第1201页。

② 刘宝楠：《论语正义》（上），中华书局，1990，第154页。

采此说，如刘逢禄《论语述何》、刘宝楠《论语正义》其一例也，实则尚不如旧说之善。”[①]程氏这里的“旧说”即以朱子《集注》为代表的理学家的解释，非两汉古义，但他并未对此论断给出理由。今人钱穆《论语新解》云：“君子于事必辨其是非，小人于事必计其利害。用心不同，故其所晓了亦异。”钱穆在“或说”中又提及清儒据董子之说的解释，但他认为“本章自有通义，而又何必拘守董氏之言以为解”[②]。杨伯峻《论语译注》云：“君子懂得的是义，小人懂得的是利。”杨氏也提及汉宋对此章的不同诠释，然他亦云董仲舒之言“只能看作这一语的汉代经师的注解，不必过信”[③]。程树德、钱穆、杨伯峻兼采汉宋三大家在此章的解释时，都明确表态支持宋学，或以为汉学之诠释反不如宋学之诠释，或直言不必过信汉学，可见理学家之道德学诠释的影响力甚大。

然而，笔者要为汉学的政治学诠释做一辩护，主要理由有二：其一是如清儒所指出，“君子”“小人”古书多以位言；其二，汉学的解释与《论语》全书的义理更为融贯，无自相抵牾之处。

我们先论第一点。“君子”“小人”在春秋时代及其以前多以位言，《诗经》和今文《尚书》中“君子”“小人”对举皆以位言。如《诗·小雅·采薇》：“君子所依，小人所腓。”朱子《诗集传》：“言戎车者，将帅之所依乘，戍役之所茈倚。”《小雅·节南山》：“弗躬弗亲，庶民弗信。弗问弗仕，勿罔君子。式夷式已，无小人殆。”朱子《诗集传》：“君子，指王也。”《小雅·大东》：“君子所履，小人所视。”朱子《诗集传》：“君子，在位。”“小人，下民也。”《小雅·角弓》：“君子有徽猷，小人与属。”朱子《诗集传》：“苟王有美道，则小人将反为善以附之。”[④]由是可知，即便是强调

① 程树德：《论语集释》（上），中华书局，2013，第310页。
② 钱穆：《论语新解》，生活·读书·新知三联书店，2005，第100页。
③ 杨伯峻：《论语译注》，中华书局，1980，第39页。
④ 以上《诗集传》四条引文分别见《朱子全书》第1册，第553、585、613、641页。

从道德品格与精神境界来区分“君子”“小人”的朱子，在给《诗经》中的“君子”“小人”作注时，也不能把自己的见解强加给原文，而只能根据诗意把它们理解为地位的差别。在这里，君子即在位者，如王或将帅等，小人即庶民、下民或戍役等。较为可信的今文《尚书》中“君子”“小人”对举仅一见。《尚书·周书·无逸》：“呜呼！君子所其无逸，先知稼穑之艰难，乃逸，则知小人之依。相小人，厥父母勤劳稼穑，厥子乃不知稼穑之艰难，乃逸乃谚。”郑玄注：“君子，止谓在官长者所犹处也。君子处位为政，其无自逸豫也。”孔颖达疏：“君子者，言其可以君正上位，子爱下民，有德则称之，不限贵贱。”①郑玄认为君子就是在位者。孔颖达虽然认为君子小人不以贵贱言，但也认为君子是有德而在位者。《左传》中“君子”“小人”对举也基本是以位言。《左传》宣公十二年：“君子小人，物有服章，贵有常尊，贱有等威，礼不逆矣。”襄公九年：“君子劳心，小人劳力，先王之制也。”襄公十三年：“世之治也，君子尚能而让其下，小人农力以事其上，是以上下有礼。”很明显，这都是从地位差别而言君子、小人。

可以肯定的是，在“君子”“小人”以“位”向“德”的转变过程中，孔子起了重要的作用。《论语》中“君子”“小人”对举十分常见，凡十九章，如何理解不可一概而论，有的从“位”的角度理解比较恰当，有的从“德”的角度理解比较贴切，有的则两者若兼而有之。这一则体现了语义转变时期的特征，一则也是儒家义理所决定，因为儒家认为“惟仁者宜在高位”，有德者方能配其位。笔者以为，除了我们所讨论的这一句外，《论语》中至少以下几例当“以位言”来理解，更为贴切，兹胪列如下：

君子怀德，小人怀土；君子怀刑，小人怀惠。（《里仁》）

---

① 孔安国传、孔颖达疏：《尚书正义》，上海古籍出版社，2007，第629页。

女为君子儒，无为小人儒。（《雍也》）

君子之德风，小人之德草。（《颜渊》）

君子不可小知，而可大受也；小人不可大受，而可小知也。（《卫灵公》）

君子学道则爱人，小人学道则易使也。（《阳货》）

君子有勇而无义为乱，小人有勇而无义为盗。（《阳货》）

俞樾《群经平议》对《论语》中三处君子、小人并举做过解释，其中一处即上文所论“君子喻于义”章，另外两章为“君子怀德”章和“女为君子儒”章。关于前者，俞樾说：“此章之意，自来失之。君子谓在上者，小人谓民也。怀，归也。”①关于后者，俞樾先引孔安国注曰：“君子为儒，将以明道；小人为儒，则矜其名。”然后续云：“樾谨按，以人品为君子小人，则君子有儒，小人无儒矣，非古义也。‘君子儒’‘小人儒’，疑当时有此名目，所谓‘小人儒’者犹云‘先进于礼乐，野人也’，所谓‘君子儒’者犹云‘后进于礼乐，君子也’，古人之辞，凡都邑之士谓之君子。”笔者完全赞同俞氏之论尤其是他所谓“小人则无儒”的说法，进而，笔者所列其余四章中的“君子”“小人”皆当以位言方说得通，其他语录因与主题无关，兹不赘述。

我们再看第二点。如果我们采取理学家的解释，即从人品上剖判君子小人，则喻于利即为人品卑劣之小人。这与《论语》中的一些语录明显冲突，孔子曾毫不掩饰地宣称：“富而可求也，虽执鞭之士，吾亦为之。”（《论语·述而》他也曾明确肯定“富与贵，是人之欲也”，但是，“不以其道得之，不处也”。《论语·里仁》）孔子的“义利”之辨表达得很清楚，即“见利思义”“义然后取”（《论语·宪问》），换言之，对利的追逐应当符合道义，而非一概否定逐利。如前所析，理学家的“义利”之辨亦

① 王先谦：《清经解·清经解续编》第12册，卷一三九一，第1201页。

并非如世人所想象的那样一概否定利(即便是个人利益),但是,他们从人品上解释"君子喻于义,小人喻于利"确实形塑了社会上羞言利的这样一种道德氛围,因为一旦言利就唯恐堕入道德卑劣之人小行列。

笔者为汉儒和清儒的解释进行辩护,认为他们的诠释可能更为符合孔子原义,这并不表明我认为理学家的诠释完全是错误的。毋庸置疑,理学家的诠释从另一个角度深化了孔子的思想,但其流弊亦不必为之讳言。进而,借助个别理学家的观点,我们可以寻找到汉宋两种不同诠释的融贯之义。元代理学先驱许衡即是最好的例证。《元史·列传第四十五·许衡》载:许衡"往来河、洛间,从柳城姚枢得伊洛程氏及新安朱氏书,益有大得"[①]。可知许衡学问远绍程朱理学。本传又载:"言动必揆诸义然后发。尝暑中过河阳,渴甚,道有梨,众争取啖之,衡独危坐树下自若。或问之,曰:'非其有而取之,不可也。'人曰:'世乱,此无主。'曰:'梨无主,吾心独无主乎?'"[②]许衡"义不摘梨"的故事,与前引朱子所举人们在面对"白金遗道"时喻义、喻利的区分有异曲同工之妙,很显然,许衡便是在此理学道德氛围下成长的,而且在少年时代便已完全内化为自己的德性。本传又载:"人有所遗,一毫弗义弗受也。……庭有果熟烂堕地,童子过之,亦不睨视而去,其家人化之如此。"[③]可知许衡不仅自身严守宋儒所谓"义利"之辨,亦以此教化家人。但是,当他做了元朝高官,有机会为政时,他并不对小老百姓唱道德高论,而是要求当政者多为百姓谋利,许衡上皇帝疏云:

> 臣闻天下有大利,非聚敛财货之谓也。《乾》之四德曰利,此谓生之遂也。故以利为本,此谓性之顺也。圣人遂万物之生,顺万物之情,故能致天下之大利。后世遂一己之生,顺一己之情,故

① 宋濂等撰:《元史》第12册,中华书局,1976年,第3717页。
② 宋濂等撰:《元史》第12册,第3716、3717页。
③ 宋濂等撰:《元史》第12册,第3717页。

能致天下之大害。利之善恶，于此判矣。子曰“君子喻于义”，盖物得其宜，则无不利，故曰“利者，义之和”。子曰“小人喻于利”，盖喻于利而无义，则害于人，故曰“放于利而行，多怨”。后世学者不识天下之大利而耻言之，故曰利者悉归于小人。以小人而谋利，未有不为天下国家之祸者也。臣以为谋利者莫如君子，盖君子不以利为利，以义为利也。惟君子之喻于义也，必损上以益下，蠲无名之征，罢不正之供，节用度，减浮食，国家若不足于调度，然而土地辟，田野治，年谷丰登，盖藏充溢，人民繁阜，鸟兽草木咸若，以此观之，谓之国贫，可乎？惟小人之喻于利也，必剥下以奉上，急暴横之征，创苛虐之敛，仓廪实，府库充，国家若足于用度矣，然而土地日削，田野荒芜，水旱相仍，闾里愁叹，人民冻馁，兄弟妻子离散，以此观之，谓之国富，可乎？[①]

许衡在此结合《易传》所谓“利者义之和”和《大学》所谓“国不以利为利，以义为利也”的义利观，对孔子“君子喻于义，小人喻于利”做出了更为合理和融贯的理解。他对“君子”“小人”的理解是理学式的，即从道德人品来区分。如前所言，妇孺皆知的许衡“义不摘梨”的故事与朱子所举“拾金不昧”的例子亦相得益彰，从一件小事上表明许衡深受理学的熏陶。但是，许衡并不如理学家那样羞言利而把言利者悉归于小人行列，他明确说“谋利者莫如君子”，因为君子不以利为利，而是以义为利。如果君子主政，通晓义理，他必“损上益下”，轻徭役，薄赋敛。这里的“上”也就是汉儒和清儒所理解的“君子”，所谓“下”则是他们所理解的“小人”，而许衡所理解的“义”的实质便是天下万民之利。所以，真正道德高尚即“喻于义”的君子主政，他必然不会与民争利。

如此，无论是汉学的诠释还是宋学的诠释，在肯定“小人（庶民）求

① 许衡：《许衡集》上册，中华书局，2019，第287、288页。

利的合理性”、为政者必“因民之所利而利之”以及在位者和食禄者“毋与民争利”这些为政理念上，两者融合无间。这三条的核心无疑是“因民之所利而利之”，这亦是孔子所谓“从政”的“五美”之一（见《论语·子张》），因为这个理念自然就包含了对庶民利益之合理性的肯定以及要求官府毋与民争利这两点。这本是儒家政治理念的一贯之道，只不过理学家对“义利”之辨的诠释关注点不在此，但并不表明他们不认同此理念，所以在深受理学影响的许衡这里，稍微一转语，便可得出儒家此治国理政的一以贯之的理念，从而与汉儒和清儒的诠释相一致。显然，孔子“义利”之辨所蕴含的此种一以贯之的儒家政治理念在现时代更具有实践的意义。

德治主义：儒家仁政的价值导向

黄　勇

如何维系群体生活的安定与和谐，抑或如何管理国家，是人类面临的一个永恒的课题。考察古今中外的治国之道，除德治、法治和宗教外，尚无其他途径。

中国自古有“以仁待人，以德治世”的传统，孔子提出的“为政以德”开儒家德治主义之先河，后经孟子、荀子的扩充，《大学》《中庸》的提升，形成了治国理政的系统主张，其基本要点就是以民为本、导德齐礼、选贤任能、修己行仁。自西汉后，儒家德治主义主张成为治国治世的主导思想，由于人道仁政在实际的政治活动中未能获得真正的尊崇和肯定，而蜕变为“外儒内法”的格局。

在当今工业生产高度发达和物质竞争激烈的时代，儒家德治主义虽不能直接作为治国之道，但作为一种思想体系仍具有潜在的资源价值：它为今人修身治国提供思想启迪和管理智慧。

一、德治主义的思想渊源及其形成

德，是研究先秦宗教、政治、哲学、伦理等诸领域皆不能回避的重要范畴。

什么是德？要解答这个问题，应从德的原始意义开始。追溯德的起源可从文献资料入手，因为甲骨文资料虽为最早的文字资料，但其主要是反映殷商社会时期的观念，如要考察殷商以前德之观念，则只能依据商周的文献资料。在文献资料中往往保存有原始思想的孑遗。

《左传·襄公二十四年》:"太上有主德,其次有主功,其次有主言";《左传·僖公二十四年》:"太上以德抚民,其次亲亲以相及也";《韩非子·五蠹》:"上古竞于道德,中世逐于智谋,当今争于气力";《韩非子·八说》:"古人亟于德,中世逐于智,当今争于力"。"太上""上古""古人"均指远古时代,这里为后人勾画了一个以德为宗旨的上古时代。以上文献所言之德,既非西周克配天命之德,亦非后世之道德,可理解为德之初义,即原始社会所崇拜的图腾。《国语·晋语》载司空季子语曰:"黄帝以姬水成,炎帝以姜水成,成而异德,故黄帝为姬,炎帝为姜。二帝用师以相济也,异德之故也。异姓则异德,异德则异类。异类虽近,男女相及,以生民也。同姓则同德,同德则同心,同心则同志,同志虽远,男女不相及,畏黩敬也。"在此,司空季子把德、姓、类相提并论,而且同德同姓同类男女不可通婚,异德异姓异类男女则可通婚。因此具有了不同的生、性、姓、德。《庄子·天地》"物得以生谓之德";《淮南子·齐物训》:"得其天性谓之德";《周易·系辞》:"天地之大德曰生",皆使用德之初义。

德,最初当为同一氏族的全体成员所共有,但由于权力的集中,图腾的父系化、个人化,逐步由氏族全体成员所共有而转化为氏族部落首领所独有。当中国进入文明之初,德则由氏族部落首领演化来的人王独享。《尚书》中所见"桀德""舜德""文王德"等就是最好的例证。

周人不仅将获得和占有奴隶、财富称之为"德",而且把获得天下的方法、才能、品德等主观因素也称之为"德",认为有了这种"德",就能获取"中国民"与"疆土",就能"永保民"而"至于万年",从而提出了"修德配命""敬德保民"的思想,至此,"德"也就获得了道德的意义。

"修德配命"的目的是获得"厥邦厥民",也叫"敬德保民"。周人从对殷灭亡的经验教训中认识到"敬德"对"保民"的重要性,"厥邦厥民"是上天根据周先王之德所赋,而要维系巩固对民的治理,也必须"王惟德用”。“天命”——“敬德”——“保民”三者相统一，其中的关键一环是“敬德”。周人的“敬德”包括三个方面的内容。一是对祖，即“明德恤祀”。“恤祀”就是谨慎地祭祀先祖和上天，不仅要严格遵守祭祀的仪式礼节，而且要对先祖、上天持有恭敬之心。二是对己，即治者要加强自身的品德修养。这种修养包括修明品德、安定心思，检查德行，深谋远虑，还包括善良仁慈、和蔼恭谨、爱护小民、惠善鳏寡、勤奋政事，从而使民安宁。三是对民，其主要内容是“惠”民。“惠”民一指惠于庶民；二指对民进行“训告”“教诲”；三指“明德慎罚”。周人关于“敬德”的三个方面和治民的三条政德，对后世产生了深远的影响，成为儒家德治主义的思想来源；周人对德，尤其是对君德、政德作用的认识，无疑已经具备了后来儒家所主张的意义，即具备了后来儒家所主张的德治主义的雏形。

随着宗法道德规范趋于系统化和理论化，以及对道德生活认识的深化，春秋时期关于“德”的概念较西周有进一步的发展，不仅把王者“克明德”的“德”明确地表述为“政德”，而且把各个具体的宗法道德规范和个人的品德也概括为“德”。《左传·昭公四年》载：晋平公自以为晋国地险、马多，且齐楚多难，认为持此三者，晋“何敌之有！”司马侯说：“恃险与马而虞邻国之难，是三殆也。……恃此三者而不修政德，亡于不暇，又何能济？”认为国之兴亡，不在于客观条件，而在于君主能否“修政德”。所谓“政德”就是后来孔子说的“为政以德”，是对殷周以来管理经验的一种总结，指治者本身的道德要求和具有道德形式的管理策略、方法。这是春秋时期“德”的内容之一。《左传·文公十八年》载鲁太史克语：“孝、敬、忠、信为吉德；盗、贼、藏、奸为凶德。”这实际上是把宗法道德概括为“吉德”，而把违反宗法道德的行为概括为“凶德”。这样，“德”成了评判善、恶的最一般的道德范畴，显然是对以往“德”字的进一步抽象，因而其内容也更为丰富。不过，“德”的含义一般是指“吉德”，与善同义，其主要内容是宗法道德。

“德”既然是对宗法道德的概括，因此，它与“礼”有着本质的联系。鲁太史克在论述“德”时又说：“先君周公制周礼曰：则以观德，德以处事，事以度功，功以食民。”①也就是说，德以礼为法则。晋赵衰明确指出：“礼乐，德之则也。”②“德”实际上就是合于礼的行为规范，是礼的道德体现，“德”也就成了维护礼制的道德保障。《左传·僖公十一年》说：“礼，国之干也；敬，礼之舆也。不敬则礼不行，礼不行则上下昏，何以长也？”《左传·昭公二年》也说：“忠信，礼之器也，卑让，礼之宗也。”舆与器同义，宗即根据。这就是说，没有敬、忠、信之德，礼就不能实行；没有卑让之德，礼就失去了实行的根据。总之，礼引出德，德维护礼，正由于德与礼有这样的关系，从而规定了“德”对于治国安邦所特有的社会作用。春秋时期所说的礼主要是“周礼”，是诸侯国君用以“经国家，立社稷，序民人，利后嗣”③的宗法等级制度。所以，“礼，国之干也”，“政之舆也”④，是“所以守其国，行其政令，无失其民者也。”⑤于是，作为维护礼制的“德”也就成了国家得以安治的基本条件。鲁太史克说：“父义、母慈、兄友、弟恭、子孝，内平外成。”⑥其意思是说，有了德，内可以平安，外可以睦邻。子产概括说：“德，国家之基也。”⑦

春秋时期关于道德作用的这种认识，显然是对西周“敬德保民”思想的发展。它揭示了德与礼的本质关系，从而阐发了宗法道德所固有的政治作用，把对宗法道德的认识提到了一个新的理论高度，并给以

① 《左传·文公十八年》。
② 《左传·僖公二十七年》。
③ 《左传·隐公十一年》。
④ 《左传·襄公二十二年》。
⑤ 《左传·昭公四年》。
⑥ 《左传·文公十六年》。
⑦ 《左传·襄公二十四年》。

后的儒家的德治主义以直接、深刻的影响。

如果说礼与法或德治与法治之争在春秋时期始见端倪，那么，到战国时期则成为政治伦理思想论争的中心问题，在论争中，儒家的态度和主张都十分鲜明，即“为政在人”“为政以德”。儒家的创始人孔子是德治主义的首创者。孔子的德治主义思想主要包含三个方面：一是强调治者的道德表率作用，即“其身正，不令而行；其身不正，虽令不从。”①治者的品质德行是治国的根本，治者的道德表率和楷模作用远远超过建立法制的功效。二是选拔德才兼备之人，鲁哀公曾问政于孔子，如何使天下百姓归顺？孔子答道：“举直错诸枉则民服，举枉错诸则民不服。”②三，孔子主张对百姓先进行道德教化，教化无效再用刑罚制裁，反对不教而杀，“不教而杀谓之虐”③。孔子提出的这些论点，为儒家的德治主义奠定了思想基础。

孟子继承了孔子的德治主义思想，系统地阐发了仁政观，使德治主义趋于完备。孟子对德治的论述可以归为以下几个层面：一是仁政与民众的关系。孟子认为，君主要治理天下，必须施仁政，“以不忍人之心，行不忍人之政”。④ 民心悦服，国家就容易治理。二是仁政与国家的关系。孟子总结历史上的教训，认为行仁政者得天下，不行仁政者失天下。“以德行仁者王”⑤“天子不仁，不保四海；诸侯不仁，不保社稷。”⑥国家的废兴存亡就在于行仁政，“三代之得天下也以仁，其失天下也以不仁。国之所以废兴存亡者亦然。”⑦三是恒产与人伦的

---

① 《论语·子路》。

② 《论语·为政》。

③ 《论语·尧曰》。

④ 《孟子·公孙丑上》。

⑤ 同上。

⑥ 《孟子·离娄上》。

⑦ 同上。

关系。孟子认为推行仁政的首要政务是使百姓有固定的产业，改善人民的经济生活，再进行道德教化。他说："有恒产者有恒心，无恒产者无恒心。苟无恒心，放辟邪侈无不为已。及陷乎罪然后从而刑之，是罔民也。焉有仁人在位，罔民而可为也。"[①]在民众富足基础上，"设为庠序学校以教之……皆所以明人伦也。人伦明于上，小民亲于下，有王者起，必来取法，是为王者师也。"[②]这也是对孔子提出"富而后教"的阐发。孟子的德治主义思想遵循行仁政——得民心——得天下的思想脉络，认为君主行仁政，就可以得民心，得民心就可以得天下。对"民心"的重视，是孟子德治主义思想的精髓所在。他看到了"民心"向背的重大作用，并从肯定民心向背的作用出发，提出了一系列著名的命题："天时不如地利，地利不如人和。"[③]"得道者多助，失道者寡助。"[④]"民为贵，社稷次之，君为轻。是故得乎丘民而为天子。"[⑤]由此，孟子得出了"仁者无敌"的结论。孟子结合时代的特点，对孔子的德治主义思想进行系统的阐发，从而使德治主义思想趋于完备。

儒家德治主义思想经孔孟的提出和阐发，已形成了系列主张，但还未理论化和系统化。《大学》则把道德与政治融为一体，比较全面地总结了先秦儒家关于道德修养、道德作用及其与治国平天下关系的主张，集中地体现了儒家德治主义的思想。"大学"原意是指王公贵族子弟的学校，朱熹称为"大人之学"，也就是培养治者的学校。所谓"大学之道"，即治者的治国之道，其具体内容就是"三纲领"和"八条目"。"三纲领"在《大学》中为："大学之道，在明明德，在亲民，在止于至善。"三纲领的关系首先是"明明德"，然后用"明德"教化百姓，最终使君臣

---

① 《孟子·滕文公上》。
② 同上。
③ 《孟子·公孙丑上》。
④ 同上。
⑤ 《孟子·尽心下》。

父子都处于“至善”。《大学》总结说：“知止而后有定，定而后能静，静而后能安，安而后能虑，虑而后能得。物有本末，事有始终，知所先后，则近道矣。”《大学》在论述“三纲领”后接着论析“八条目”，“古之欲明明德于天下者，先治其国，欲治其国者，先齐其家。欲齐其家者，先修其身。欲修其身者，先正其心。欲正其心者，先诚其意。欲诚其意者，先致其知。致知在格物，物格而后知至，知至而后意诚，意诚而后心正，心正而后身修，身修而后家齐，家齐而后国治，国治而后天下平”。格物、致知、诚意、正心、修身、齐家、治国、平天下，就是“八条目”或曰平治天下的八个步骤。可见，八条目是一个有先后顺序的系列，其中，“修身”是中心环节，格物、致知、诚意、正心讲个人道德修养的过程和方法，齐家、治国、平天下是讲以德治国的步骤。修身是治国做人的根本，《大学》明确指出：“自天下以至于庶人，壹是皆以修身为本”。至此，儒家德治主义思想达到系统化理论化。后世儒家，无论是董仲舒的宇宙论，还是宋明理学的本体论，都只是在理论上论证了以德治国的必然性。

二、德治主义的人性假设和基本主张

任何一种管理理论都是建立在一定的人性假设基础之上的，是以一定的人性假设为基础的。到目前为止，西方管理思想史上出现过四种人性假设，即“经济人假设”“社会人假设”“自我实现人假设”“复杂人假设”，这些人性假设产生了不同的管理理论。儒家的人性假设既与法家、墨家、道家的人性假设有别，亦与西方的人性假设有异。在儒家看来，对社会的管理，对经济的管理，归根到底是对人的管理，因此，儒家思想中的“人”，既不是经济人，也不是抽象的社会人，而是伦理人。儒家思想是以血缘为根基与原型的伦理型思想体系，在这种思想体系中，伦理成为厘定和改造人性的基本法则。与西方一样，中国传统人性论也存在着德性主义和自然主义两种基本主张;但在中国,其主要倾向是以“性善论”为主体的德性主义,而不是“食、色,性也”的自然主义。因而,儒家眼中的“人”,既不是告子所言的“食、色,性也”的生物人,也不是西方管理理论中“趋利避害”的经济人,而是有仁义礼智的善端、有气有生且有义的伦理人。这种伦理人主要有两个层面的内涵:一是从社会生活的人伦关系确立个体的位置,因此,儒家所言的人是指生活在以一定道德关系联结起来的社会之中,具有道德观念、能从事社会生产劳动的人;二是从人性的来源确立个体的意义,因此,儒家所说的人是具有善性,并有向善为善倾向和可能的人。由于宗法制的存在和儒家思想在中国思想史上的主流地位,“人之初,性本善”的德性主义人性论成为中国人对人性见解的主流观念。

德性主义人性论的这一特点,成为中国传统伦理思想关于人可以为善、可以教而为善的心理根据,即为之提供了一种强有力的人性假设。儒家把人性与管理相结合,形成了以人为本的管理模式,这种管理模式亦可称为德治主义,目标不仅仅在于经济利益的实现即富国富民,更重要的是追求人格的完善和人伦的和谐。也就是说,经营管理、治国之道不仅是为了经济利益和个体发展,而且也是源于一种社会义务感和道德责任感。德性主义人性论的强大既对中国传统伦理思想和中国传统的民族心理产生重要且久远的影响,亦导致德治主义的长盛不衰。

儒家德治主义作为一种治国之道经二千余年而不衰,这与其自身的价值内涵和基本主张紧密相系。也就是说,德治主义的价值内涵和基本主张一方面使它在传统社会中居于主导地位,另一方面致使它既保持自身的基本特色又具有较强的开放性和兼容性。德治主义的基本主张可归纳为三个要点。

第一要点是以民为本。

依据儒家学说，对社会的管理说到底是对人的管理。因此，对人的关注构成儒家思想的视点，亦是德治主义的重点。《中庸》云：“道不远人，人之为道；而远人，不可以道。……故君人以治人，改而止。”意思是治世之道即治人之道，必须以关于人的道理来治人，离开对人的关注就谈不到治世。孔子以“仁”论作为其思想的核心，提出“仁者，人也。”就是说，仁是关于人的学说。孔子以后，孟子、荀子以至后世儒家对人、人性作了较深入的研究。诚然，诸子百家普遍关心“人”的问题，这是中国传统伦理的特点之一，但相比而言，儒家对人的研究是最深入的。儒家对人的研究最大特点是他们从社会的整体出发，而不像西方传统的社会伦理观那样从个体的人出发。儒家清醒地看到，人是社会的真正的基础，是构成国家的第一位要素。正是在这个意义上，他们十分重视人，认为人比土地、财货更重要，离开了人就谈不上伦理道德，更不用说进行经济活动了。就以人为本而言，德治主义又可称为人治主义。

儒家管理思想中，家与国同构，政治与经济相通，管理的价值十分明朗，就是富国富民。国与民的关系成为儒家管理思想所要处理的中心关系。以人为本的人治主义在此转化为以民为本的管理模式。由于宗法专制集权的客观存在，君主帝王成为国家的代言人，作为社会结构的基本关系——国与民的关系，其实质就是君与民的关系。在君与民关系上，孔子要求君主必须体恤百姓，为民造福。他认为绝对的君主专制会导致“身弑国亡”，主张限制君权，倡导人民议政，在上下等级关系上突破了传统的“君命无二”“臣无二心”“君辱臣死”等片面愚忠的政治信仰和伦理观念，初步建立起了一个以仁为本、以民为本的政治学说，使“重民”成为儒家思想的一大特色。孟子又作进一步弘扬，并发展为十分完备的民本主义。孟子将“人民”置于十分重要的地位,“诸侯之宝:土地、人民、政事。”强调“民为贵,社稷次之,君为轻。”[①]意谓民是立国的根基,对君主来说,“人民”是其安身言命的保证,顺民心、得民意,君主的地位方能巩固,国家才能安定。朱熹在《四书集注》中为孟子“民贵君轻”一语作注时说:“社,土神。稷,谷神。建国则立坛壝以祀之。盖国以民为本,社稷亦为民而立,而君之尊又系于二者之存亡,故其轻重如此。”这表达了孟子的真意。孟子自己所说的“是故得乎丘民而为天子,得乎天子为诸侯,得乎诸侯为大夫。诸侯危神稷,则变置”。[②] 此语亦是他“民贵君轻”说的最好注释。在大夫、诸侯、天子、百姓这几类人物中,“民”即百姓是最重要的,它是“根本”。

孔孟对民本思想的阐述主要表现在两个方面:一是对“民”的关注和重视;二是对君的德与贤的要求。从民本主义原则出发,德治主义的一个基本内容便是“富民”。孔子提出的“保民”“养民”“惠民”“恤民”“教民”等思想,被孟子完善和系统化,使富民思想成为儒家德治主义中的一条重要方针。富民主张的具体内容和措施主要有两条:一是发展生产,使民以时;二是轻赋薄敛,节俭省用。德治主义另一基本内容就是“教民”。重视教育,主张“先富后教”,可以说是儒家德治主义的又一重要方针。在孔孟看来,使人民有稳定的物质生活保证,仅仅是“王道之始”,而对人民施行教化,才能保证王道的施行和完善,“善政得民财,善教得民心”。其后两千多年,重视教育,设校办学,亦成为历代儒者的传统,成为儒家除参政以外的一个主要社会活动。儒家重视教育的传统,不仅为当时社会培养了大批人才,而且也为儒家德治主义由思想转为实践提供了人才资源。

在以民为本的前提下,孔孟对君主提出了系统要求。不仅要求君

---

① 《孟子·尽心下》。

② 同上。

主在经济领域、物质生活中满足民的基本的生存需求，即“毋使民冻馁”，在文化、道德生活中使民受到一定的教养，而且要求君王在精神感受上与民同甘共苦，忧乐与共。在儒家看来，君王应是世人的道德楷模，君王必须带头修身，所谓“修齐治平”的组织过程要以君王的自我修养为众人修养的起点。孔子说：君主“其身正，不令而行；其身不正，虽令不从。”[①]孟子也说：“君正，莫不正。一正君而国定矣。”[②]。君王仅成为“内圣”还是不够的，还要有“外王”即事功。在处理君与民的利益关系和进行社会管理时，君王能以“民为邦本”，“使民以时”，应表现出爱民、恤民的管理民本思想。这一思想渗透到经济政策上就是重本抑末或重农抑商，它不仅是一种经济观点，而且成为历代王朝的经济政策和管理策略。只有农业有了大发展，仓廪实，百姓解决了温饱问题，才能安居乐业，这样才能国泰民安。若此，民众就会心悦诚服地接受君王统治。孔子总结说：“为政以德，譬如北辰，居其所而众星拱之。”[③]

第二要点是导之以德。

集中反映孔子关于德刑、礼法关系而又为后人最为称道的是这样一段话：“道之以政，齐之以刑，民免而无耻；道之以德，齐之以礼，有耻且格。”[④]“道”即“导”，有引导、诱导的意思，“道之以德”就是“导之以德”，这话的大意是：对于人民，用行政手段引导他们，用刑罚整治他们，只能暂时地使其免于罪错，却没有廉耻之心；若用道德引导教化他们，用礼制整理他们，则不但使其有廉耻之心，而且能自我约束，纠正自己的错误。过去有人解释说，孔子反对政刑，只讲德礼。这种理解

① 《论语·子路》。
② 《孟子·离娄上》。
③ 《论语·为政》。
④ 同上。

不符合原意。这里，孔子将德礼与政刑这两种治国手段比而论之，是比较两者的优劣。孟子作了进一步的阐述。他说："善政不如善教之得民也。善政民畏之，善教民爱之。善政得民财，善教得民心。"[①]"善政"指法度禁令完备；"善教"指道德教化完善。在德治与法治关系上，孔孟的基本主张是德治优于法治，以德礼为主要治国手段。孔子这一思想直接来自周公。据《尚书·康诰》记载，周公提出"明德慎罚"的主张，把它作为周朝取得天下的传家宝。孔子发挥了"明德慎罚"的思想，强调为政要以道德教化为根本，而不应该片面强调刑罚杀戮，即"善人为邦百年，亦可以胜残去杀矣"。[②] 有一段季康子向孔子请教政治的对话，孔子说："子为政，焉用杀？子欲善而民善矣。君子之德风，小人之德草，草上之风，必偃。"[③]这里所说的就是为政要"道之以德"的意思。

与"道之以德"相联的是"齐之以礼"。即儒家强调"道之以德"以道德价值为导向的内在控制，亦承认"齐之以礼"以礼制度为规范的外在控制。"齐之以礼"便是对人要求一切以礼为标准，对百姓是这样，对君王也是这样。施于百姓，由"民免而无耻"到"有耻且格"；施于君王，则是"自天子以至于庶人，壹是皆以修身为本。"[④]因而，孔子强调对民应予教化，反对"不教而杀"，"不教而杀谓之虐"[⑤]，把不事先用德礼教化百姓，等到他们犯了罪就严加刑杀的做法看成是最大的"虐政"。由此，儒家十分重视礼在国家管理中的作用，在他们看来，"礼者，人之所履也"，"礼者，政之挽也。"[⑥]礼，无论是作为修身的标准，还

---

① 《孟子·尽心》。
② 《论语·子路》。
③ 《论语·颜渊》。
④ 《礼记·大学》。
⑤ 《论语·尧曰》。
⑥ 《荀子·大略》。

是作为治民的标志，或者是作为治国的依据，都带有规范性的意义。也就是说，礼在国家管理活动中的作用，相当于权衡之于轻重，绳墨之于曲直，规矩之于方圆。有了权衡就不能混淆轻重，有了绳墨就不能混淆曲直，有了规矩就不能混淆方圆，有了礼就不能胡作非为。这样，礼就带上了某种抑制性的作用，使人们言行都合于礼。这种“礼”说到底是一种道德性的规范，仁义忠信等道德原则是礼的本质，义理规范不过是礼的外表。没有道德，礼义规范无从树立；没有礼义，道德原则无法推行。就此而言，“礼”与“德”互为表里，二者密不可分。这也是孔子把“齐之以礼”与“道之以德”相提并论的主要缘由。因而，孔子“导德齐礼”的主张首先是针对当时的政治实际提出来的，但它同时含有普遍意义，是符合儒家王道政治的治国方略，德治先于法治、德治优于法治的主张为后世儒家所遵循，荀子将之提升为“隆礼重法”，董仲舒将之论证为“德主刑辅”。因此，认为儒家只讲德治不论刑罚，是一种没有把握儒家原意的误解。

第三要点是修己行仁。

孔子所说的“德”有两层含义：一是个人的品德修养，一是执政者“为政以德”。“为政以德”的内容前面已作论述，这里主要探讨“修己行仁”即个人的品德修养对治国的意义。儒家以“天下之本在国，国之本在家，家之本在身”为立论的基点，正身修己与治国相联。修己首先要“克己复礼”。它要求人们的思想、言行符合礼的规定，“非礼勿视，非礼勿听，非礼勿言，非礼勿动”。“礼”以“仁”为其核心内容，故做到这一点才能成为有仁德的人。弟子颜渊问仁，孔子回答说：“克己复礼为仁，一日克己复礼，天下归仁焉。”因此，“克己复礼”的意思是指对自己严格要求，进行品德修养。只有自己具备了高尚的道德品质，才能对他人施德行仁，做到为政以德。其次要“至诚”。“诚”即诚实而不伪善，真实无妄，表里如一，真心实意地履行道德信念。孟子说：“反身而诚，乐莫大焉”。“诚者，天之道也；思诚者，人之道也”，“至诚”而不使别人感动，是绝对不会有的。荀子把“诚”作为养心正身的根本原则：“君子养心莫善于诚，致诚则无它事矣”，“天地为大矣，不诚则不能化万物；圣人为知矣，不诚则不能化万民”。[①] 这是以“诚”为圣人教化百姓的动力，圣人之道就是通过“思诚”的克己自律而达到“至诚”的道德境界，从而使天下百姓归顺于己。《中庸》则是将“诚”推崇至极，认为有了“诚”的境界，不必勉强，不必思虑，行为自然能合于道，“诚者不勉而中，不思而得，从容中道”。而且“唯天下之至诚，方能经纶天下之大经，立天下之大本，知天地之化育”。因此，“君子诚之为贵”。“诚”表现在君主的行为上，就是要身体力行，“先之劳之”，“劳而无怨”，为民谋利要能忠于职守，不疲倦懈怠，还要勇于改过。孔孟并不认为“圣人无过”，任何人都会犯错误，但他们批评“今之君子，过则顺之”，文过饰非。而真正的君子则应“过则改之”，如古代圣王那样光明磊落，犯了错误，“民皆见之”，改正错误，“民皆仰之”。这是由“正身”而正人的最好例证。用“诚”处理上下等级和各种人际关系，就表现为“信”，即诚实不欺，有信用。孔子“主忠信”，并对弟子施以“文、行、忠、信”四教，把“信”作为“正身”“行仁”的重要表现之一。儒家提倡“信”德，其内容有两个方面，一是交友的信实、诚笃；二是治国、成事以“信”。治者要信实无欺，取信于民，“道千乘之国，敬事而信”。子贡请教从政的方法，孔子说：“足食，足兵，民信之矣。”而且，粮食、军备、民信三者当中，民信最为重要，在迫不得已的情况下，可以“去兵”“去食”，却不可去信，因为“民无信不立”，民信成为立国的根本。

三、德治主义的历史命运和现代启示

儒家德治主义的主张，严格地说只是一种管理社会的理想。而儒

① 《荀子·不苟》。

家所憧憬和企求的理想社会，便是一个安定、和谐与统一的治平之世。从孔子的天下归仁、近悦远来、“四海之内皆兄弟”，孟子的政治清明、君民同乐、百姓亲睦，到荀子的上下协调、“群居和一”、“四海之内若一家”，再到《礼记》的“天下为公”的“大同世界”、“天下为家”的“小康社会”，勾画出一幅社会稳定和谐的美妙蓝图，反映出儒家企求建立一种天下统一、国泰民安的太平盛世的社会理想。而德治主义则是达到这一社会理想的一条有效路径。通过对儒家德治主义主张的分析和中国传统社会历史的把握，我们可以看出，儒家德治主义的内容和特点决定了它在中国两千多年传统社会的特殊的历史命运。

儒家德治主义命运之一：未得到真正的尊崇和肯定。先秦时期一方面是诸侯争霸，一方面是诸子蜂起。各家各派都提出了自己的思想体系和价值方案，司马迁在《史记·太史公自序》中记录了其父司马谈关于各家要旨的宏论。其中指出：“夫阴阳、儒、墨、名、法、道德，此务为治者。”在司马谈看来，各家各派尽管立论不同，持义各异，其目的抑或价值目标都在于如何管理好国家，因此各家各派的思想体系和价值方案的重心在于治国之道。儒家在当时虽被称为“显学”，但其社会地位仍是处于“议而不治”。从孔子、孟子到荀子，都怀着“弘道”救民、“兼善天下”的宏伟志向和抱负，周游列国，陈述政见，然而其德治主义主张并未被诸侯采纳而实践，各诸侯推崇的是法家务力、务法的主张。

儒家德治主义由“议而不治”转到“治而兼议”的契机是秦王朝的覆灭。秦王朝的覆灭意味着法家尤其是韩非“法治”学说的破产。公元前134年汉武帝采纳董仲舒的建议，“罢黜百家，独尊儒术”以后，儒家德治主义主张获得正统地位而“定于一尊”。但在实际的治国过程中，德治主义并未得到真正的尊崇和肯定。汉宣帝对其太子“柔仁好儒”而提出“宜用儒生”的主张大为恼火，加以严厉训斥，他说：“汉家自有制度，本以霸王道杂之，奈何纯任德教、用周政乎？且俗儒不达时宜，好是古非今，使人眩于名实，不知所守，何足委任！”汉武帝号称“罢黜百家，独尊儒术”，可他重用的却是张汤、赵禹、杜周等一批明法的人，而不是大儒董仲舒、申培、辕固等人。明太祖朱元璋更是因为孟子主张民贵君轻而一度撤去他在孔庙中的配享牌位，后经刑部尚书钱唐抗疏力争以后，才恢复了孟子牌位，但又命儒臣刘三吾编纂《孟子节文》，删去 85 条言论，规定删去部分不得用于课堂和科举。儒家德治主义之所以未能获得真正尊崇和肯定的缘由，在于讲人道、仁政，不讲专制与霸道。这既是儒家德治主义的一大特色，亦是儒家德治主义受冷落的主要思想根由。因为儒家主张以国家、民众为本位而不以君主个人为本位，孟子曾明确表示：“君有大过则谏，反覆之而不听，则易位。”“君有过则谏，反覆之而不听，则去。”①君民同乐、民为邦本、君权民授、君可易可去等系列主张，必然为君主专制制度所不容。

儒家德治主义的命运之二：外儒内法。孔孟提出的德治主义主张，到了战国中期，由于诸侯兼并战争的激化，遭到了法家的尖锐批评。法家主张以法治国，法律制裁以统一百姓的言行，以维系群体生活的安定，商鞅之后，韩非提出了“不务德而务法”，同儒家的德治主义主张展开了大辩论。这种论争的结果，导致儒家内部或法家内部出现了调和德治与法治的主张，齐国法家和荀子即是其中的代表。客观地评说，在春秋战国这一历史转折时期，法家的观点较为实际，为秦王朝所采纳，并成为国家的政策加以实行。儒家的主张，富有理想主义色彩，未被当权者采纳。然而，秦王朝实行专制独裁，严刑峻法，就“二世而亡”。这给以后的治国者敲下了有力的警钟，促使他们进行反思并从中吸取深刻的历史教训，于是，便有了儒家德治主义命运的另一个方面，即外儒内法。汉初的思想家检讨了秦王朝灭亡的原因，认为汉

① 《孟子・万章上》。

王朝不能再蹈秦王朝的老路，必须改弦更张，提倡儒家的德治，以纠正法治之偏。陆贾以“文武并用，长久之术也”告诫汉高祖刘邦。刘邦后过鲁时，以太牢祀孔子，开了后世祀孔的先例。两汉以后各代比较开明而有远见的君主也都注意总结和运用长治久安之术，但中国历代君主中其实并没有儒家理论的真正信奉者和实践者，他们既要用儒家德治主义作为旗号，做出仁慈爱民的姿态，又需要用法家的严刑峻法以维护其专制独裁的至上地位和等级秩序，这样，便出现了以“仁政”为名，行“刑政”之实的“外儒内法”的统治术。之所以出现“外儒内法”的理论根源在于，法家的“以法为教”“以吏为师”“峭于法而严于刑”的主张适应了君主专制的内在要求。虽然生活在现实中的后世儒家，为了维系儒家德治主义的指导思想地位，也必然要对孔孟德治主义思想作适当的权变，但这种权变并未能改变孔孟德治主义思想的基本内容。这也是很多学者提出要把作为思想的儒家学说与作为政治的儒家学说相区分的主要原因。

儒家德治主义的命运之三：道德成为牟利之工具。儒学和儒家伦理思想经董仲舒的改造和神化以后，经学家们纷纷以神学解“经”，出现了大量的谶文纬书，使儒学及其理论思想的神学化程度愈演愈烈。另一方面自汉武帝开始实行“独尊儒术”以后，“经学”成为仕途捷径，训诂章句成了时髦学风。而正当儒生们趋之若鹜的时候，经学也就陷于烦琐支离而成为僵死的教条，如“说五字之文，至于二三万言”①。于是，“经学”作为推行名教的有效工具，成了“学者之大患”而失去其维系人心的作用。

由于“独尊儒术”，汉代的大官僚多由经术起家，他们一面做官，一面授徒，死后由子孙继承“家学”，逐渐成为按宗法门第而世袭特权，即

① 班固：《汉书·艺文志》。

“累世公卿”的世家望族。正是这些人，利用他们的名望和权力，在选拔官吏中，操纵对选拔官吏至关重要的人物品评，垄断“察举”“征辟”，大量选拔亲属故旧，扩大自己的势力，致使在东汉后期，普遍出现了“以族举德”“以位名贤”，甚至“以钱多为贤，以刚强为上”[①]等种种弊端，造成了“名实不相副”，即名位与德行相悖的腐败现象，“举秀子，不知书，察孝行，父别居。寒素清白浊如泥，高等良将怯为鸡。”[②]这种有道德之名而无德行之实的现象的普遍存在，使世人对儒家德治主义倡导的仁政、仁义等产生极大怀疑，在很大程度上损害了儒家德治主义的政治形象，这也是东汉以后儒家德治主义“独尊”地位丧失，以及作为魏晋时期主要思潮“玄学”兴起的重要原因之一。

总起来说，儒家从行仁政德治以求国泰民安的政治主张到大同盛世的社会理想，其基本倾向是积极的，在中国历史上是起着进步作用的。孔孟的民贵君轻、天下得失取于民心等言论主张，确是总结历史经验教训的真知灼见，是对后世王朝君主酷政暴民的有力警告，有着振聋发聩的作用。同法家严刑峻法、轻视民众的专制思想相比，则更是显得分外光彩。

从孔子的时代直到今天，人类已经走过了 20 多个世纪。时代进步了，社会变迁了，儒家德治主义主张已不能直接用于现代社会。但儒家德治主义作为一种思想资源，仍具有其巨大的价值，亦能为现代人提供智慧的启示。

---

① 王符:《潜夫论·考绩》。
② 葛洪:《抱朴子·审举》。

华商精神与儒商人格

施炎平

一、华商之"原":回归中华人文精神

本文所提"华商"一词,不只局限于职业分途,进一步是提炼为一个历史的、时代性的概念。而"华商精神",则指中华历史文化进程中凝练形成的、有关华商的经营之道、价值理念、人格品性等要素的综合。其内涵可归结为三个层面:

商道,即为商之道,涉及对商业活动的本质、功能,对商业企业的愿景、目标及使命等的思考、理解和认知,其内涵可归纳为经营哲学。

商德,指有序合理的商业活动所遵循的伦理准则和行为规范,主要涉及商业经营中如何处置功利与道义、公平与效率、经济效益与社会价值等关系。

商格,主要讲商人人格,包括商人自身的素养、品格、行为规范,及处人处事的原则和方法。

从商道、商德、商格"三合一"来阐述"华商精神"的概念,意味着对华商精神的探讨要深入思考:卓有成效、可持续的商业经营应有什么样的理念、准则和智慧,单纯追求物质利益和经济效益可行吗?还是要把商业经营的经济效益看成是企业承担社会责任、满足社会需求而获得的回报?

有一点大家都知道,为商者之所以被称为商人,就因为"商人"之称,包含经商和做人两大部分。但很长一段时期,人们谈论商业经营

或商务活动，往往偏重于商而忽视了人。其实，关键还是人，人才是商业活动的主体、动力和目的。是“人”，就要从人性、人情、人文、人本、人事的社会普遍性及其商业领域表现的特殊性讲起。研究华商和华商精神当然也要如此。

古代商民之商、近代商帮之商、现代工商企业之商的历史传承和演变转型，是华商经历的三大发展阶段。与此相联系，华商精神则必然和各主要历史阶段的中华文化精神相适应，由古代至近代传承、发展的，在现代当继续拓展和开新。而中华文化精神，本质上是中华民族历来注重的“人文教化”精神，简称中华人文精神。正是在这样的意义上，可以说华商精神的形成发展虽植根于社会商贸活动和商人行为的实践，但中华人文精神才是其真正的源头和源流。

另外，从“传统文化现代转化”的角度看，现代华商精神又是历史上华商文化资源的传承积淀、发展演变和转化转型的结果。有鉴于此，探讨华商精神的传承和开新，十分需要从中华历史文化的探缘寻根着手，以回归中华人文精神为出发点。

问题在于，中华文化精神的凝成与发展，儒家所作的贡献巨大，影响深远。在很大程度上，可以说，是儒学精神构成为中华文化精神的主体性、基本的部分。就此而言，我认定：回归中华人文精神的华商精神，其演变和发展离不开儒家文化、儒学精神的制约、影响，尤其是在宋至明清之际逐步崛起的儒商群体及其彰显的儒商人格，由此积淀、发展起来的儒商文化、儒商精神，更成为华商精神演变发展的主要推动和基本组成。

二、儒商：华商精神的探源寻因

商，古代中国四民之一，士、农、工、商四业分途的最末一位。在农业文明时代，商（商民或称商人）在社会分工和职业区分的层级中，地位是很低的。尽管在国家层面上有“重农抑商”政策的打压，民间也一直存在“富而失德”“为富不仁”“无商不奸”等批评言说，但商人从事的活动及其行事作为，同样是人们社会活动、社会生活的重要组成部分。所以，对商人的定位和属性理解，不能只限于“商”，而要重在“人”。是“人”，就有其人文意识和人本考量，其精神价值及人格品质的特殊性，首先是和中华文化精神基因的制约影响不可分割。事实上，许多传世经典文献关于商务活动和商人事迹行为的记载，多有阐述商德、商人人格的，也有竭力彰显商人如何争取“富而仁义附”“富好行其德”的形象和名声，并由此遗传下诸如“君子爱财，取之有道”“生财有道”“见利思义”等商道原则和商德格言。

其实，深入梳理和概括古代华商的精神理念和人格特征，“商”这个概念有三项涵义值得重视。对此，早在先秦时期就出现了一批思想敏锐的学者有所总结、有所阐述。

一是讲通，指货物的交易和财富的流通。

汉许慎《说文解字》以“满有所出”定“商”之字义，清段玉裁《注》引汉《白虎通》解释：“商之为言，章也。章其远近，度其有亡。度四方之物。”章者，彰也。以为商之所为，在扩大影响，流通四方远近货物，平衡社会需求与供给。《周易·系辞传下》还描述了古代商品交易市场初起时的状况：“日中为市，致天下之民，聚天下之货，交易而退，各得其所。”揭示了市场中的商贸活动，要在汇聚天下之货、交易天下之财，以满足人们所需。司马迁则引《周书》关于农、虞（古代以掌管山泽、园圃、田猎者为虞人）、工、商四业分途的说法，提出：“待农而食之，虞而出之，工而成之，商而通之。”①确认了商为四业之末，以通达货物、交易财富为本。《汉书·食货志》据四民分业的传统说法，断定：“通货鬻

① 《史记·货殖列传》。

(yù,卖)财曰商。”并强调“此四者,民所衣食之原也。…… 上则富国,下则富家。贫富之道,莫之夺予。”明确指出了通商之功能,和农、工、士三者一样,是民众“衣食之原”,也是事关家、国“贫富之道”的。

在古代中国农业文明的条件下,生产领域的主体是农,流通领域的主体则是商。而生产和流通两大领域都是人们物质生活资料的基本来源,缺一不可。所以,从通货易财的意义上理解商和商人的社会身份及其功能,就不是士、农、工、商的次序排位能掩盖了的。

二是讲利。

司马迁有一句名言,称:“天下熙熙,皆为利来;天下攘攘,皆为利往。”用以描述商业活动颇为贴切,而且是从更广泛的社会活动背景中讲的。说明商人求利,并不奇怪,天下皆是,人人认可的。明确肯定商人有求利的正当性,并不反常。因为,在任何一个社会,物质利益的获取、物质资料的生产都是最基础的、基本性的活动,故物质利益的交易也是不可避免的。

商人求利的正当性,来自“交相利”,即商贸活动双方之利益获得的对等性。事实证明,即使在古代,人们也已认识到:通货易财的前提,是对交易双方各自利益的承认和尊重,本质上是双方利益的自愿交换。所以,商人的求利不是单向性的求私利,而是互以对方利益的获得为基础和条件,简单地将商人求利活动都归结为不仁,是不合实际,不公平的。

三是也讲德。

司马迁曾引当时格言“仓廪实而知礼节,衣食足而知荣辱”,提出“礼生于有而废于无。故君子富,好行其德;小人富,以适其力。”“渊深而鱼生之,山深而兽往之,人富而仁义附焉。”①并赞扬先秦大商范蠡

① 《史记·货殖列传》。

就是这样的“富好行其德者”。在司马迁看来，商人的品格并非一味的“为富不仁，”也意识到商人是主张在获取财富的基础上讲仁德。这实际上是关于商德、商道、商人人格的最早、却又十分明确的论述，值得人们重视。

古代学者之论“商”，以为“商”之道在集通货、求利与行德于一体，正表明中国人很早就知道不能离开社会、文化的意义来理解商业和商人。学者有此意识和体认，当然不是凭空臆想的，这和华商从一开始就注重商业行为规范及自身文化精神建设有关。

同时表明，商人不能等同于生意人。生意人把一切商业活动都看成是物质利益的交易，以金钱为唯一衡量标准。

古代华商之精神特征和人格品行的良性发展，在后来的儒商身上有了进一步的升华。儒商出现于明代中期至清初，是当时社会中先进的经济力量、文化价值的代表，不仅贡献了物质文明，也创造了精神文明。从人员组成上讲，明清儒商群体大致有两个部分：一是士大夫中由儒业转而经商者，在社会身份上似乎有儒士向商人的变换，但其意识观念、价值导向上仍执着于儒家文化的基本精神。二是由商进儒者。这类商人原本不属儒家，但大都有较深的传统文化素养，或者本身受儒家义理精神熏陶，入商海后痛感有克服奸、贪、机巧之弊端的必要，或深切意识到高洁的名声和德性亦是获得良好的商业效应所不可缺失的，所以“虽营商业者，亦有儒风”①。

儒商具有的历史价值和时代意义，在于其精神特质及管理理念。如提出：“财自道生，利缘义取”的经营格言。② 倡导义利合一的经营理念；如确立具有儒家精神价值的职业意识，提出“商与士异术而同

① 《婺源县志稿》。

② 见《三田李氏统宗谱》。

心”的观点，强调“利以义制，名以清修，各守其业”①；又如，常据于儒家价值观念，阐述经营管理基本原则，推行仁政管理，坚持诚信待人，提倡和气生财、勤俭戒侈等，且大都能见于文、践与行。

现代中国哲学家贺麟就指出，“在此趋向于工业化的社会中，所最需要者尤为具有儒者气象的‘儒工’‘儒商’和有儒者风度的技术人员”。他希望以此“使商人和工人的道德水准和知识水准皆大加提高，庶可进而造成现代化、工业化的新文明社会”②。作为一个现代新儒家代表，贺麟倡导儒学现代复兴并不可取，但他主张现代文明社会应以品学兼优的德性之士参与工商业建设，塑造现代社会的新儒商、新儒工，实际上是肯定了儒商对于塑造华商精神也是做出贡献的。

三、华商精神的近代转化

在中国，由古代宗法社会转向近代社会，虽经历了一个半封建、半殖民地化的痛苦过程，但在经济成分及社会阶层定位上仍基本完成了对“四民分业”之传统排序的颠覆，实现了农本向工商为本结构形态的转变，经济实现形式的企业化、实业化成为一种必然趋势。与此同时，华商在职业身份上，也发生了向近代企业家(实业家)的转型。

但是，毕竟受半封建、半殖民地化的制约影响，又在帝国主义列强的侵凌和控制下，近代中国的工商社会发育不良，市场经济发展也不充分，工业化进程和企业型经济形态的发展常常陷入曲折坎坷的境地，导致了华商职业身份在转型过程中变异甚至畸形。而在商业业态及商务活动方式上，出现了多元、多类型的经济业态和企业形态。一方面，帝国主义、殖民主义势力控制着旧中国的关键经济部门，洋务买

① 引自李梦阳《明故王文显墓志铭》。

② 贺麟:《儒家思想的新开展》,《思想与时代》1941 年 8 月第 1 期。

办经济、官督商办企业成为旧中国经济的主要部分；另一方面，民族资本企业、民间民营经济受多重打击、压制，创办和成长发展步履艰难。在这样的情悦下，民族民营经济的成长和发展面临一种政治的、社会的障碍，首先需要去克服；同时又要敢于利用外部势力和洋务买办经济的空隙或薄弱环节，拓展自己的发展条件和空间；此外，还要善于吸取自身本土的、历史传统的资源，增强自身的发展意志和经济势力，与种种障碍和阻隔进行有效的抗争。

所以，作为民族民营经济的基本成分，近代华商往往不可能像同时代的欧美企业那样有法人主体和市场导向的发展优势，而更多地与帝国列强、封建势力既委婉妥协又要勉力抗争，才能争取自身的生存发展。这造成了近代华商的经济形态——大都采用家族型机制，好走抱团经营之路，以致地域性、亲缘性、产业分类为主要特征的会馆、协会等商业经济社团纷纷涌现，并发展出众多互济互助式的商帮，成为近代华商经济的一大特色。

联系这样的背景来看，与转型中的近代华商经济特征相适应，近代华商精神的演变和发展，则既有古代华商精神传统的承继，又不是这种传统的简单延伸，而包含有转化和变革，进而提炼、凝聚成以凸显爱国情操、民生意识、多元开拓为特色的近代华商精神。

首先，近代华商迫于形势，在放眼世界、积极追随世界经济发展和管理思潮演变的同时，开始意识到创办民族实业、发展本土经济才是国家富强之道，故自觉到不能将商业再局限于通货求财的活动，也不仅是富而求仁义的行为，而要有民族气节和爱国情操的凸显，其标志就是把商业经营和发展明确为对外的“商战”。

这是近代中国改良派人士倡导的华商精神的一大亮点。

洋务运动时期，改良派代表郑观应就阐述过著名的“商战”观念。1894 年，他出版《盛世危言》一书，封面题词“首为商战鼓与呼”，主张以商立国，以工翼商，以为“预制西人以自强，莫如振兴商务”。又撰《商战》文，通过中西比较，明确否定传统的商民定位，指称“西人以商为战，士、农、工为商助也”。断言“非富不能图强，非强不能保富”，富国与强国乃“实相维系”。进而强调“富出于商，商出于士、农、工三者之力”，并由此确立他的变法思想：“亟宜一变旧法，取法于人，以收富强之实效。一法日本，振工商以求富，为无形之战。一法泰西，讲武备以图强，为有形之战。”①在中国近代史上，郑观应可以说是最早明确提出“以富图强”“富出于商”的思想，强调“振工商以求富”，把自强救国的民族意识、爱国精神和致富图强的社会责任，充实为“商战”的内容，引为华商精神的重要元素，是开传统华商精神近代转化之先河。

其次，鉴于近代华商的经营活动，常取地域性、亲缘型的商帮形态，往往更多关注与地方经济、社会文明发展的协调，很有民生主义的精神气象。

有区域经济综合发展的意识，重视民生经济的开发，实现经世济人的社会责任，是许多华商商帮普遍具有的素养和理念，这构成了近代华商精神中十分有积极意义的内容。

19 世纪末、20 世纪早期以荣德生、张謇等为代表的新一代实业家就是典型代表。他们都深切感受到时代变化和社会变革对企业经营的影响，开始意识到中国的事情不仅是经济的物质层面上的，更要有社会责任和时代承担，并积极推进企业制度的、商人精神人格的变革。只要我们去了解和熟悉一下荣氏家族在上海(包括苏锡地区)的经济活动及事业发展，了解和熟悉一下张謇在江苏通海地区的实业、兴业活动，都可发现他们除了在投资实业、建设民族工商业、推动地方民生经济上有巨大贡献外，还造桥铺路，建立公园，参与城市规划、区域经

① 郑观应:《商战下》，选自《郑观应集》上，上海人民出版社，1982。

济发展和社会综合治理，注力于社会公共事业，还兴办教育、卫生、文化甚至是社会福利机构等。

所以，他们不仅仅是专做实业的企业家，而自认是社会的砥柱并承担起民族振兴的责任。他们为“实业救国”“教育救国”的主张到处奔走，而且身体力行，具体落实于企业经营和社会文明建设的层面，成为中国现代企业家精神的初创者和先行人。

第三，近代以来，华族商帮走出国门、进入国际商务领域已成为一种趋势。这有力地推动了近代华商精神的传承和发展有更为广泛的国际化背景，其内涵特质也随之发生进一步的充实和提升。

近代华商分布于世界各地方、各角落，生活于不同国家、不同社会制度和不同的文化背景下，政治取向和意识形态多有歧纷甚至对峙，多元宗教信仰与价值观念十分普遍，似乎很难有趋同性的交往和沟通。但作为炎黄子孙，凡谈及族群认同和文化缘分，大都会有发自内心的呼应。这样，在走向世界的过程中，近代华商商帮的经营活动和组织运作模式，已突破了原先单纯的商务和生意，而具有社会的、文化的境界和意义。

与西方社会在人际沟通和商务活动中偏重契约化特征相比较，中华文化的历史演变及现代发展，内在有缘分网络建构的传统基因。著名学者林其锬先生曾提出五缘文化学说，集中阐述了中华文化的一项基本特质，是在演变发展中经历的“接缘”“续缘”过程，使之积累和凝练起深厚的“族类心灵”及“归属意识”，通过亲缘、地缘、神缘、业缘、物缘这五项人际缘分关系建构，形成华族群体繁衍进步、人际沟通的“精神纽带”和连接网络。这很大程度上影响和制约了中华民族在历史本相上是一个有缘民族。

事实上，在经济转型和国际化经营过程中，近代华商群体就已意识到发挥中华传统文化资源和缘分网路的意义和作用。越来越多地采取协会、会馆、联谊团体等组织形式，以扩大和提升华商商帮的实力和影响力，就是个明证。而重要的问题，显然是把维系和强化商缘关系的缘分纽带、五缘网络，从自在、自发性状态，发展到自觉、自律的制度安排和行为规范了。这才是促进近代华商精神不断成长、走向成熟的有效保证。

四、华商精神的世界认同与全球尊重

相对传统华商而言，现代华商的主体有两大部分：一是指现活跃于世界各国各地区的华人华侨或有华人血统的华裔实业家、企业家；二是三十多年来改革开放条件下新崛起的一大批中国大陆的商业实业家及企业家。这两部分华商群体互动频繁，联系十分密切，共同为中国经济崛起和民族振兴做出了巨大贡献。

随着经济全球化步伐的持续加快，以及国际国内市场的不断互补整合，我们所理解的现代华商，其内涵和外延都大大加深、扩大了，是应该把国内、海外的华商联起来作为一个族群整体进行研究、考察的时候了。

需要指出，从“传统的现代转化”的角度看，现代华商作为同宗同种的族群，其商务交往、人际沟通越来越频繁和紧密，互相之间的趋同性和相似性越来越明显，尤其在华商精神和商人人格的理解和塑造上，都倾向于回归中华文化的精神价值。2011 年 10 月，在新加坡召开第十届世界华商大会，主题为“新格局、新华商、新动力”，是首次明确提出“新华商”概念。其所传递的信息似要告诉我们：现代华商要呈现新时代的特征，如何在精神品格建设的层面上实现开新呢？重要的是面临新时代，承担新使命。

我们欣喜地看到，每两年举办一次、已连续举办十二届的“世界华商大会”，是全球华侨华人企业家的盛大聚会，旨在共同研究、商讨“在商言商，弘扬中华民族文化”的课题。“加强华商联系，促进世界繁荣”，是世界华商大会始终追求的目标，并由此凸显华商精神的内涵和基本要素。

如主张“加强世界华商联系，共谋经济发展繁荣”；倡导“寰宇华商一心一德，全球企业共存共荣”；并向全球商界发出“严守商道，诚信经营，团结合作，承担责任，推动世界经济发展，促进人类进步和中华民族复兴”的宣言。

当然，现代华商精神的基础载体是实体经济性的，势必要面对功利性的效应追求，但为实现长远的、可持续的发展，更需要凸显企业价值理念、精神灵魂、使命目标的考量。为此，华商精神的现代开拓创新，还注意从社会学和文化学的意义上进一步深化和展开。

中国人的开明、聪明和精明是有国际名声的，应该充分地开发、利用好这些素质性、文化性、智慧性资源，使之有效地转化并凝聚为新华商的精神素质、经营理念、气质形象和智慧能力，推动华商精神尽快赢得世界认同和全球尊重，以通过华商精神、华商人格的展示平台，发扬和传播中华文化的影响力和软实力。为此，华商精神的进一步开拓和创新，就显得更为必要和迫切。

首先，现代华商要真正有效地培育和塑造时代前沿意识，积极争取成为国际商业经营和经济发展的先行者，其重要途径，就是充分发挥两部分华商的思想沟通和资源整合，实现国内外华商的优势互补，推进商业文化的中西兼容，既能选择、借鉴西方先进的管理理念，又善于梳理、吸纳中国传统的管理思想资源，积极探索并实践中国特色的现代商业发展之路。

其次，华商精神的现代开拓创新，中国特色现代企业家精神的重建是一项重要内容。而现代企业家精神的主要点，就在企业家们能深知企业经营的本质和功能，自觉承担社会责任，于推进物质文明建设的同时，也积极参与精神文明的建设。要承担物质文明和精神文明建设的双重使命，必然要先期确立企业发展的价值观驱动，避免那些仅局限于经济力驱动和物质性激励的片面思维。而梳理和选择继承中华民族历史积淀的思想资源，倡导义利结合、经济与社会效益双赢的价值观念，并有效转化为企业经营和商务活动的动因、动力。

此外，现代华商并不把经营活动看成是单一的职业和商务行为，而是一种创业的活动和创新的追求。问题在于，要把创业创新融为现代华商精神的内涵要素，正确理解创新的本质和要求，提升创业者、创新者的素养、自觉、激情和能力，是其中的关键。

国际管理理论和企业经营实践的发展一再证明，创业创新是企业的一项本质性和基本的活动，也是判断企业家行为的合理性、有效性的主要标准。美国著名管理学教授彼得·圣吉阐述过创新活动的基本要求，他指出："当一个新的构想在实验里被证实可行的时候，工程师称之为'发明'(Invention)，而只有当它能够以适当的规模和切合实际的成本，稳定地加以重复生产的时候，这个构想才成为一项'创新'(Innovation)"。[①] 要知道，彼得·圣吉的管理理念和中华文化的基本精神价值有许多契合处，现代华商对创新精神的理解和培育是可以从中得到启发与借鉴的。

① 彼得·圣吉:《第五项修炼》(中文版)，上海三联书店，1998，第5页。

下篇

“传承”录

中华民族复兴与儒学精神传承

施忠连

一、中华复兴与儒学使命

儒家文化的当代使命决定于中华民族当下的历史任务，这就是中华民族的复兴。我们可以从纵、横两个方面来探讨这个“复兴”的含义。

首先，我们将当代中国与中国历史上的盛世作纵向的比较，这种复兴应该不逊于中国历史上最兴盛的朝代。其实，中华人民共和国成立七十年来就是中华民族再复兴的过程，眼下媒体经常说现时代处于中国历史上最好的发展时期，如果从疆域的广袤、经济和军事实力的强大、人民生活的富裕、社会环境的安定、国际影响力的巨大等方面看，我们可以说当今的中国胜于历史上任何时期。但是现在人们普遍认为我们中国离实现民族复兴的目标仍有相当长的距离，可见“中华民族的复兴”一语当另有含义。

于是我们需要将中华民族的复兴与世界其他民族或文明的兴起作横向比较。如今，世界各地越来越多的有识之士倾向于认为，第二次世界大战以来世界上发生的最重大的事件是中国的崛起。显然，这是将中国的发展与同一历史时期英、法等老大帝国的衰落，苏联这样的庞大政治实体的分崩离析和第三世界众多新生国家举步维艰相比较后得出的结论，也是考虑到中国与世界头号强国美国的力量对比发生历史性变化与这种变化的态势后得到的认识。由于中国的幅员辽阔、人口众多、历史悠久和文化的博大精深，这种横向比较触发人们对中华复兴这一现象的性质，它的最终目标、外溢效应和世界意义等重大问题的深入探讨。

显然，中华复兴并不只止步于在经济总量上夺取全球第一的桂冠，也不应当只满足于在经济领域达到人均 GDP 在世界上处于先进行列的地步，以及在科学技术和军事实力上的远大的目标，其自身的禀赋激发人们的想象力，以勾画其宏伟的前景。近代世界见证了西方的兴起，这一历史潮流延续了五百多年，以自由、人道、民主和科学的价值观念彻底改变了世界的面貌。中华复兴能否形成与之相媲美的规模、气势和效应？这在相当大的程度上取决于儒家文化的时代担当。

毫无疑问，中华复兴必须借力于西方的一切长处，吸收西方所有可为我所用的美好事物。但是，如果只满足于此，而不基于中国文化精华的创新，那就没有真正的“中华复兴”，而只能囿于西方文化的窠臼，姑且充当数百年来蔓延全球的西化运动的最后一个奇迹。

二、儒学精神：反思中的传承

自 20 世纪 70 年代后期开始，西方许多学者、国际关系观察家和评论员、新闻记者以及一些政治家相继探讨东亚“四小龙”的成功这一重大的历史事件（也兼论华人在西方诸多领域获得成功的有趣现象），他们出版了许多著作从儒家价值传统说明导致这一成功的原因。[①] 他们的看法尽管见仁见智，各不相同，但都触及儒家传统与现代化关系的重大时代课题，我们在此基础上可以进一步认识儒家传统在当代社会的作用和引领中华崛起的历史使命。

美国已故著名经济学家、未来学家赫尔曼·卡恩于 20 世纪 80 年

① 参见拙作《现代新儒学在美国》第二章，《儒风华雨润异域·导言》。

代初出版《世界经济的发展:1979 年及以后》,在这部长达 500 页的巨著中他以大量的事实和雄辩的逻辑提出这样一个基本论点:东亚的经济奇迹"说明新儒家文化与超级工业世界经济的迅速崛起有特殊的关系"①英国历史学家、政治学家又为政治家、曾任美国哈佛大学费正清研究中心主任的罗德里克·麦克法库尔在 1980 年 2 月 9 日出版的《经济学家》杂志上发表了一篇影响很大的文章:《后儒家的挑战》,此文从军事、政治、经济三方面描绘了他所谓的"后儒家"(笔者按:即现代社会中经过更新的儒家传统)文化表现的强大威力。他指出,在现代史上没有其他的文化像后儒家国家那样对西方取得这么多巨大的军事胜利。而在政治上,毛泽东企图建立一个新社会,既不同于西方民主制度,也有别于苏联式样的共产主义。② 总之,他的结论是:自工业革命开始以来的二百年中,东亚的儒家继承者更加根本地从经济、政治和军事上向欧美文化提出了唯一真正的挑战。

这一类说法虽然在西方有耸人听闻的意味,但是这些敏锐的观察家早在东亚文化圈在现代的崛起甫始就清楚地揭示了这种崛起的深厚的文化根源:儒家传统。这种考察有助于我们深入探索儒家文化对于中华复兴可以承担什么样的使命;促使我们从理论与现实的结合或参照中思考儒家观念传统对于中华复兴能够做出怎样的价值导航。

众所周知,新中国的官方意识形态属于马克思主义,儒家思想曾经被贴上了封建主义的标签,在 20 世纪一直受到批判和排斥。但是传统是一个活的精神生命体,与民族的历史、与民族的生命、与民族的精神血肉相连,并且塑造了其思维方式、生活方式,体现于它的道德意识和风俗习惯,其中有许多内容是超越时代的,构成一种文明的主脉

① 赫尔曼·卡恩:《世界经济的发展:1979 年及以后》,莫罗·奎尔出版社,1979,第329 页。

② 麦克法库尔:《后儒家的挑战》,《经济学家》1980 年 2 月 9 日,第 67 页。

和一个民族机体不可切割的主干。因此传统可以加以改造，但不可能彻底抛弃。传统对于普通人往往是习焉而不察，就像人在空气中，鱼在水中一样。一个人企图完全摆脱传统，犹如用手揪住自己的头发要把自己拔离地球一样可笑。因此，儒家传统在20世纪中国遭受一次比一次更沉重的打击的过程中获得更新，陈旧落后的部分被抛弃了，但其真精神、其活的内容、其最有价值的部分却保存了下来，得到更大的发扬，并引领中华民族战胜时代的严峻挑战，获得新生。

三、儒学精神的现代性意涵

根据儒家的思想表述，对照中华崛起的实际过程，我们可以发现儒家传统文化对于中华复兴具有以下意义。认识这些重要意义对于探索儒家文化如何担当其时代使命十分重要。

第一，培育民族意识、爱国主义传统和反侵略的精神，它们是中华崛起的主要精神力量来源。虽然有论者提出近现代的民族意识和民族国家概念是源自西方，但是中国自古以来就形成自己的强烈的民族意识，这显然是拜儒家及其经书所赐。如《尚书》，就以圣典的形式，通过编纂历史文献的方式，从思想上确立了中华政治共同体和中华文化共同体，在此基础上庄重宣示了以国家认同、文化认同为主要标识的中华民族意识。历史上那些以自己壮烈行为鼓舞了无数世代中国人的民族英雄，他们无不是在儒家思想的哺育下成长的。

华夏民族的概念能够扩大到中华民族，从思想上追根溯源，在很大程度上也要归功于儒家。因为孔子不是按照血缘、种族和地域，而是根据文化认同或价值认同来区分不同的民族，因此从来不把华夏民族与其外围的少数民族对立起来，从不在他们之间划一条不可逾越的鸿沟。儒家学者发现，孔子在编《春秋》时遵循一条重要原则，即如果夷狄遵守礼义，则进位于诸夏；如果诸夏不遵守礼义，则贬之为夷狄。

这个原则为中华民族的融合提供了必要的理论依据，导致先秦原来被视为夷狄的楚、吴、越等民族，秦汉以后周边的许多民族（如百越，南北朝时说的“五胡”以及清以来形成的五十多个少数民族等）都先后进入中华民族的大家庭。可见，儒家的民族意识与狭隘的民族主义根本不同，即使在当今世界和未来世界也能为处理民族问题提供思想资源。

第二，儒家文化助力人民反暴政、反独夫民贼和实现社会正义的斗争。中国是在推翻腐朽的统治集团和社会制度的伟大革命中崛起的，儒家不少论述具有人民性，且广泛深入人心，在近现代救国救民的爱国志士身上激发了强大的精神力量。孔子曾经指出“苛政猛于虎”①，主张君子要“行义以达其道”②。孟子以尖锐激烈的言语斥责统治阶级，以至于引起封建帝王的忌惮。他称残害百姓的无道君主为“独夫”“民贼”，认为人民完全应当推翻他们的罪恶统治。儒家士大夫不顾生命危险而勇于为民请命的清议构成了各个时代的政治清流，涤荡了当时统治集团中的污泥浊水，纠正了朝廷的种种倒行逆施。中华更大程度的复兴依然要凭借铲除世界上不公平、非正义的现象和社会黑暗势力的斗争来推进，为此，我们仍然可以从儒家经典获取智慧和力量。例如，在当今世界，超级大国的霸权主义横行无忌，面对这样的局面，孟子的“得道多助，失道寡助，寡助之至，亲戚叛之，多助之至，天下顺之”③这一类的话语可以增强我们在反霸斗争中推进中华复兴伟业的坚定信念。

第三，儒家传统要求加强中央集权，维护国家元首或中央政权首脑的权威，以防止朝廷内乱和国家分裂的发生，也是为了汇聚强大的政治、军事和经济力量，以抵御外来强敌的入侵。孔子说“礼乐征伐自

① 《礼记·檀弓下》。
② 《论语·季氏》。
③ 《孟子·公孙丑下》。

天子出”①，孟子提出“天无二日，民无二王”②，这种政治理念虽然在封建社会可能会加强皇权，但是在推翻封建专制主义制度的基础上加以现代转化以后，它使中国不至于出现当今世界许多国家和地区因为实行西式民主政治而出现的极化政治、党派争权恶斗、行政拖沓低效、社会撕裂等现象，也使中国能够避免伊拉克、利比亚等国家因被强加西式民主制度而陷入分裂、内战的噩梦。

儒家力推的中央集权的社会制度造成了大一统的局面，这一局面延续至今，为中国经济开辟了世界上最大的国内市场，并使国家和社会具有强大的凝聚力和稳定的秩序，保证中央政府有极高的权威，对经济生活实行全面有效的规划、指导和管理，也使之能够最大限度地调动全社会各方面的力量抵御外来威胁，如取得朝鲜战争的伟大胜利。没有这样强有力的中央政府，要获得这样的胜利是绝对不可想象的。

第四，儒家文化所崇尚的德治理念，它创造的完备的文官制度为中国乃至于整个东亚创建了世界上最高效的行政系统，也为包括吏治在内的现代治国理政的实践提供了十分丰富的历史经验。西方实行政党分肥制，根据这种制度，大选获胜的政党通过任命公职来报答该党、或胜选总统的支持者。与之不同，儒家强调以德治国，任贤选能，提出任用官吏应当引入公平、公正的竞争机制，通过严格的考试，以统一的标准择优选拔人才，通过考察官吏的品德和政绩来提升职务。儒家这一优良传统使中国的崛起以及东亚的经济奇迹与社会进步有了行政制度的保证。由此，国家最高层战略上的谋划和政策上的规定能够迅速地下达到基层，通过各级政府和社会团体的努力，在全社会有

① 《论语・季氏》。
② 《孟子・万章上》。

力地实行。造成中国经济腾飞和各项事业巨大进步的各项政策就是凭借这种行政机制发挥其作用的。

第五,儒家仁政学说基于民本思想,十分关注民生问题,历代儒家大师总是大声疾呼要求政府实行养民、惠民、富民的政策。孔子主张政府“博施于民而能济众”①,“因民之所利而利之”②。据此,孟子要求统治者采取措施,让农民有足够的土地耕种,还要让他们豢养一定数量的家畜家禽,保证他们平日衣食无忧,遇天灾不至于饿死。在这种思想的影响下,中国历朝历代大都要颁布政令,奖励农桑,兴修水利,促进生产。同样出于仁政观念,中国自古以来就有兴办赈灾、济贫、助残、养老、救弱的福利事业的传统。所有这些民生事业在中华人民共和国成立以后,受惠于社会主义制度,都以史上无可比拟的规模和效率推进,从而为中华崛起创造了一个安定祥和的社会环境。

与此成为鲜明对照的是,在同一时期,世界不少地区的政府由于一味追捧资本,讲究利润最大化,而不问百姓的冷暖死活,致使相当大比例的居民难以摆脱贫困,甚至有不少人陷入赤贫状态,过着悲惨的生活。当然,这些地区也就相应地经常发生政治动乱和社会风潮,从而不断地打断经济发展的进程。

第六,儒家文明对教育的功用有充分的认识,把它看作是“化民成俗”③、传道授业、培养健全人格的基本手段,因此儒家社会从上到下高度重视教育,并且建立了一整套制度确保教育在全社会的崇高地位。儒家这一宝贵遗产为现代中国经济向更高水平的发展奠定了坚实的道德和智识基础。正是基于这样的历史背景,现代中国从城市到偏远的贫穷乡村,倾全力于教育几乎是每个家庭的自觉行为。由此,

---

① 《论语·雍也》。

② 《论语·尧曰》。

③ 《礼记·学记》。

现代中国各方面的发展获得源源不断的人才，经济的增长拥有不竭的动力。

第七，儒家一直弘扬自强不息的精神，其培育的人多有内在的精神动力，富有进取心，许多人树立了远大的人生目标，很有抱负，甚至显得雄心勃勃。尤其是知识分子，他们受了儒家经书的熏陶后，往往满腹经纶，一心求取功名，定要在治国理政、经世济民方面大显身手。孔孟本人就是最好的榜样，孔子称“君子疾没世而名不称焉”①，孟子则云“如欲平治天下，当今之世舍我其谁也？”②当然，普通百姓中有治国平天下的奢望的人不多，但是儒家教育每个人都要有所作为，正如孔子教诲的，“君子病无能焉，而不病人之不己知也”③。尤其值得注意的是，在儒家传统的教育下，普通中国人都抱有创立家业，以光宗耀祖显亲扬名的强烈意识。现代中国这类人也比比皆是，这就是当今中国社会充满活力，特别是经济生活能量充沛的一个重要原因，也是海外华人取得成功的奥秘所在。

第八，儒家学说的一个基本内容就是伦理学，因此其滋养的个体有较强的道德观念、群体意识和社会责任感。他们讲诚信，尊重关爱帮助他人，以自己所属群体的利益为重，为自己的机构做出无私的贡献。儒家也鼓励个人的努力和奋斗，但不像西方那样提倡个人主义，而是主张个人的价值应当表现为他在群体、组织、机构中所起的作用，表现在促进其群体和机构的进步中的贡献。儒家观念有利于在组织中形成一种非常适当的、和谐的关系。正如赫尔曼·卡恩所说，那种自觉的、有效率的、群体的和有组织的活动和努力在现代社会比个人

---

① 《论语·卫灵公》。

② 《孟子·公孙丑下》。

③ 《论语·卫灵公》。

的能力更为重要，尽管这两方面都不可缺少。[①] 强烈的献身精神，组织认同，对各种群体和机构的忠诚，都能极大地增强企业的实力和竞争力，而整个社会和经济因此能够更有效地运作，使中国的经济比其他国家有更快的发展速度。

第九，儒家礼文化培育对他人的敬重之心，加深人们之间的情谊与关系，如《礼记・曲礼上》所言："贤者狎而敬之，畏而爱之。爱而知其恶，憎而知其善。"显然，这有利于形成和谐的社会关系。以"敬"为灵魂的礼文化引导人自我抑制，自我收敛，以克服人性中的阴暗，制服不健康的心理和情绪。因为"敖不可长，欲不可从，志不可满，乐不可极"[②]。礼文化熏陶下的中国人多有自律意识，表现得庄重自制，安分守己，乐于遵从社会纪律和秩序，注意维护社会的团结。由于这个原因，现代中国以至于东亚，从总体上看，社会比较安定，犯罪率较低，动乱不多，从而为经济发展提供了良好的社会环境，这与世界上一些地区毒品泛滥成灾，黑社会横行无忌，各类武装冲突层出不穷的触目惊心的现象适成鲜明的对比。

第十，儒家鄙视神秘主义，耻言鬼神迷信，拒绝宗教狂热，具有理性主义倾向。最明显的表现是孔子不语怪力乱神，儒家经典强调格物致知，很少谈论超自然现象，由此发展而来的推崇"理"的各派理学自北宋始兴盛近千年。受益于这种文化传统，中国人不受宗教迷信的束缚，不受宗教纷争和教派冲突的支配，整个社会全神贯注于利国利民的知识和学问。而儒家经世致用的观念引导人们看重实用的学问和技术，人们尽力完善各种技能，这就是中国七十年来经济、科学技术和文化事业飞速发展的深刻的文化原因所在。

---

① 赫尔曼・卡恩:《世界经济的发展:1979 年及以后》,第三章。

② 《礼记・曲礼上》。

第十一，儒家文化一直向往经济公平的社会，《尚书·洪范》篇把公平视为至高无上的原则，认为“无党无偏，王道平平”。孔子有一名言：“有国有家者，不患寡而患不均。”①从孔子开始，儒家所提出的经济主张都体现了经济公平的理念。他们提出政府要减轻百姓的税赋和劳役负担；主张政府取民有制，因此常常猛烈地抨击统治阶级无休无止地聚敛财富；反对地方豪强无限制地兼并土地，要求解决社会贫富悬殊的严重问题，拯救百姓于饥寒交迫之中。由于儒家这些思想遗产与社会主义理想相结合，中国现代经济虽然难免因实行市场经济和自由竞争而出现的负面现象，但贫富悬殊并不像美国那样严重，从而避免了世界上许多地区因推行新自由主义出现贫富过度悬殊引起社会动乱的严重问题，保证中国经济可以长期稳定增长。

第十二，儒家价值体系引导全民族养成敬业、勤劳、认真的职业精神和社会风气。儒家经典最崇尚“敬”的观念，“敬”是思想专一而不涣散的精神状态。程颐说：“所谓敬者，主一之谓敬；所谓一者，无适（心不外向）之谓一。”②朱熹又将“敬”进一步解释为“只是此心自做主宰处”③。这种精神用于实际事务之中就是要人一心一意、全心全意地做好自己的工作，自然要埋头苦干，而且有强烈的责任心，工作态度极端认真，达到殚精竭虑，呕心沥血的地步，把工作做得好上加好，使各方面都感到非常满意。当然所有这些表现也都显示了勤劳的品质。

除了“敬”以外，儒家典籍还多方劝谕人们勤谨奋勉，如《周易·乾卦》从忧患意识出发教诲人们任何时候都要谨慎小心，勤勉努力，说“君子终日乾乾，夕惕若，厉无咎。”《中庸》则用“诚”的观念倡导一种真心实意的精神状态和实践风格，就是认定一个目标，满怀诚挚、炽烈的

---

① 《论语·季氏》。

② 《二程遗书》，卷十五。

③ 《朱子语类》，卷十二。

情感,尽心竭力、千方百计做好此事,坚持不懈,坚韧不拔,不达目标决不罢休。正如《中庸》所言“有弗学,学之弗能弗措也;有弗问,问之弗知弗措也;有弗思,思之弗得弗措也;有弗辨,辨之弗明弗措也;有弗行,行之弗笃弗措也;人一能之己百之,人十能之己千之”,就是说,自己要做出比他人多百倍的努力,这也即《中庸》所说的“力行”。现代中国的崛起,现代中国人在极其艰难困苦的条件下做出的无数奇迹,以及白手起家的海外华人的骄人成就正是依靠发扬这种中华精神取得的。

现代中国的成功从儒家文化获益的,除了上述十二条以外,另外还有一些优良传统,如儒家社会的人民大都比较节俭,量入为出,不像许多西方国家人寅吃卯粮,靠透支未来以享受生活。因此中国的储蓄率和投资率都相当高,这保证中国有足够的资金支撑经济以较快的速度增长。此外,中国人重情义,此基础上发展了人际关系网络。改革开放后,在地缘关系和乡党情谊牵引下,许多海外华人回国,投资或资助家乡,有力地加速了当地经济的发展。促成中国崛起的儒家文化因素我们还可以列举一些,但是上述十二点应当说是其中最重要、最根本的方面。中国近百年的历史昭示,这些文化因素卓有成效地担当了自己的历史使命和责任,保证了中国的现代化过程拥有浸润儒家文化的东亚以外的民族所没有的优势,从而保证了中国能够以世界上罕见的速度推进自己的各项事业,如若无视它们,就难以解释近百年世界史上这一最重大的历史现象、这一当今世界任何一个观察家、好思者都不能回避的重大的理论和实践问题:中国何以能够快速地超越那么多的国家,把他们甩在自己的后头。这些文化因素在过去长时期地对中国的前进持续地发挥巨大的促进作用,虽然许多人熟视而无睹,日用而不知。可以肯定的是,在未来相当长的时期内,它们会继续产生同样的效应,这就是我们要加强文化自信的深刻原因。

四、儒学精神为中华复兴提供价值资源

中华复兴并非只是谋求中国在经济、军事和科学技术实力上冠绝全球，因为中华民族的最高追求从来都是弘道，因此中华复兴是中华文明的复兴。弘道构成中华复兴的本质内容，也是极大地增强综合实力的根本保证。在中华文化的话语体系中，“道”代表了中华价值观念，因此可以说，中华文明的复兴就是中华价值的再发现，就是在全世界推广和实现中华价值。

这一价值系统虽冠以“中华”之名，但确立和阐述这一系统的思想家从来不将其视为只属于一国一族、只行于一国一族之道，而是属于全人类、造福于万国、通行于天下的大道。主要由儒家经典表述的这一价值系统其视域和视角不限于一特定民族，更不是为了一国之利，因而不是民族主义的，而是普世主义的，所以儒学能够超越民族和国家的界限，完全依靠其自身的价值传播于东亚各国和各民族，而且是各国主动来学习，自愿接受的。由上可见，以中华复兴为主要代表的东方文明的复兴能否强似近代西方文化在全世界的盛行，从最根本的问题看，决定于价值导向，而儒家文化可以为这种导向提供丰富的思想资源。

中华文明的复兴是时代的召唤，儒家文化的基本价值正值当今世界的需要，可供解决当代世界重大而迫切的问题，以中华智慧建设新世界。新世纪各国之间在经济、科学技术、文化艺术、外交等领域各种形式合作以越来越大的势头向前发展，各国人民相互之间的了解和友谊达到了前所未有的广度和深度。然而，与此同时国与国之间的利益和观念的冲突仍然普遍存在，在某些领域常常爆发惊心动魄的斗争，而在某些地区这种斗争造成人民大量死亡和财产的重大损失。

与此同时，西方文明在经历了数百年的辉煌之后，其弊端如今变

得越来越明显。美国当今社会愈演愈烈的极化政治和党派恶斗、民粹主义在西方世界的兴起、西方世界经济呈现普遍的停滞状态、移民问题上束手无策，都显露了西式民主制度的流弊，表明西方社会现行观念和制度的局限性，对于解脱当今世界各种困境的无能为力。这种状况下要求有新的价值、新的观念和新的治理模式引导世界进入“柳暗花明又一村”的境界。

当今世界的种种乱象凸显了儒家观念的价值，说明儒家思想完全可以用为解决当今世界各类急迫问题的指导方针。儒家文化应当当仁不让，承担起引导世界走出困境、创造美好未来的责任。对此最有说服力的是儒家“和”的观念，它在儒家思想体系中占据十分突出的地位。“和”是中国最早的政治文献汇编《尚书》一再加以强调的基本政治理念，而其最精辟的哲学表述则是孔子所说的“和而不同”①。和概念的内涵十分深刻而丰富，过去它塑造了中华文明的精神和中华民族的性格，现在它可以用以克服世界由于西方自由主义的滥用而出现的各种乱象和灾难，并为未来理想世界的发展确立根本方向。

西方自由主义的一个基本主张是自由竞争，这是西方最珍视、最推崇的一个观念。诚然，自由竞争能够极大地激发个体的主观能动性和社会各方面的能量，有效地降低社会生产的成本，增强经济的活力和效率，但是其负面作用也不小。由于通行弱肉强食的丛林法则，它容易造成人类发展现代文明的各种观念、手段、方式严重失衡，如重利而轻义，重个体而轻整体，重效率而轻平等，从而加剧各个阶层、机构、企业之间，各个地区、国家、民族之间的矛盾，甚至对立，出现强者恒强、弱者恒弱、富者愈富、贫者愈贫的马太效应，使世界不同地区和国家的贫富悬殊和生态危机愈演愈烈。因此国际社会越来越感到必须

① 《论语·子路》。

采取行动，实现人与自然，人与社会，不同宗教、民族、文明之间的和谐相处。可见，儒家和的观念对于解决当今世界所面临的问题具有极其重要的作用。它不只是缓和矛盾、调解冲突的策略和权宜之计，而是发展现代文明的具有战略性意义的思想；不是只适用于某一地区，某一领域，而是可应用于建设现代文明的各个方面；不是只有一时的作用，而是具有永恒的价值，应当成为建设未来理想世界的主要指导思想。

五、儒学价值体系的世界意义

儒家文化中能够引导当今世界走出困境的并非只有片言只语，其中像“和而不同”这类可供改变不合理的世界秩序，建设美好未来的思想观念非常丰富，由于篇幅的限制，对它们不可能一一分别详细论述。在这里只是要强调，儒学可以为当今世界贡献不同于西方文明的一整套价值体系，这一价值体系在处理那些思想文化领域中最根本的观念和范畴的关系上显示了东方文明所特有的智慧。儒家这种智慧、儒家思想的特有价值、儒家观念对于现今和未来世界的意义主要表现在对以下六方面观念和范畴的关系的处理之中，如何正确地规定人类文明这些最基本、最重要的观念和范畴的关系，在很大程度上将决定人类未来的命运。

第一，在世界与国家的关系上，儒家历来有天下情怀，主张协和万邦，天下一家，世界大同，万物一体，所以当今中国政府在各种外交场合向世界各国人民倡议建立人类命运共同体。这就是要从各国共同需要、人类根本利益的高度来讨论和解决世界面临的重大问题。然而，在西方文明中，主流价值观是只见国家和民族，不见天下，因此，在他们的视域中世界是分裂的，各种文明总是对立的，总是会发生冲突的。面对这样的局面，尤其是现今我们人类已处于一个地球村之中，我们需要更加宏大的思考维度和更高远的治理目标，以进一步加速全球化和从根本上完善世界治理。对此，儒家的天下观可以提供一个最好的选择。儒家关于天下治理重于国家治理的主张、治国平天下的政治理念、和谐世界和天下大同的理想能够把全球化和世界的发展引导到一条康庄大道。

第二，在精神和物质关系上，当代世界显示出重物质而轻精神的倾向。现在地球各国全社会都在拼经济，以及与之相伴随的无所不在的竞争，过度的商业化和市场化，都增强了这一倾向。消费主义和享乐主义先是在西方盛行，而后蔓延到了全世界，唯利是图，金钱万能成了无数人的信条。尽管基督教极力提升人的精神境界，然而它把人的精神性归诸根本不存在的上帝，从而使精神终究没有着落安身之处。此外，西方根深蒂固的心物二元的思维方式也使精神和物质总是处于对立之中。与此不同，儒学一贯重视精神的力量，也肯定人们追求物质利益的合理性，历来关心社会的物质生产和民生问题。儒家以中庸之道处理精神与物质的关系，劝诫个体不要过度贪恋物质享受，强调物质要受制于精神。因此儒家经典反复教人以道制欲，以义制利，见利思义。这种哲学最适合矫治商品拜物教、拜金主义和享乐主义这类现代社会流行病。

第三，在人与文化这两者的关系上，儒家的人文主义兼重人与文，而以人为本，这有助于辨识、批判和抵制忽视人的价值的各种主义。孔子主张“依于仁”①，就是要求个人、社会和国家的一切举措必须遵循仁，仁是孔学的最高范畴和核心价值，是治国理政的实践和一切文化创造活动的精神基础和价值导向。孟子说：“仁也者，人也”②“仁，

---

① 《论语·述而》。
② 《孟子·尽心下》。

人心也”。[1] 可见，仁的概念集中地概括和有力地张扬了人的价值。世界上有各种各样的炫人耳目的学说、理论、理想和主张，但是，根据儒家仁的观念，它们都不能妨碍对现实社会中人及其实际利益的关怀，更不能摧残人的生存状态。《中庸》提出：“道不远人。人之为道而远人，不可以为道。”虽然某种观念、制度或文化自有其某种价值或合理之处，但是都应当服从于维护人的生存、尊严、福利、完美和发展的目标，而不应当滥用以至于违背，甚至严重损害这些目标。思想史上有一种唯理论，把先天的观念和法则推至至高无上的地位，而不顾它们可能在现实社会中产生什么作用，在历史和现实中曾经导致许多惨重的灾难。现在美国等少数国家把西式民主、自由的观念和制度当成绝对真理，不根据具体的社会历史条件把它们强行推行到发展中国家，而不管它们可能造成经济停滞、民族分裂或社会动乱的后果，甚至对它们引起无数百姓的流亡和死亡也无动于衷。面对这样的国际局面，儒家完全应当承担起历史的使命，用以仁为核心、以人为本的人文主义引导世界避开现代文明发展的歧路或陷阱。

第四，个人与他人和社会的关系上，儒家一方面如孟子所言，信奉“万物皆备于我”[2]，又如《周易·乾卦》所主张的，“天行健，君子以自强不息”，一贯重视个人的价值和作用，另一方面又强调个人要关爱、尊重、帮助他人，履行自己对家庭、群体、社会、国家和世界的责任。但是，西方主流价值观认为个人本身就是目的、个人权利神圣不可侵犯，这种个人主义在历史上对于解放思想，反对专制主义和宗教蒙昧主义，对于促进人类幸福曾经做出过巨大的贡献，但是其弊端也很明显。个人主义容易加剧个人与个人、个人与集体、个人与社会的矛盾，消解

---

① 《孟子·告子上》。
② 《孟子·尽心上》。

集体、社会和国家的凝聚力，不可避免地导致自我为中心和自私自利现象的滋生蔓延。现在世界许多地区毒品枪支泛滥，犯罪率居高不下，社会治安局势严重恶化，社会冲突频发，行政效率低下，这些问题与顶礼膜拜个人主义的价值观有着明显的联系。儒家文化对于上述严重的社会问题不能袖手旁观，熟视无睹，应当用自己的成己以成人、成物的哲学矫正当今世界的价值偏向。正像法国当代著名学者格扎维特·瓦尔特所说："儒家治国方略，特别是修身、齐家、治国、平天下的学说，将人类理想社会，建立在每个人负责的基础之上，可能是人类未来最伟大的实践方向。"①

第五，在知识与道德的关系上，儒家认为"尊德性"与"道问学"这两方面不可偏废，应当加以结合。在儒家看来，通过求知穷理而获得的"智"、由道德修养而养成的"仁"、在弘道行义中显示的"勇"这三者是理想人格所不可欠缺的"三达德"(以上见《中庸》)。《大学》规定，治国平天下必须自"格物致知"与"正心诚意"开始做起。显然，这种哲学能够保证人类文明健康发展，能够培育健全的人格。但是，现在科学主义和唯智主义大行其道，伦理道德遭到许多人的忽视，甚至出现道德虚无主义。不少人把道德看成是压抑人的欲望、束缚人的个性、限制人的自由的清规戒律，这种风气导致畸形人格、社会种种罪恶和丑恶现象的发生。对于人类文明的这种偏斜，儒家文化应当理直气壮地指示正确的方向。英国已故杰出学者李约瑟曾经指出，儒家学说富于社会意识和人道主义精神，这是世界上任何地域的哲学思想所不能比拟的，这种人道主义与科学相结合，能够避免唯科学主义的弊病。②德性与知性是人类文明腾飞的双翼，缺一不可，一方畸轻畸重也不可。

---

① 郑若麟：《从"捉刀人"到"中国通"》，《文汇报》2008 年 9 月 19 日。

② 李约瑟：《中国科学人道主义的贡献》，载《四海之内：东方和西方的对话》，北京三联书店，1987。

两者互相依存，互相配合，又互相促进。科学越是昌明，知识的作用越是巨大，越是需要精神导向和道德规范，因此儒家尊德性而道问学的理念在未来世界也是颠扑不破的真理，必将为人类未来文明的前进铺设坦途。

第六，在理想境界与现实关怀的关系上，儒家主张“极高明而道中庸”①，就是要求人们在追求最高的精神境界，寻求国家、社会的最好状态的同时，应该以最切实的努力做好当前的事业，改善眼下的生存状态。在这个问题上，当今世界存在着两个极端。一个是宗教把极乐世界、最理想的世界，设置于彼岸，认为人的最终解救只能靠上帝，最美好的生活状态只有在天国才能得到。许多人觉得目标太高远了，无法企及，这样就出现了另一个极端，即奉行功利主义和享乐主义哲学，只关心实际利益，否定追求超越世俗的价值的必要性。另外还有一种哲学，虽然不能同享乐主义混为一谈，但是同样拒绝超越现实，同样舍弃未来理想社会的高远目标。其著名代表在近代是黑格尔，他把德意志普鲁士国家形态视为绝对观念的最高发展，是绝对真理在地球上的最终实现，这就否定了未来有产生比普鲁士国家更美好的社会形态的可能性。其在当代的代表是在美国出现的历史终结论，认为美国的社会制度是人类文明发展的顶峰，此后再也不可能产生比它更美好的社会制度了。这两种哲学同样可以归入我们在上面所说的第二种极端。

与此不同，儒家始终怀抱对未来理想社会的热烈向往，实现仁爱、正义、平等、富足、和平、幸福的大同社会的理想就是明证。儒家要求社会和个人的进步要达到“极高明”的境界，但是反对人们耽于空想，主张将理想主义与现实主义相结合，在现实生活中以求实的精神、实际的作为和奋发的姿态来完善社会，实现理想的人生，成就理想的人

---

① 见《中庸》。

格。他们认为理想的社会和美好的人生不在彼岸世界，而应在现实社会中一步步地加以实现。儒家重视现世生活，相信不靠宗教活动，也不需要超自然的神力之助，普通人也能由凡俗达到圣洁和不朽，只要“无终食之间违仁，造次必于是，颠沛必于是”①。根据这种哲学，在当今社会，搏击于市场经济的大潮之中，斗智于波诡云谲的生意场之上，筹划于令人眼花缭乱的金钱商品之间，也不妨碍人们提升自己的精神境界和寻求自己的精神家园，总之，只要“尊德性而道中庸”，就能开拓一种完善社会和自身人格的独特的人生途径。

从上述六方面来看，儒家都致力于寻求对立双方的平衡、协调和统一，反对执一端、片面性和走极端，这种做法源于儒家的中庸之道与和的观念。未来文明需要这种哲学的指引，以实现自然生态、社会生态、经济生态和文化生态诸方面的和谐平衡，以便克服各种价值、观念之间相互对立、相互排斥、相互冲突的现象，从而避免走入歧路，不至于重演二十世纪两次世界大战的悲剧和延续当今世界霸权主义及其信奉的丛林法则横行无忌的局面。

在上述这些最基本的价值问题上，儒家文化所做的承担将在很大程度上决定世界未来的走向、铸造世界未来的命运和面貌，同时也就相应地规定了中华复兴所达到的高度和广度。重塑世界文明与中华复兴必将在未来相当长时期内成为全球范围内相互联系、密不可分的两大历史进程。毫无疑问，世界的未来取决于世界几大文明的良性互动和各国人民的新创造，但是儒家文化必将为这两大历史进程提供丰富的价值和智慧资源。

① 《论语·里仁》。

潘光旦：儒家自由人格何以可能

蔡志栋

20 世纪的中国，在传统儒学现代转型的过程中，有过不同的思潮、学派的推动，诞生出三种有代表性意义的建构类型：中国化马克思主义的、文化保守主义的以及自由主义的。但还有一些处在三大思潮之边缘的人物，也对传统儒学资源的现代转化做过探讨和思考，值得关注。潘光旦便是这样一位代表性人物。

潘光旦（1899—1967），江苏省宝山县人（今属上海市）。优生学家、社会学家、民族学家、教育家。曾获美国哥伦比亚大学硕士学位。1926 年回国，先后在上海、长沙、昆明、北京等地大学任教。为清华大学百年校史上“四大哲人”之一。1952 年调入中央民族学院。毕生学术活动，关注的一个重点，是联系中西文化比较的背景，发挥儒家基本精神，为人类寻求一条“中和位育、遂生乐业之道”（费孝通语），以建构他理想的“自由人格”。这样一种思想观念和学说主张不妨用“位育论”概括之。

一、“囫囵的人”：儒学观照下的“自由人格”

在潘光旦看来，人们追求的理想人格其根本特征就是自由，认为“自由很显然的是生命的目的”①。值得重视的是，潘光旦立足于儒学的观念和视野对自由人格做出新的阐释，提出：自由之人即是“囫囵的

① 潘光旦：《自由、民主与教育》，载《自由之路》，上海三联书店，2008，第 33 页。

人”，以孔子所称“从心所欲不逾矩”为其根本内涵。这样一种“囫囵的人”，能处理好人与其他事物、人与同时代社会中的他人、人与自己以及人与未来等方面的关系，并对个性和通性具有辩证的理解和考量，可以视之为真正达到了“自由人格”的人。

按潘光旦的设想，作为“囫囵的人”的“自由人格”，其内涵主要有两个方面：

第一，潘光旦认为孔子所说“从心所欲不逾矩”就是自由人格，其内涵为狂狷的协调，也即中庸之道，其外在表现之一为“沉着”。

他说：“孔子自称年至七十，始能从心所欲而不逾矩，从心所欲近乎狂，不逾矩近乎狷，狂而能不逾矩，能有所不为，狷而依然能从心所欲，依然能有理想，能图进取，斯其所以为中行，这才真正进入了自由的境界。”[①]这样的思想他曾不止一次地表述：“‘从心所欲而不逾矩’就是自由，就是自由最好的注脚、最好的界说。”[②]

换一句话说，“从心所欲而不逾矩”就是狂狷之中行。潘光旦认为，“孔子的却是一个比较道德的看法，他把中行的人看作天生就能实行中庸之道的人，那自然是不可多得了。”[③]也就是说，中庸之道是理想人格的典范，而孔子是主张中庸之道、实行中庸之道的榜样。但是，所谓中庸之道也并非是在狂狷之间取一个中间点。中庸本身也需要道德准则加以规范。“狷者一味内转，狂者一味外转，是很单纯清楚的。中行者内外转不分明，即时而内转，时而外转，不拘一格，不求一致，便比较复杂，其间可能再别为两种：一是无所谓行为准则的，那就是荣格所见；一是有比较严格的行为准则的，即每一次作内转或外转

① 潘光旦：《类型与自由》，载《自由之路》，第6页。
② 潘光旦：《散漫、放纵与“自由”》，载《自由之路》，第9、10页。
③ 潘光旦：《类型与自由》，载《自由之路》，第2页。

的反应时，必有其道德的理由，那就是孔子所见。”[1]

潘光旦的这个观点值得仔细体味。如果单纯坚持狂或者狷的立场，那么，行事必然一味外转或者内转。潘光旦认为这就失去了中行的本质，实际上是按照本性来活动，失却了后天教育的作用。真正的自由人格不是完全依照天性行事，他不是天生倾向于狂所以外转，天生倾向于狷所以内转，而是根据具体的情形以及相应的道德准则做出外转或者内转的反应。就其所做的反应而言，或许仍然可以称为狂或者狷，但是，由于他实质上是克服了天性，而依据情势和道德准则行事，所以实为中庸之道的展开。在具体展开中庸之道时，潘光旦一定程度上要求贯彻经权统一的原则。“可立可权的道理，事实上就等于从心所欲而不逾矩的道理。”[2]

潘光旦不仅认为孔子是理想人格的典范，而且他认为孟子也提出了自由人格的某些特征，此即沉着。他说：“孟子所称：‘所以动心忍性，增益其所不能’，和沉着的真义最为相近。”[3]那么什么是沉着？潘光旦认为，沉着绝对不是消极，也不只是忍耐，而是不露声色的积极，是活泼力量的累积，还有力量的培养。其本质就是成熟的自由。

潘光旦讲自由人格，不仅要求复活先秦儒家理想，而且他也要求克服传统之弊，而和时代精神相契。“然则为今日的教育设想，我们于讲求中行与自由的一般原则之外，更应侧重于进取、冒险，以至于多管‘闲’事的精神的鼓励。”[4]在更广的背景下，我们能轻易发现，“进取、冒险”正是现代性的感性体现。现代中国很多思想家（比如梁启超）从不同角度对此加以提倡。潘光旦本人也明确提到同时代的林同济主

① 潘光旦：《类型与自由》，载《自由之路》，第2、3页。
② 潘光旦：《散漫、放纵与“自由”》，载《自由之路》，第10页。
③ 潘光旦：《沉着与自由——英美人性格的一组》，载《自由之路》，第51页。
④ 潘光旦：《类型与自由》，载《自由之路》，第6页。

张狂欢、闻一多呼吁热闹，从一个侧面佐证了这点。

第二，从另一个角度看，潘光旦认为自由人格也即“囫囵的人”。

潘光旦认为孔子就是“囫囵的人”的榜样。他的突出之点就在于处理好了人与其他事物、人与同时代社会中的他人、人与自己以及人与未来等四方面的关系。他说：

> 孔子的思想的最大特点，是拿人做一切的重心。他是一个囫囵的人。这个人对宇宙万物，一面自己要假定一些地位，一面却也不宜把这地位假定得太大。太没有地位，自然生活不能维持，例如宗教文明或物质文明太发达的国家；地位太大了，把形上形下两界可以福利人生的事物都置之度外，生活也必至于一天比一天逼窄，例如两千年来中国的文化。对一个囫囵的人，个人主义与社会主义的争论是不会有的。“群己权界”议论是大可不必的，因为他没有承认社会生活是一个静的物件，他只承认社会生活是一个动的过程，所谓格、致、正、诚、修、齐、治、平，就是这个过程的由近及远由小及大的八个阶段。这个囫囵的人，又充分的承认他是一种生物，有他的情欲，应付这些情欲的原则是一个节字，不是放字，也不是禁字。假若一种情欲的表示可以影响到第二人的福利，这节字就可以有“发乎情，止乎义”六个字的注解。这些都是一个囫囵的人在一时代的空间以内的关系而言，假若就时间方面的关系而论，他一面尊重前人和前人所遗留下来的经验的精粹，引为自己生活的一部分，一面又缅怀未来的人，想把这些精粹连同他自己的贡献一并交付给他们。这样一个囫囵的人，才真正是一个人，他同时是一个家属的一员，社会的一分子，公民、党员、专家，但最要紧的他是一个人。①

① 潘光旦：《纪念孔子与做人》，载《儒家的社会思想》，北京大学出版社，2010，第437、438页。

潘光旦认为,“囫囵的人”也即“健全的人”。“健全的人”除了要处理好上文所说的四个方面的关系之外,尤其对个性和通性之间的关系要做出辨证的理解。“通常所谓一个健全的人,当然有许多优良的品性。此类品性一方面必然的包括自主的精神、自动的能力、自我表白的要求与自我制裁的功力,而另一方面又必然的包括许多的社会品性,如同类的意识、胞与的情怀、公道与正义的感觉等等。前者属于所谓个性,后者属于所谓通性。……这种健全的个性结合而成的政治社会就不得不是民主政治社会了。”[①]显然,在此潘光旦认为自由人格也构成了民主政治的基础。

值得注意的是,潘光旦无论是对作为中庸、沉着的自由的理解,还是对“囫囵的人”“健全的人”的诠释,一方面努力挖掘儒学思想中的相关因素,另一方面显然是以其生物学知识为基础的。将自由理解为中庸、沉着,其实是从人的类型的角度立论,试图扬弃先天的狂狷类型。潘光旦对“囫囵的人”的理解则涉及四个方面,他较多地讨论了个性和通性之间的关系问题。这也是建筑在其生物学知识的基础上的。因为从社会生物学的角度看,人生在世,他要面对其他事物,要处理好与其他人的关系,要正视自身;而且,作为人,他不仅有自己,还有子孙后代,此即未来。潘光旦之所以比较重视个性和通性的关系,因为这从根本上涉及个性的发展和社会的稳定。所谓通性就是人与人之间的共同点,它是组成社会秩序的基础;所谓个性就是人与人之间的相异点,它是社会进步的基础。[②] 这也是从生物学的模式来理解人和社会。

---

① 潘光旦:《民主政治与民族健康》,载《自由之路》,第237、238页。

② 当然就上文所罗列的个性的内容(“自主的精神、自动的能力、自我表白的要求与自我制裁的功力”)来看,这些基本上也是每个人所“共”有的。潘光旦思想内部有些缝隙,这点不容否认。但此处的重点不在这里,而在讨论其理想人格论的生物学基础。

二、中和位育:“自由人格”的立论依据

从另一个角度看,“囫囵的人”所显示的自由人格便是与天地万物协和的状态。对此,潘光旦采用了一个传统而略带古奥的概念来称呼之:“位育”。

“位育”的说法来自《中庸》。《中庸》说:“致中和,天地位焉,万物育焉。”潘光旦从“中和位育”中提炼出“位育”一词,所指代的正是社会学中的“顺应”(或适应)概念,具体内涵则是如何认识世界、改变世界以达到“位育”,也即实现参与天地化育、与世界能动适应的状态。这样,自由人格的问题就与世界观、认识论问题联系起来了,由此获得了哲学的思考和论证。

潘光旦肯定了世界有其本然的规律,只要我们认识了这些规律,加以控制,就可以成功地改变世界。他说:“物理自有其本然,自有其法则,岂是人力所能违拗?人懂了物理,顺了物理,便可多少加以聚散分合,加以控制纵送,却不能加以强制。”[①]他还说:“人理好比物理,也有其本然,决不容以黑为白,指鹿为马。人力也好比物力,动态与静态之间也有其遵循的法则,可容顺适的安排调遣,合理的控制运用,而绝对不容强制,不容征服,亦即不容剥夺抹杀。”[②]也就是说,自然世界和社会世界都是有规律可循的。

运用这些规律改变世界,就可以达到较高的调适状态,这是“中和位育”的一个基本涵义。对此,潘光旦有个似乎从生物进化观念出发的表述:

> 这比较高的调适是怎样来的?是适用了物观的精神来的。

① 潘光旦:《一种精神两般适用》,载《自由之路》,第245页。
② 同上。

科学家，先之以物理的本然的了解，继之以物力的自然的运用，终于教人类在环境中取得了更进一步的安所遂生的程度，安所遂生，就是调适，也就是我经常所说的“位育”。[①] 此即成功地改变世界。[②]

需要指出的是，潘光旦对世界当中规律的理解是比较深入的。他认为，科学发展到现代，对于规律应该摒弃单纯的因果关系的理解。他说：“天下事都有一些因果，而这因果并不单纯，所以事物之间，与其说是有单纯的前因后果的关系，不如说它们有息息相通的关系，有功能上相互依倚的关系，较为妥当。十足单纯的因果论是如今连自然科学都不再谈的。”[③]潘光旦较为少见地否认了科学认识中因果律的崇高地位，而代替以“关系论”。

可是，潘光旦由此种“关系论”往前多走了一步，他甚至一定程度上否认了规律、真理的存在。他指出：“天下的事理，既不容易有斩钉截铁的是非，社会的举措，又不容易有黑白分明的利弊，则一种政令之出，我们势不能取一种求全责备的态度，而说一定要如何如何的合理，如何如何的有利无弊，我们才肯降心相从。”[④]这里潘光旦明确指出是非之并非黑白分明。也就是说，真理不是那么容易确定，甚至，有无真理还是一个问题。无疑，从肯定规律，到以“关系论”而非因果论诠释规律，其间有一条比较连贯的线索，可是，潘光旦恐怕走得远了一点。这就意味着“位育”的境界究竟能否达到成为一个问题，从而意味着从认识论的角度看，自由人格能否实现也成为问题。

---

① 潘光旦：《一种精神两般适用》，载《自由之路》，第245页。

② 但是，需要注意的是，潘光旦并不主张使用“征服世界”之类的说法，因此，在我们的讨论中所说的改变世界，在潘光旦那里更多的说法是控制了世界。

③ 潘光旦：《民主的先决理论》，载《自由之路》，第220页。

④ 潘光旦：《三论青年的志虑问题》，载《自由之路》，第116页。

这种对规律的认识上的含糊性一定程度上又渗透到了潘光旦对历史必然性的理解之中。他拒绝历史必然性的说法，而主张代之以历史应然性的提法。也就是说，一方面，历史必然性的说法容易导致历史宿命论；另一方面，既然世界上充满了关系论意义上的规律，那么，历史的规律显然离不开人，而人显然是有七情六欲的，因此，历史的发展是人的选择的结果。他说："我相信历史是人造的，人要控制历史，科学发达以后，我们控制历史的条件，也似乎比以前具备得多了。前途我们究竟能不能控制历史，引导历史，我们不得而知，不过我们应当有这个抱负，这是我们做人、做文明人，应有的权利。历史对我们并没有必然性，但我们对历史有我们所认为合理的应然性。我们要拿这种见地来与青年相勉，决不忍再看他们做'时代'和'历史'一类的巨轮下的新鬼。"①

潘光旦虽然有科学主义的倾向，但是，一方面他对科学的理解也有与众不同的地方，他要求超越所谓的通则，具体地研究个别事物。他说："如果科学文明能肯放弃从文艺复兴时代以来所走的路，而还归到对于具体事物做单纯的个别的观察的大道，形势就可以大变。"②这里面大有阐发的余地。另一方面，潘光旦又拒绝历史必然性、历史命定论的说法。"历史对我们并没有必然性"。这里的关键在于，历史是人创造的，因此历史的发展过程中必然有人的因素的参与，而人的需要是多方面的，他使得外在的、僵化的历史规律的实现具有了多种可能性。因此，真正实现的历史是人们"所认为合理的应然性"的历史。这种在历史领域对人的因素的重视从某种角度看又和现代中国创造历史的要求相一致。

---

① 潘光旦：《所谓"历史的巨轮"》，载《自由之路》，第93页。
② 潘光旦：《一个思想习惯的改正》，载《自由之路》，第70页。

从某种背景看，潘光旦的这个观点又是先秦时期孟子思想的复活。潘光旦认为，孟子一方面是相信命定论的，但是另一方面又相信意志论，认为命可以改变。“现在的乡人一面信命运，一面也信若是一个人存好心，行善事，下苦功夫，这个命是也许可以修改的。孟子当时的心理，恰恰如此！有了这个意志论，他暂时可以把天命论忘了，而从事于改革。”①潘光旦所处的时代几乎就是又一个战国。他不能接受所谓的“历史巨轮”的说法，因为那意味着接受进化论、阶段论，将中国纳入整个世界历史的发展中，成为其中的被扬弃的环节。作为一个中国人，他在感情上显然不能接受。因此，他不承认所谓的进化论、阶段论，而是主张演化论：“自然生活里有演化而不一定有进化。”“演化只是演化，并没有一定的路线，这路线上更无一定的段落，其间更无所谓进退。”②显然，以上说法是建筑在潘光旦生物学的素养基础上的。而他对历史应然性观点的得出，在逻辑上是从生物学的规律推演出来的：因为并无所谓的进化论或者阶段论，所以，进或者退是从人的价值观的角度看的，也就是说，打上了人的选择的烙印。因此，历史究竟会以什么方式发展，也离不开人的选择。

而人之所以能够选择，潘光旦认为这实质上也是生物演化的结果。他说：“演化一到人类的段落，官能的伸缩力发展得特别强大，因此，对于刺激的接纳，反应的发生，其间也就有了相当大的伸缩性，即其间多少有了一些选择的余地。”③这显然受到了他的生物学的学科背景的影响。

综合起来看，潘光旦从其学科背景出发，汲取了先秦儒学思想中“力命之争”(孟子)的成果，既主张认识自然科学的世界，又主张成功

---

① 潘光旦：《孔门社会哲学的又一方面》，载《儒家的社会思想》，第209页。

② 潘光旦：《所谓“历史的巨轮”》，载《自由之路》，第92页。

③ 潘光旦：《民主的先决理论》，载《自由之路》，第220页。

地改变人类世界(历史),来达到"位育"的自由状态。此一状态在某种意义上可谓《中庸》思想的现代复活,但其内在机制已经被现代的科学发展丰富了。

三、"自由人格"的培养与教育

在提出了自由人格的典型(标准)和基本内涵之后,潘光旦主张用自由的教育加以培养。

所谓自由的教育,首先是"自求"的教育。他说:"自由的教育是'为己'而不是'为人'的教育,即每一个人为了完成自我而教育自我。所谓完成自我,即用教育的方法,把自我推进到一个'至善'的境界。"①反过来看,"自由的教育是与'填鸭子'的过程恰好相反的一种过程。自由的教育不是'受'的,也不应当有人'施'。自由的教育是'自求'的。……先秦学人论教育,只言学,不大言教,更绝口不言训,也是这层道理。"②在此,潘光旦一方面肯定了自由教育的本质是发挥主体能动性"自求"的教育,明确提出以"自我"作为自由教育的主要对象,以至善作为教育的最高目标:而何谓至善,上文已做了探讨;另一方面,又指出中国先秦思想中已经包含了自由的教育,一定程度上接上了先秦思想中的"为己"传统。

问题在于,潘光旦虽然认为至善应该是个性和通性的统一,但是,有时他为了突出个性的重要性,又将人削减为孤零零的自我。他说:"自由教育下的自我只是自我,自我是自我的,不是家族的、阶级的、国家的、种族的、宗教的、党派的、职业的……教育的主要目的是在完成一个人。"③

---

① 潘光旦:《自由、民主与教育》,载《自由之路》,第38页。
② 潘光旦:《自由、民主与教育》,载《自由之路》,第35、36页。
③ 潘光旦:《自由、民主与教育》,载《自由之路》,第38页。

显然，以自我为教育的主要对象是一回事，在教育内容上引进社会性的因素是另外一回事。如果撇开了后者，那么所培养出来的自我必然是空洞的、抽象的。从自我身上清除出家族成员、阶级成员、专家、公民等身份，这么做一方面高度突出了自我的地位，强调了这些身份都是后来附上的；另一方面又使自我陷于解体的危险之中。因为在某种意义上，自我就是这些身份的集合。

其次，自由教育以自明和自胜为先决条件，以"能明能恕""自知裁节"为培养手段。

潘光旦提出了获得自由的两个前提条件。值得注意的是，他把这两个前提条件和中国传统思想联系了起来。"我们先说自由的两种先决条件，一个人能先具备这两个条件，则不求自由而自由自至，别人在外表上不容许他自由，在实际上自由还是他的，剥夺不了。"[①]"第一个条件是自我认识。……古书上一个德字，一个诚字，其实就是自我，就是我之所以为我，而明德、明诚、度德量力一类的话，指的就是这自我认识的功夫。"[②]"第二个条件是自我的控制。……在科学技术很不发达的中国古代，我们却早就在讲求自我的控制与自我的征服。自我应该是第一个受控制与征服的对象。我认为中国人生哲学的一大精华，就是这个。……以前所称格物的一部分，诚意正心、修身的大部分，所谓自胜者强，所谓无欲则刚，指的就是这一些功夫。"[③]"明强的教育是道家、儒家、法家一致的主张。"[④]潘光旦认为，从另一个角度看，"自明"是理智教育的第一步，"自强"是意志与情绪教育的第一步。

从另一个角度看，潘光旦又提出了"能明能恕""自知裁节"的培养

① 潘光旦：《散漫、放纵与"自由"》，载《自由之路》，第 8 页。

② 潘光旦：《散漫、放纵与"自由"》，载《自由之路》，第 8、9 页。

③ 潘光旦：《散漫、放纵与"自由"》，载《自由之路》，第 9 页。

④ 潘光旦：《自由、民主与教育》，载《自由之路》，第 36、37 页。

方式。

他认为，中国古代思想中已经就通性和个性两个领域的相处之道提出了"恕"和"明"的原则。这两个原则还要有"自知裁节"作为先决条件。他说："要通性之同来维持群居生活之和，我们的民族经验及先贤遗教曾经留下一个行为的标准来，就是絜矩之道的一个恕字，要个性之异推进群居生活之和，并且推进到一个更高的境界，我们也早就有一个标准，就是一个明字。要行明行恕，还有一个先决条件，就是个人能自知裁节。"①"能明能恕的品性可以说是一切道德品性的总汇，至少是个纲领。"②潘光旦认为这种品格一方面源于遗传，一方面源于后天的教育。他认为中国的古人已经为我们提供了榜样。他说："前代从事于品格教育的人至少有一个入手的方法，就是特别注意于意志的培养，让意志来统制理智、情绪、想象等其他方面的心理活动。这就回到上文所提的个人裁节的那个条件了，《大学》的诚意正心，《中庸》的明善诚身，孟子的收放心，以志帅气，善养浩然之气，其实全都是养志与自我裁节的功夫。"③

总起来看，潘光旦试图从知情意三方面培养理想人格，并且将之与中国儒学思想结合起来。

第三，潘光旦将"独"作为培养自由人格的一个重要步骤。

潘光旦认为"慎独"是培养理想人格的一个有力的环节。他主张"让每一个青年有一个'独'的时期"。④ 在这个独的时期，人们"可以独营单纯的生活，独自对宇宙沉思，独自和古人交往，独自对生命的意义作一番探索。"⑤

---

① 潘光旦：《论品格教育》，载《自由之路》，第 140 页。

② 潘光旦：《论品格教育》，载《自由之路》，第 141 页。

③ 潘光旦：《论品格教育》，载《自由之路》，第 142 页。

④ 潘光旦：《青年的志虑问题——与自教》，载《自由之路》，第111 页。

⑤ 同上。

显然，潘光旦所主张的“独”和始自先秦儒家的“慎独”略有差别。“慎独”指的是即便在一个人的时候也要遵守道德规范，不因他律的不存在而放诞。潘光旦所主张的“独”却超越了道德的领域。它一方面指培养理想人格的一种方式，另一方面又指面对宇宙人生独自思考时的某种状态。在更广的背景上，我们可以发现，这和潘光旦在主张自由教育的对象是削除了各种身份的个人时的观点相一致。“独”，就是在状态上为主体创造一个只有他（她）[①]自己的时期，使他（她）真正思考自己。可谓“慎独”的现代化，赋予它更加深广的内涵。

① 这里必须加“她”。因为潘光旦明确的意识到了性别差异的存在是民族延续的前提。这个观点也是从生物学的角度得出的。

形神之辨：朱贻庭对儒家伦理的重构

陈泽环

伦理学家、华东师范大学教授朱贻庭提出“文化是具有形神统一内在结构的生命体”一说，又展开为关于“价值观是文化的核心和灵魂”的论证，不仅把中华优秀传统文化和伦理道德作为民族的根基灵魂、人民的心灵家园，纳入中国特色之文化哲学和伦理学的话语系统，而且启示我们在传承、弘扬中华优秀传统文化和伦理道德时，努力实现对其价值观的创造性转化和创新性发展上。

不过，这种文化学的理念和思路，对于长期注重在哲学层面上思考和梳理传统伦理思想的演变发展，以图重构中国伦理学的基本理念、逻辑结构、范畴体系和话语表述的朱贻庭来说，更多是作为文化背景考量和研究思路、方法的借鉴。重要的是，朱贻庭通过对中国哲学上形神之辨的概括、提炼，将“文化是具有形神统一内在结构的生命体”，转化为深入形神统一的内在结构，来揭示和总结“中国伦理”的内涵精神价值和外显制度安排及道德规范的“统一”，以建构一个“形神统一”的“伦理生命体”。事实上，鉴于中国伦理很大程度上充实有儒学的内容，带有许多儒家的色彩，朱贻庭教授这一重写中国伦理学的努力，对于儒家伦理“生命体”的当代重构（再建）也具有深刻的启示和借鉴意义。

一、文化："形神统一内在结构"的生命体

积数十年之研究功力，朱贻庭教授在中国传统伦理思想史暨中国传统道德哲学领域做出了突出的贡献。除了主编《伦理学大辞典》① 等论著之外，早在1989年，他就主编了《中国传统伦理思想史》，对我国"中国伦理学史"的教学和研究起了重要推动作用。令人敬佩的是，2017年，已经高龄的他又出版了作为《中国传统伦理思想史》"姊妹篇"的《中国传统道德哲学6辨》一书，以其强烈的问题意识和精深的理论素养"探究传统道德之哲学基础，透示中国伦理之发展前景"，不仅使自己的中国伦理学研究进入了一个新的阶段，而且也给予我们当下探讨"传承发展中华优秀传统文化和道德"问题以深刻的启示。朱贻庭认为，由于中国传统伦理思想具有富于民族特色的道德哲学基础，因此，只有通过深入研究其道德哲学，才可能合理地把握其包括道德规范在内的思想实质。基于这一认识，他主要从六个方面展开了自己的论辩：探讨传统文化继承与发展基本路径和方法论原则的"源原之辨"，研究作为中国传统道德哲学核心范畴和理论基石（"天人合一"）的"天人之辨"，分析包含治国方针与人生价值两层含义的"义利观"及其"重义"精神的"义利之辨"，还有提出"'和'的本质在于'生'"之命题的"和同之辨"，肯定老子反对道德虚伪之批判精神的"本末之辨"，特别是论证形神统一的文化生命结构和道德生命结构的"形神之辨"。此外，还有未编入此书的思考"再写中国伦理学"问题的"'伦理'与'道德'之辨"②。

毫无疑问，以上论辩都包含着深刻的理论建构，体现了老一辈伦

---

① 朱贻庭主编：《伦理学大辞典》，上海辞书出版社，2011。

② 朱贻庭：《"伦理"与"道德"之辨——关于"再写中国伦理学"的一点思考》，《华东师范大学学报（哲学社会科学版）》2018年第1期。

理学家独到的学术功力，值得对其作全面的分析和汲取。但考虑到本文“运用文化哲学和伦理学的话语体系和全面视角对‘传承发展中华优秀传统文化和道德’问题作系统和深入的学理论证”之任务，笔者以下的阐发主要围绕其“形神之辨”展开：

关于文化与传统文化，朱贻庭有一段精辟之论：“‘文化’是具有‘形神统一’内在结构的生命体。它不仅是现存着的，也是历史地延续着的。作为历史地延续着的文化生命体，也就是传统文化。这就是说，传统文化也是具有‘形神统一’的文化生命体，而正是在其历史地传承中铸成了一个民族的‘精神命脉’。所谓优秀传统文化的继承和发展，实质上就是延续这个民族的‘精神命脉’。所谓‘精神命脉’，就是一个民族的文化之‘神’，一个民族的民族之魂。所以，优秀传统文化的继承和发展，本质上就是‘形神统一’文化生命的历史延续，是民族‘精神命脉’的延续和发展。”[①]这里，朱贻庭提出了“文化作为形神统一生命体”的命题，在当前思想界、理论界和学术界的相关讨论中，由于用典型的中国传统文化哲学和伦理学的学术话语论证了中华优秀传统文化和道德，把相关具有文学色彩的描述性话语凝练为哲学社会科学的学术话语，发挥了一种包含“文化”“形神统一”“生命体”“精神命脉”“神”“魂”等范畴的富有解释力的文化哲学和伦理学话语体系，作为可贵的理论创新，对于我们传承发展中华优秀传统文化和道德具有深刻的启示意义。

至于朱贻庭这么说的根据在于：“形”和“神”作为中国传统哲学的一对重要范畴，出于对人体生命结构的哲学概括，“形”指形体、肉体，“神”指灵魂、心灵；人的生命体就是“形”与“神”的统一，两者缺一不可。此外，“形”和“神”还是中国传统哲学认识论的重要范畴，并被广

① 朱贻庭：《中国传统道德哲学6辨》，文汇出版社，2017，第3页。

泛用于绘画、书法、诗歌、小说、建筑，以及伦理道德等领域，具有文化哲学和伦理学的含义。“在这一领域，‘神’指文化的核心，即价值观、价值和理想；‘形’指主要由语言文字、画像书帖、亭榭楼阁，以及礼仪形式、道德规范等各种文化符号所构成的丰富多彩的具象和样态。‘神’内涵于‘形’并由‘形’而显现；‘形’以载‘神’并传‘神’。‘形’‘神’一体，构成了文化生命体。”①这样，“文化作为形神统一生命体”的命题表明，人们之所以说中华优秀传统文化和道德是民族的根基灵魂、人民的心灵家园、国家的精神命脉、文化的基因血脉，是因为文化是有生命的，具有“形神统一”的结构。在文化的传承和发展中，“形”和“神”相反相济、相辅相成，“形”之实体固然重要，但“神”之灵动更为核心。正是文化之“神”作为民族之“魂”，支撑和引领着一个民族的生存和发展。显然，有了这样对文化之“神”和“形”及其相互关系的界定，关于中华优秀传统文化和道德作为民族的根基灵魂、心灵家园、精神命脉、基因血脉等描述性话语就都被纳入了文化之“神”的范畴，并由此开始可以得到富于中国特色的文化哲学和伦理学之学术话语的系统论证。

进一步说，“形神统一”作为文化和道德生命体的内在结构，首先是一个哲学上的概括性命题，强调文化其“神”是文化的核心，实质上指价值观、价值和理想信念；文化其“形”则指最能显现其“神”的符号和载体，它们构成一个有机的整体，适用于对各种具体文化领域的理解。而从特殊性上看，不仅文化其“形”表现多样，而且文化其“神”也内涵丰富。例如，对于无论是绘画艺术的传神写照、诗歌作品的以文言志、书法创作的以形传神、小说戏剧的虚事传神、园林建筑的神寄影中、“形神统一”不仅强调了这里的“神”都是通过艺术形象（“形”）而显

① 朱贻庭：《中国传统道德哲学6辨》，第177、178页。

现的美学价值；而且也告诉我们，不同于礼仪道德其“神”主要是伦理性的，文学艺术其“神”则主要是审美性的。此外，我们似乎还可以补充说，科学技术之“神”主要是认知性的。“总之，‘形具神存’，‘形毁神灭’；‘神’涵于‘形’，‘形’显现‘神’。‘形’既是结构性的概念，是‘神’的载体，又是功能性的概念，它的功能就是‘传神’。而‘神’为‘君形者’；‘形’无其神，也就成了无魂的躯壳，于是文化也就丧失了生命活力。‘形’‘神’统一，‘形’‘神’一体，正构成了文化的生命结构。”①显然，这里对“价值观是文化的核心和灵魂”即文化之“神”的强调，赋予“文化作为形神统一生命体”命题以更重要的意义：对当前传承发展中华优秀传统文化和道德的努力来说，在使“文化是民族的根基灵魂、人民的心灵家园”等论断成为学术话语的基础上，更使其获得了实质性的学理论证。

文化是一种极为复杂的现象，对其的理解和把握可以从各种视角进行。例如，被视为现代文化人类学创始人、英国人类学家泰勒的文化定义是整体性的，至少包括知识技能和道德风俗两个基本维度：“文化或文明是一个复合的整体，包括知识、信仰、艺术、道德、法律、风俗，以及人作为社会成员而获得的一切技能和习性。”②参照这一定义，人们既可以整体性地考察文化，也可以着重从其中的一个领域出发考察文化。如果这样来看“文化作为形神统一生命体”命题的含义：“‘神’指文化主体的价值观以及由价值观指导下的价值创造，或者说是文化主体的真善美追求及其在创作中所达到的境界；‘形’指各种‘人化’的文化形态的具体样式”③；那么似乎可以说，这一涵义既适用于对文化的整体性考察，也适用于对文化的领域性考察。

---

① 朱贻庭：《中国传统道德哲学 6 辨》，第 199 页。
② 冯天瑜主编：《中国文化辞典》，武汉大学出版社，2010，第 2 页。
③ 朱贻庭：《中国传统道德哲学 6 辨》，第 190 页。

至于就朱贻庭的本意而言，则主要是一种领域性的考察，即他的文化概念主要指向艺术和道德风俗，而不包括生产力领域的知识技能等等。至于现在的问题则是，他这样主要从艺术和道德风俗领域理解和考察文化，合理吗？对此，笔者认为，由于其目标是要为传承发展中华优秀传统文化和道德提供方法论，因此，其把价值观视为文化的核心和灵魂，并从这一视角把握和考察艺术和道德文化，是有充分理由的。当然，在进行这样论证的同时，人们也应该认识到，这只是一种特殊视角；在以其为基础的同时，我们也有必要和可能推进、丰富和发展这一视角的成果。

二、形神统一：中国伦理的“文化生命结构”

以上从学术话语和文化观念两方面，笔者不仅初步阐发了朱贻庭“文化作为形神统一生命体”命题的基本内涵和重要意义；而且还指出了这一命题中的文化概念，主要指相对于经济和政治领域之“作为思想性或精神性的”文化领域，即通常文化哲学中的狭义文化或小文化，而不是文化哲学中的大文化，即包括物质文化、制度文化和精神文化三大领域整体的广义文化。显然，从其论证来看，这里的文化确实是小文化，包括绘画诗歌、小说戏剧、书法建筑、伦理道德、思想理论等等。在这个领域之外，不仅还有经济、政治等领域；而且在这些领域之间，还存在着种种复杂的作用与反作用关系等等。当然，即使在小文化的范畴内，“文化作为形神统一生命体”的命题也能够将当前关于传承发展中华优秀传统文化和道德的讨论学理化，深刻地说明实现作为传统文化之“神”的中华优秀传统价值观之创造性转化和创新性发展，实际上就是民族之魂、民族精神命脉的延续和发展。但是，笔者有一个设想，如果“文化作为形神统一生命体”命题中的文化指广义的大文化，这样我们是否可以用“形”指物质文化和制度文化，用“神”指精神文化，也就是用“形”和“神”这对范畴更直接和更广泛地来考察一个民族及其文化的生存和发展，以至于说“中华民族”“中华文化”本身也就是一个具有“形神统一”内在结构的生命体？这样做是否更有利于我们传承发展中华优秀传统文化和道德？笔者认为，这种可能性是存在的；但由于涉及复杂的理论建构，需要在本文以下的探讨中逐步展开。

这就是说，朱贻庭主张“形神统一”适用于思想性或精神性的小文化现象，而不像“形式与内容的统一”等范畴那样适用于宇宙的一切事物；至于其是否只能在小文化中运用，而不适用于大文化范畴，对此他并没有明确和集中地进行论述，从而应该是可以讨论和开放的。

有鉴于此，围绕“形神统一也是伦理道德的文化生命结构”，笔者接着先在小文化的范畴内继续考察“文化作为形神统一生命体”的命题：“形神统一”除了是中国传统美学文化的创作原则和生命结构之外，还是伦理道德的生命结构。“中国传统的礼仪（狭义的‘礼’）之作为一种道德形态，是主体通过践行具体的行为规范和行为样式，以表达对客体的‘恭敬’‘辞让’（谦让）之心。……前者是礼仪节文，后者则是主体内心的恭敬和辞让的道德价值和道德情感，或曰礼仪道德”。又引征元陈澔在《礼记集说》序中所说“礼仪三百，威仪三千，孰非精神心术之所寓。”进而断定：“礼仪道德作为文化的一种具体形态，同样具有‘形神统一’的生命结构。”①这里，通过用“形神统一”来界定儒家礼仪道德的生命结构，不仅充分展示了这一范畴在思想性或精神性的小文化领域中的广泛适用性，而且本文的探讨也随之从文化哲学转进到了伦理学领域。人类的道德活动是一种丰富和复杂的活动，包括内与外、形式和内容等多个方面，可以从多种视角、用各种范畴解释其多种面相；但是，由于儒家礼仪道德活动在“形”“神”兼具方面的典型特征，

① 朱贻庭：《中国传统道德哲学 6 辨》，第 185、186 页。

这一界定和考察的方法论意义也就特别重要。

基于伦理道德也是“形神统一”结构的文化生命体观念，在伦理道德的实践领域，朱贻庭强调了重“神”是儒家关于礼仪实践的一条基本原则：“儒家更重视礼仪其‘神’，而礼仪其‘形’之所以必要，在于其能表达践行者的恭敬、辞让之心；为了表达恭敬、辞让之心，礼的仪式节文是少不得的。……但是，礼仪之‘形’毕竟是为礼仪之‘神’服务的。……道德能感化人心的主要不是其‘形’，而是通过‘形’而显现的‘神’。”①至于在伦理道德的理论领域，也可以说在中国传统文化的理论领域，朱贻庭则指出：中国经、史、子、集四部的古代文献也都是“形”与“神”的统一。称“其‘形’就是文字典章，其‘神’就是内涵于文字典章并通过文字典章而体现的义理和价值观。一部中国传统思想史正是通过经、史、子、集这些文字典章载体而内涵的义理、价值观演变、发展的历史。其中就包含着中国优秀的传统文化。我们今天之所以要保护中国固有的语言文字和文化典籍，其根本的目的就是要保护、继承和弘扬承载于其中的优秀的义理和价值观。”②而作为内涵于中国古代伦理道德之“形”中的“神”的优秀义理和价值观，在他看来，就是足以标识中国古典哲学宇宙观和思维方式特征、包括道德本体论和人生修养精神境界说的“天人合一”之宇宙结构模式和“赞天地之化育”之人生修养论，以及在社会治理层面上体现为执政者的治国价值方针和社会价值取向，在人生哲学层面上体现为人生的价值方针和价值取向的“重义”之义利观。必须强调，在当前对中华优秀传统文化和道德基本内涵的各种概括中，朱贻庭的上述观点是值得重视的。

总之，应用文化和伦理道德“形神统一”的辩证法，朱贻庭关于文

① 朱贻庭：《中国传统道德哲学 6 辨》，第 186、188 页。

② 朱贻庭：《中国传统道德哲学 6 辨》，第 188、189 页。

化和伦理道德其“神”即价值观是文化的核心和灵魂的论证具有重要的理论和实践意义。例如，为加强当代社会的礼仪文明和道德建设，我们既要重视礼仪节文和道德规范的构建，更要把功夫放在激发和确立人们的道德情感和道德信念上。而在更广泛的传承发展中华优秀传统文化和道德方面，把握“形神统一”的辩证法也提示我们：在保护传统文化之“形”的同时，我们更要“使优秀的传统文化之‘神’与时代精神相融合并通过现代的文化之‘形’而得以弘扬。”[①]当然，在充分肯定朱贻庭“文化作为形神统一生命体”命题的同时，我们也必须看到，正如本文已经指出的那样，其“形神之辨”毕竟主要是在小文化之内进行的，而没有充分结合大文化的范畴一起展开。对于我们来说，也就蕴含着进一步发挥的余地，即对其进行丰富和发展的可能。

三、再写形神统一的“中国伦理学”

从中国文化的“形神统一内在结构生命体”理解，到中国伦理的“形神统一内在结构生命体”的提炼，使朱贻庭据于“形神之辩”的观察思考，来研究和总结中国伦理，有了更高的立论、更广的视野。由此重写中国伦理学，定当言之成理，持之有故，新意迭出，特色昭然。

所以，朱贻庭再写与重建的“中国伦理学”体系，显然不同于一般学科分类定势下的概念命题分析和知识体系构建，而是抓住古典中国融哲学与伦理于一体的特点，以独特的研究视野、思路和方法，从哲学的高度，总结中国传统伦理学演化、发展的基本内涵、精神特质和资源价值，扎实推进传统与现代、历史与逻辑的融合思考，为传统伦理思想资源的创新转化，提供了一个“样本”和“理论范式”，以回应现今中国对传统文化研究的时代需求，这是有重要的学术价值和理论意义的。

① 朱贻庭：《中国传统道德哲学6辨》，第203页。

著名哲学家冯契先生曾引述黑格尔所说“哲学是哲学史的总结，哲学史是哲学的展开”，阐述自己关于中国哲学研究的观念和思路方法，并以此为指导，着眼于揭示和梳理中国古代哲学的逻辑发展，探索中国近代哲学革命的进程，进而创建了以《智慧说三篇》为代表、真善美统一为核心理念的“中国现代哲学”体系。

朱贻庭对伦理学、伦理学史的认知和理解，和冯契先生的思想理念十分相契。他深知，属于哲学范畴的伦理学，自然就是伦理学史的总结，而“中国伦理学”则对应“中国伦理学史”的总结。故他在伦理思想史研究上孜孜以求的是对伦理学本身的研究，又在伦理学研究中着力寻找伦理思想史提供的依据和资源。由此塑造并确立自己关于中国伦理学研究的观念、思路和方法。其中尤值得注意的有三。

第一，朱贻庭的中国传统伦理学研究，不局限于伦理学学科本身。他突破单一学科的局限，除了融合哲学的、道德问题的思考，还善于联系文化学、社会学等领域研究发展的背景，以复合学科的视野和思路，探讨和把握中国传统伦理思想的哲学智慧和民族特色。同时又十分注意引入古今、中西辨证比较的研究方法，从而扩大了研究视野，夯实了学术厚度。

为了进一步辨清“源原之辨”，回答中国伦理思想演变、转化的内在根据和必然逻辑，朱贻庭主要提出“价值对象性”和“古今通理”两项概念。

关于“价值对象性”，朱教授直言，只有“存在于传统文化中的现代的‘价值对象性’，才是传统文化实现创造性转化和创造性发展的内在根据。”①

问题在于，何谓中国传统伦理中“价值对象性”的存在？《6辨》指

① 《中国传统道德哲学6辨》，第9页。

出，它是“存在于传统文化资源中，被发现可以为现实社会所需要并可转化为现实价值的价值对象”。这个说法有点拗口，其意是要在传统文化中发掘现实社会文明建设所需要借鉴、采纳的优秀资源，而要使这种传统资源成为满足现代价值重构的要素，则需要通过价值评价来实现其向“现代价值”的转化。

就“价值对象性”的思想内容而言，朱贻庭分两个层面作解析：一是属于精英文化，即存在于历史传承的文献、文本中的学理性、思想性的伦理，往往表现为观念的、命题的、概念术语的论述；一是广泛地扩散、传播于社会民情风俗领域的世俗伦理，既有民间原生态的人伦习俗、道德行为，也包括精英伦理延伸、推广于人们日常生活而形成和产生的新人伦习俗和道德行为。前者称精英伦理文化，后者则为大众伦理文化。主张“研究传统伦理，不仅要依据历史文本”，总结精英伦理文化的传统，而且还要十分重视对世俗伦理文化传统的实证研究。

发掘传统伦理所内涵“现代的价值对象性”，并将之确定为中国传统伦理研究的重点和主要任务，这是朱贻庭伦理学研究的一大特色，也是其研究创意。但他着重去发现和探讨的不仅是“价值对象性”的知识体系，更需要的是如何理解和把握“价值对象性”的具体体现和思想表征，这就是所谓“古今通理”。

关于“古今通理”中的“理”，朱贻庭是用以说明“价值对象性”的伦理内涵和思想特质的。但他更强调古今之“理”的特质与功能在“通”。认为这个“通”，讲的是沟通之通、交会而通、转化融通，肯定了不同时代、不同学派的伦理思想之间“异”而相通，并视之为伦理思想史上的基本事实和一种发展规律。他还特别指出：“在传统文化中的‘古今通理’，并不等于‘古今同理’，”同时也有别于“古今共理”。力求让人明白不能以“同”“共”的观念理解“通理”，正是在这样的意义上，他批评诸如朱熹那样的理学家，指出他们崇尚“道统”、专尊“圣贤”、神圣经典，视圣贤经典为万古不变的教条，完全抹杀了思想传承中的演化和创新，势必导向原教旨主义式思维陷阱。对于一些现代新儒家学者常用古今“同理”“共理”的说法，来鼓吹“返本开新”，则批评其以“同”“共”之“理”替代“通理”，实质是抹杀了传统伦理的传承创新、现代转化的必要性和必然性。

朱贻庭指出，“古今通理”不仅是传统伦理所内涵的“价值对象性”的具体体现，也是中华民族一脉相承的“精神命脉”的特定载体。充分理解和把握传统伦理学中“古今通理”的存在，有助于我们发现、总结古今之“理”相通、承续、转化的基本环节，以实现对“价值对象性”的现代价值再创造。诚如《6辨》中强调的：“因为古今‘相通’故可继承；又因为古今‘不同’，故需要改造和发展。从而实现‘在继承中发展，在发展中继承’。这就是古与今——传统与现实关系的辩证法。”据此，朱贻庭亮明了自己提出“源原之辨”对于研究中国传统伦理学的意义：揭示和总结的“古今通理”，就是要通过对传统伦理思想的梳理反思、分析整合、批评改造，克服其历史局限和理论弊端，实现传统理论思想的创造性转化和创新性发展。

第二，朱贻庭断定：“今天我们要再写中国伦理学，搞清楚‘伦理’和‘道德’之关系，应是必不可少的首要议题。”为此，他通过辨析“伦理”与“道德”的区别与联系，确立起自己的伦理学观，为中国伦理研究奠定立论基础、找到理论范式，进而阐述“天人之辨”“心性之辨”“义利之辨”“和同之辨”等道德哲学基本理念和主要论题。而这些理念和论题，往往和“形神之辨”密切相关，很多是“形神之辨”结构的扩展和延伸，又提炼为义利、和同、本末、形神等一系列对偶范畴，以此为纲结和纽带，为构建中国伦理学的逻辑体系提供了合理的思路、建构框架和话语表述系统。

就我的领会和理解，朱贻庭积数十年之学养和功力，阐发和建构的这个理论体系和话语表述，集中发力于实现中国“古典伦理”与“现代伦理”的连接转化、传承创新。当然，这个“实现”还在进行中，是否最终完成，有待继续努力，接受时代的考验。但可以肯定的是，建构这个伦理学体系所据的系列性关系概念，其内涵解析分明，内在连接有序，中国话语特色鲜明。内中又渗透了满满的文化担当精神和学术使命意识，执着地追求创意性总结。这足以证明：这个初立的体系，是属一己之学，然用足功力，言之成理，持之有故。读之，思之，体会之，使人感到朱贻庭对“中国伦理学”的逻辑建构和话语表述，非常注意在事实判断的基础上做出价值考量，再加上其史料充实、所据可靠、思维严谨，极少牵强，更无附会，着实难能可贵。

“义利之辨”是中国传统伦理文化和伦理思想的基本问题，某种程度上也是“形神之辩”的转化形态。“义”者，道义也，理义也，在文化上、伦理上讲，都是属于内在的精神价值的深层；“利”者，功利也，显现于外，形之行动和行为。

就儒家而言，其通过“义利之辨”，对应展开的是治国理政与道德人格双重涵义的伦理思想。而这样的双重伦理涵义，构成为中国伦理学中特定的义利观，一在昭示和规导为政者（君与臣）的治国理政价值方针；二是在人生价值目标和人格理想的设计上提供价值导向和行为规仪。其内在一以贯之的有“为政以德”“重义由义”“见利思义”等伦理理念，有效促成了中国义利观思想资源的传承和创新，实现其现代转化。区别于一批现代新儒家立足于“返本开新”，将儒家义利观迷失于“唯道义”的片面性，朱贻庭通过“义利之辨”重释儒家的“重义”精神，既体现于治国的价值方针，又体现于人生的价值取向，内含着十分宝贵的“古今通理”，才真正具有现代“价值对象性”。

“贵和”“和生”是中国传统伦理文化和伦理思想的价值目标。对于“和同之辨”，则主要通过“和”“分”“生”等概念术语，及“和实生物”

"和而不同""义分则和"等命题的梳理分析，总结提炼出别具特色的"和生之道"，既是社会和谐发展的伦理范式，也包含着对"有序和谐"人伦秩序的设定和追求，显然是一种旨在沟通宇宙观与人生观的"生命伦理"学说。

"本末之辨"涉及中国传统伦理关于"道德结构""道德实践"的思想。通过"本末之辨"的阐述，侧重在儒、道两家的比较考察和差异互补，探讨了道德本真、道德真诚、道德修炼和德性养成的问题，其中包含着提倡道德真诚，反对道德虚伪这一道德实践的根本问题。这在"中国伦理学"体系中是内容丰富、分量很重的部分。

第三，朱贻庭教授的"重写中国伦理学"，还注意联系更广的大文化背景，深入发掘和梳理中国伦理的丰富内涵和多重价值。

提出"文化作为形神统一生命体"的命题，还涉及从小文化推进到大文化的研究思路，同时意味着通过"形神之辨"来思考中国伦理的基本问题，也获得了新的历史哲学、文化哲学的意味。

从文化学的意义上讲，"大文化"指向的是"一整套生活方式"，至少包括物质的、制度的、精神思想的文化三个层面。按形神统一的"文化生命结构"的视野和思维方式，物质文化、制度文化成了整个文化之"形"，精神文化则是整个文化之"神"。而这种综合了大文化观之"文化"中的物质、制度和精神之间的"形神"关系，显然就不只是小文化中的"'神'涵于'形'、'形'显现'神'"的结构和功能关系。鉴于社会存在不仅仅是社会现实的经济关系、政治状况及其变革；而且也包括民族历史的经济关系、政治状况及其变革，这种新的文化观就不仅揭示了经济和政治制约文化和道德、文化和道德反作用于经济和政治的线性时代性关系，而且也揭示了相对于经济和政治，文化和道德的多元民族性关系。就精神文化之"神"对经济和政治文化之"形"的作用方式而言，不同于小文化观主要对此作外在的反作用理解，大文化观则认为，精神文化是通过内在于、渗透于、弥散于所有经济和政治活动之中，作为其“根基”和“灵魂”而发挥作用的。

这样综合性地来理解文化和经济、政治的关系，理解文化对经济、政治的作用，显然更能论证“价值观是文化的核心和灵魂”，中华优秀传统文化和道德作为民族的根基灵魂、人民的心灵家园、国家的精神命脉、文化的基因血脉，成为中国特色社会主义植根的文化沃土等论断。因此，为真正和充分地发挥“文化作为形神统一生命体”命题在传承发展中华优秀传统文化和道德中的建设性功能，我们要自觉地把小文化观和大文化观、小伦理观和大伦理观结合起来。

这里的小伦理观和大伦理观范畴，是笔者参照文化哲学和文化人类学关于小文化和大文化区分的研究成果，为丰富、扩展和深化伦理学研究的基础理论而提出的一种设想。[①] 在我国现代伦理学的发展中，形成系统和影响最大的研究和教学成果是建立在小伦理观之基础上的。这种小伦理观认为伦理道德作为一种社会意识形式，受经济和政治的制约又反作用于经济和政治，强调伦理道德的时代性维度，不仅为“五四运动”及其之后的道德革命提供了思想和理论武器，而且在加强中国特色社会主义伦理道德建设的过程中，也是一个不可放弃的基本理论维度。但毋庸讳言，由于小伦理观内在地蕴含着的伦理道德线性进化的观念，在理解和坚持伦理道德的民族性方面有所缺弱，难以为中华优秀传统文化和道德作为民族的根基灵魂、人民的心灵家园、国家的精神命脉、文化的基因血脉等论断作出充分的论证。这就提出了实现伦理学研究的基础理论从小伦理观向大伦理观推进的要求。而大伦理观主要从民族性的维度定义伦理道德，把它理解为整个

---

① 陈泽环：《文化自信中的文化观与伦理学——三论新时代伦理学话语体系的构建》，《东南大学学报》2018 年第 4 期。

民族生活的独特伦理追求、道德基因、德性标识、规范支撑，至于对中华优秀传统伦理道德，则把它理解为现代革命道德和社会主义先进道德的深厚基础。因此，构建中国特色的伦理学学科、学术和话语体系，为实现中华民族伟大复兴构建伦理秩序，必须丰富和发展伦理学的基础理论，努力实现小伦理观和大伦理观的综合。就本文的探讨而言，这也可以说是朱贻庭教授关于“文化作为形神统一生命体”“价值观是文化的核心和灵魂”的论证给予我们的学科建设启示。

生生伦理学：一个现代儒学的建构形态

杨泽波

"生生"是一个古老的词汇，初见于《周易》，常用来解释外部世界和个人生命的延续和发展。近年来，这个概念重新引起了一些学者的注意，连续发文加以讨论，或确定中西哲学之不同①，或探讨以此重建中国哲学之可能②。我高度评价这些学者的努力，但我关注这一问题的着眼点与侧重面有所不同。我是要探讨道德本体与时空的关系，旨在将时间（包括空间）观念纳入道德本体之中，以此为基础建构一种新的理论形态，即"儒家生生伦理学"。

---

① 孙向晨近年来尤为关注这一话题，撰文对中国文化与海德格尔进行比较，认为海德格尔关于"此在"的分析，显现出人的生存论结构的某种面向，核心特征可概括为"向死存在"。中国文化传统则以"生生不息"为核心，展现出了完全不同的生存论面貌。在中国文化的视域下，此在不再"无家可归"，而是一开始就"在家"中；家不只是一种社会的基本组织，更显现为一种承载世代发展的生存论结构；孝是"家"中最主要的德性，既揭示了生命的连续性特征，又展现了中国文化传统中伦理发生的机制。详见其论文《生生不息——一种生存论的分析》，《中国哲学与文化》第十三辑。这是一篇重要文献，在学界有较大影响。

② 参见丁耘《生生与造作——论哲学在中国思想中重新开始的可能性》（此文删节版曾以"哲学在中国思想中重新开始的可能性"为名，发表于《中国社会科学》2013年第4期，后收丁氏著《中道之国——政治·哲学论集》，福建教育出版社，2015年）。丁耘将以亚里士多德四因说为背景的西方哲学传统概括为造作，而将中国文化传统概括为"生生"。四因说中最重要的是形式因和质料因，但亚里士多德并没有止步于此，对动力因和目的因同样关注，而这方面的论述事实上已经指向了"生生"的方向。如果能够在海德格尔、牟宗三的基础上，借鉴中国文化传统中的"生生"观念，很可能会展开一个与西方哲学完全不同的前景，而这也正是重建中国思想的一个可能性。吴飞后来撰文《论"生生"——兼与丁耘教授商榷》（《中国文化研究》2018年春之卷），对丁文的一些观点提出商榷。丁耘随后又以《〈易传〉与"生生"——回应吴飞先生》（《哲学研究》2018年第1期）一文予以回应，形成一个不小的学术热点。

一、“本体”诠释：“十力学派”遗留的问题

这里所说的“十力学派”，特指由熊十力到唐君毅、牟宗三一系学脉相传的思想学派。这个具体说法是由我的学生曾海龙首先提出来的，甚合我意，遂成为我讲学的一个关键词。①

“十力学派”之所以打动我，于心戚戚然，是因为这是一个有根的学派。

近代以来，在外来思潮的冲击下，中国人渐渐失去了自己的精神家园，陷入精神的迷失之中。这种迷失的产生离不开这样一个基本矛盾：一方面随着科学精神的传入，人们知道了科学的重要，认同了科学的价值；另一方面，这种科学又无法为世界找到终极之根，不能给人心带来安顿。熊十力清醒地抓住了这个关键点，提出要解决这些问题，必须重构本体，建本立极。他有这样一段话：“哲学，自从科学发展以后，它的范围日益缩小。究极言之，只有本体论是哲学的范围。除此以外，几乎皆是科学的领域。虽云哲学家之遐思与明见，不止高谈本体而已，其智周万物，尝有改造宇宙之称识，而变更人类谬误之思想，以趋于日新与高明之境。哲学思想，本不可以有限界言，然而本体论究是阐明成化根源，是一切智智（一切智中最上之智，复为一切智之所从了，故云一切智智）与科学但为各部门知识者，自不可同日语。则谓哲学建本立极，只是本体论，要不为过，夫哲学所穷究的，即是本体。”②由此出

① 余英时很早就关注过这个问题，其著名的《钱穆与新儒家》一文中即有“‘新儒家’主要是指熊十力的哲学流派”，“熊十力派中的人，才是真正的‘新儒家’”的说法，以期将钱穆与所谓的“新儒家”划清界限。但他似乎并未将“十力学派”作为一个专属概念提出来。（余英时的相关材料是陈迎年向我提供的，并建议我多加关注，在此表示感谢。）曾海龙在其博士论文《熊十力思想研究》中，则明确提出了“十力学派”这个概念（但论文正式出版时，受一些因素的限制，反而将这个说法去掉了，十分可惜。见曾海龙：《唯识与体用》，上海人民出版社，2017）。

② 熊十力：《新唯识论》，中华书局，1985，第2页。

发，熊十力以中国哲学为基础，建构起了自己的本体之学。他反复讲，他的学说的最大特点是“贵在见体”①。熊十力重体，离不开佛学的背景。熊十力出道源自学佛，因对佛家学理不满，才又脱佛入儒的。他经常讲，佛学是一个虚，儒学是一个实。佛学之所以是一个虚，是因为佛学讲缘起性空，认为世间万物没有一个固定的本性，一切都是幻化之物。儒学之所以是实，是因为儒学重体，而这个体就是道德的本体。

熊十力不仅重体，而且强调这种体必然表现为用，而这种用是通过当下呈现进行的。当下呈现是熊十力非常有名的说法。熊十力讲的呈现，首先是道德践行意义的。道德践行意义的呈现指在特定的道德境遇中，道德之心一定会表现自己，给人一个指导，告知应该如何去做。我理解当下呈现历经坎坷，费力多多。一开始只是觉得这是一个重要话题，但于具体含义不甚了了。后来经过不断参研，用了差不多三年多的时间，才终于明白了其中的道理，自以为进步很大了。谁知又过了近二十年才发现，当下呈现还有道德存有的意义，我对当下呈现的理解并不深刻，更不完整。所谓道德存有意义的呈现是指面对宇宙万物，道德之心同样会表现自己，将自己的价值和意义赋予其上，使原本没有任何色彩的对象染上道德的价值和意义。这两种意义的呈现缺一不可。经历了这些曲折，我对熊十力有了更深的理解，进而将熊十力思想的核心概括为“一体两现”②。一体就是“吾学贵在见体”的“体”，“两现”一是道德践行意义的呈现，二是道德存有意义的呈现。我经常说，我入儒家的门，就是从懂“一体两现”开始的。

牟宗三很好地继承了其师熊十力的思想。同熊十力一样，牟宗三

① 郭齐勇在这方面做出了重要贡献。郭齐勇在攻读硕士和博士学位期间，研究的方向都是熊十力，对熊十力“吾学贵在见体”的思想有详细的阐发。参见郭齐勇《熊十力思想研究》（天津人民出版社，1993 年）第二章“熊十力的‘境论’——‘本体—宇宙论’发微”。

② 详见杨泽波：《〈心体与性体〉解读》（上海人民出版社，2016 年版）“绪论”部分第一节。

也非常重视本体问题。牟宗三关于本体的称谓特别多,较重要的是道体、性体、心体。道体是从天道来说,上天为道,本身即为体,即道体。道体赋予个人以内容,个人从道体禀得的部分,即是个人之性体。性体虽然重要,但本身不能活动,真正能活动的是个人的良心,良心也是一种体,即为心体。除道体、性体、心体之外,牟宗三关于本体还有其他一些称谓,如仁体、诚体、神体、易体、中体等等。这些称谓具体内涵略有差异:仁体是就人的道德本心说的,心的真正内容是仁,心之形著实际上是仁之形著,所以仁也是体;诚原本的意义为真实无妄,用来形容生物不测的天道,天道因此也常以诚来代替,这样诚本身也就成了体;神体是说神化之神,非说鬼神之神,是说体,非说气,就体而说的神即为神体;易体与神体的意义相近,也是就体说,非就气说,将易上通其极,通于寂感真几、创生不息之实体,此时的易也是体;中字原是就《中庸》"喜怒哀乐之未发谓之中"而说,既可于喜怒哀乐未发之时或之前,指目一个超越实体为中,又可只以平静的实然心境为中,牟宗三取其前者,这就是中体。除此之外,牟宗三还使用了敬体、直体、忠体、义体、知体、奥体、真体、觉体、寂体、密体、妙体等不同的说法。这些说法各不相同,其义则一,都是指谓於穆不已、纯亦不已之创生实体,只是侧重点各有不同罢了。

将牟宗三这些关于本体的不同说法加以归纳,无非有两类,一类以性体为代表。牟宗三将性体原则规定为存有性原则、客观性原则。牟宗三有此看法,是因为讲性体离不开道体。"统天地万物而言曰'天',即道体也,即创造的实体也,吾亦名之曰'创造性之自己'。"①道体是就总体上说的,而这个总体必须通过个体来显现,这个源自于道

① 牟宗三:《从陆象山到刘蕺山》,载《牟宗三先生全集》第8卷,台湾联合报系文化基金会、联经出版事业公司,2003,第397页。

体的个体就叫性体。于是，性体便扮演着体现存有论原则的角色。所谓存有论原则是说性体是总根源，一切道德节目都由它而生，因它而有自己的存在。道体是就总体而说，性体是就个体而说，虽然立名分际不同，但内容完全为一，而这种内容的最大特点就是具有客观性，可以保障心体有一个正确的方向。

另一类以心体为代表。牟宗三将心体原则规定为主观性原则，是“形著之主”。“形著”一词出于《中庸》第二十三章的“诚则形，形则著，著则明”，是有了诚心就会表现于外，表现于外就日渐显著，日渐显著就有光辉发越之盛的意思。宋儒进而讲“性者道之形体，心者性之郛廓”，着力建构道与性的相互关系。牟宗三顺此方向发展，突出形著二字，主要是说心的作用非常重要，只有通过心才能使性的意义全部显现出来，否则，性只是客观的潜存，不能发挥实际作用。这就可以理解牟宗三为什么要这样说了：“心是主观性原则，形著原则，言性惟因心之觉用而始彰显形著以得其具体化与真实化。心为物宰是因其为性之‘形著之主’，心性合一，而为物之宰也。”①简言之，所谓形著就是心体使性体彰显其存在，一方面利用心体的活动性使性体能够动起来，另一方面又借助性体的客观性使心体具有客观性的意思。

由于充分考虑到了这些问题的重要性并有透彻的阐发，牟宗三取得了很高的学术成就，代表了20世纪下半叶相当长一段时间儒学思想的最高水准。但是，如同其师一样，牟宗三关于本体的一系列讲法有一个根本性的缺陷，这就是未能注意本体与时间性、空间性的关系。从牟宗三的立场看，他这样做很自然。按照一般的哲学道理，时间性和空间性是具体的，本体与这些具体的时间性和空间性无缘，一旦将本体与时间性和空间性联系起来，那么这个本体也就很难称为本体

---

① 牟宗三：《心体与性体》第二册，载《牟宗三先生全集》第6卷，第456页。

了。古人一直是这样做的。孔子论仁,并没有讲什么时间性和空间性。孟子建立性善论,虽然有“性善是一个过程”①的含义,既然是“过程”理当就有时间性,但孟子并未对这一要点详细阐述,后人对此也不甚重视。这个问题到了宋明更为突出。宋儒为了与佛教相对抗,必须为自己的道德学说找到一个确定的根据,直至找到了“天理”。大程的名言“吾学虽有授受,天理二字是自家体贴出来”②,当从这个角度来理解。既然是“天理”,根据天不变道亦不变的传统观念,它自然是不变的,这个不变就是不具有时间性。这一思想对后人影响极大。陆象山是一个明显的例子,其“斯人千古不磨心”③的诗句直接割断了良心与时间的关联,而“南海北海有圣人出焉,此心同也,此理同也”④的说法,也将空间性排除在了良心之外。后来王阳明关于良心的一系列论述,一直未能摆脱这个模式。王船山似乎看到这里的问题,提出了性“日生而日成”⑤的说法,但他并没有以这一提法为基础,对前贤的提法做出彻底的反省。熊十力、牟宗三将时间性和空间性排除在道德本体之外,不以时空讲仁讲良心,即是顺着这种传统致思路线发展的结果。

由此说来,“十力学派”尽管在近代继承和发展传统文化方面做出了杰出贡献,但未能关注道德根据的时间性和空间性问题,有将道德本体绝对化的倾向,可以说是传统思维方式在现代的最后代表。要继承“十力学派”,将其学理发扬光大,这个问题必须引起特别的关注。

---

① 孟子性善论已经包含着“过程”的思想,这是我关于性善论诠释的一个重要着力点。详见杨泽波:《孟子性善论研究》(再修订版),上海人民出版社,2016,第43—50页。

② 程颢、程颐:《河南程氏外书》卷第十二,载《二程集》,中华书局,1981,第424页。

③ 陆九渊:《鹅湖和教授兄韵》,载《陆象山全集》,中国书店,1992,第193页。

④ 陆九渊:《年谱》,载《陆象山全集》,第317页。

⑤ 王船山:《尚书引义》,载《船山全书》第二册,岳麓书社,2011,第300页。

二、海德格尔论“此在”:西方哲学的重要转向

西方哲学的发展则是另一番景象。以古希腊为代表的西方哲学的一个重要特征,是希望为世界寻找一个确实可靠的原点。从米利都学派开始,人们就致力于探索组成万物的最基本元素,即所谓“本原”,有的认为是水,有的认为是火,有的认为是数,不一而足。巴门尼德的出现,彻底改变了这种致思方向。巴门尼德指出,之前的做法不可能通向真理。要达到这个目的,必须承认唯一真实的是永恒不变的那个“存在”。面对这个问题,有两条完全不同的道路:一条是真正之路,即“存在是存在的,是不可能不存在的”。另一条是意见之路,即“存在是不存在的,非存在必然存在”。在巴门尼德看来,要走向真理必须做出这种区分,只有存在才是通向真理的途径,非存在不可能通向真理。巴门尼德讲的“存在”在希腊文中的用语是 on,可译为存在、存有、是。17 世纪后,有人将这个用语的复数形式 onta 与 logia 合起来,创立了 ontologia(英语 ontology)这个概念。因此,ontology 这个概念的本义即是关于存在(on)的理论(logos),以前多译为本体论,现在则普遍译为存在论或是论。

柏拉图敏锐地把捉住了巴门尼德这一思想的意义。在他看来,可感世界纷繁复杂,很难对其进行定义。但在可感世界之外,存在着某种确定不变的理型(理念),理型是可感世界的本质。理型是一,可感世界是多,理型不变,可感世界变化不息。有理型作为基础,世界才能被把握被认识,才能不迷失在变化不息之中。这样一来,理型就成了柏拉图的本体。但是,在柏拉图那里,可感世界中独立存在的事物往往是复合的,集相反的性质于一身,而理型的确定性决定了其必须具有单一性,于是如何以单一性的理型说明纷繁复杂的可感世界,就成了一大问题。为此,柏拉图又探讨了理型之间的相互结合和分有问

题，试图以相互结合在一起的不同理型的集合，对应于集多种性状于一体的现象世界。

亚里士多德以经验作为自己哲学的基础，没有接受柏拉图的理论架构，不认为在可感世界之外还有一个作为理型的纯粹概念的世界，更不认为真理是在纯粹概念的推论中产生出来的。不过，亚里士多德又不满足于经验世界。在他看来，人的认识可以由个别上升到一般，从感性事物达到它背后的本原，而世界上一定有作为第一的原因，这个第一原因是永恒的，是那个不变的“一”。为此，亚里士多德依靠严密的逻辑系统，在对感性事物的逐级抽象中，得出了若干一般的概念，并通过对词语类别的划分，第一次提出了范畴这个重要术语，从而构成了亚里士多德的本原观。这种本原是最终的本原，第一的本原，而这也就是他所说的第一哲学。第一哲学也就是亚里士多德的本体论。

近代以来，西方哲学有一个重要的认识论转向。西方近代科学技术的发展，增强了人类改造自然的能力，人的主体意识不断觉醒，主体观念大为加强，认识问题成了人们最为关注的话题。受传统思想的影响，人们习惯于把自然之物看作是具有广延性的物质实体，与此相应的则是精神实体。于是，就出现了两个实体，即物质实体和精神实体，认识论即是以主观意识去认识客观存在的理论。全部哲学也就围绕着物质和心灵的联系、客观和主观的统一而展开。而此时古希腊的本体论传统仍然有很强的影响力，本体的特征决定了主体的特征，认知主体在一定意义上具有了本体的性质。精神主体具有不变的特性，是一独立的本体，整个认识必须以此为根基才能得以完成。

随后，西方哲学又有了新的变化。这个变化的最大特点是回到人的生活世界，以寻求人的生存的价值和意义。哲学家逐步认识到，主体不仅仅指有意识的个体，还包括信念、欲望、记忆、情感，是有生命的。叔本华、尼采的唯意志主义，柏格森的生命哲学，克尔凯郭尔的存在主义开拓了这个新的方向。在这个过程中,海德格尔的作用尤为重要。在海德格尔看来,之前理论的提问方式往往是“存在是什么”。要回答这个问题,人们只能从存在的既成状态出发,把原本应当是在自我显现中的存在,变为有确定规定和凝固本质的“在者”。这种做法的根本缺陷,是把存在遮蔽了起来。海德格尔强调,“存在”远比“在者”更为根本,只有在“存在”的过程中,“在者”才能获得自身的根据。海德格尔完成的这一存在论转向彻底瓦解了过去的理论方式,确立了现代人本学的思维模型,实现了由认知主体向生命主体的嬗变。

海德格尔反复强调,他一生最为关注的问题就是存在。为了阐明这个问题,与当时相关研究往往从意识本身或主体观念入手不同,他找到了一个新的出发点,这就是“此在”(Dasein)。在德文中,Dasein由 Da 和 sein 两部分组成。Da 有这里、那里、那时、因为、但是、那么等义项;Sein 意指存在(是)。海德格尔将这个用语作为一个专属概念提出来,最重要的意义是要表明,人作为一种存在者是处在具体的生活情境之中的,是有限和具体的,不是传统意义中那种无限的、绝对普遍的认知主体。“此在”这个概念本身即意味着它在世界之中,是“在世存在”。海德格尔强调,“此在”始终是在世界之中的,“在世存在”是“此在”的前提条件。

既然是“在世存在”,那么此在就必须面对死亡。现实世界将人们完全埋没在日常生活的忙碌之中,忘记了自己。庆幸的是,死亡可以帮助“此在”从这种局面中解脱出来。海德格尔讲的死亡不是日常意义的,而是一个存在论的概念。从存在论的角度出发,“此在”是能在,是一种可能性。死亡则是这种可能性的终极表现。“此在”必然要死亡,是先行向死的存在。死亡既无法预期也无法避免。“此在”只有作为死亡才是完整的。面对死亡,“此在”必须思考自身的意义。通过这种思考,“此在”可以明白自己的存在并非由自己决定,而是由他人决定的，从而有一种罪责感。受这种罪责感的驱使，“此在”必须以巨大的热情，敞开自身，筹划自身，将自身投入自由之中，成为一个本真的存在。[①] 死亡是将来的事，面对死亡也就是面对将来。这里将来不是指尚未到来，而是指一种理解的可能性。只有看到终结，“此在”才能确认自己的身份。于是，“此在”便具有了时间性。在时间性中，将来最为重要，只有将来才能决定自己应该是什么样子。但时间并非只有一个维度。在将来到来之前，我们已经存在了，这个已经存在，是由过去的曾在发展而来的。这样，由曾在、现在、将来便构成了环环相扣的链条：现在与曾在对应，沦落与现在对应，理解与将来对应。通过这种时间性，“此在”可以安排筹划自身，成为自己所希望的那种存在。这便是海德格尔讲的时间。

海德格尔由“此在”入手，将“此在”与时间联系在一起，无可辩驳地证明了“此在”是有时间性的，彻底颠覆了传统的本体观念。这个意义可以简单归并为一句话：海德格尔之后再谈没有时间性的本体，已经没有任何可能了，传统意义的本体已经死了。

---

① 海德格尔这一思想有深厚的宗教背景，孙向晨对此有很好的分析。他说：“可以说，基督教对于生命的理解是西方文化传统中对于生命意义理解的一个原型。这种生命理解的特点在于对‘死亡’有着强烈意识，对于末日审判有着强烈期待。在我们日常生活中，‘死亡’乃是生命的消逝，是生命从生存到不再生存的关节点。‘死亡’在西方的文化传统中始终是哲学和宗教的深思对象，更是基督教信仰的主旨，‘上帝要救赎我们的命脱离死亡’(《圣经·旧约·诗篇》:103:4)这一命题表达了基督教的根本愿望。”“在这幅生命图景中，生命在死后的延续非常重要，这也是此世生存的意义所在。死亡是一个关节点，更确切地说，是两段生命之间的连接点，死前生命和死后生命之间的桥梁。‘死亡’是西方文化传统中一个永恒主题，柏拉图(Plato)说过，哲学就是‘练习死亡’，意思是说哲学是在为进入‘死后生命’作准备。可见‘死亡’主题也正是希腊传统与基督教传统相结合的切入点。”(孙向晨：《生生不息——一种生存论的分析》，《中国哲学与文化》第十三辑)但是，一段时间以来，不少人不了解这个背景，看到海德格尔讲死亡，也跟着大讲死亡，完全不明白中国没有这种宗教背景，所以其思维方式完全不同。如果说西方人是“向死而生”的话，中国人则是“向生而生”。盲目大讲死亡，其实也是一种以西释中的表现。

三、儒家生生伦理学引入“生生”概念的意义

上面先讲了“十力学派”的本体，又讲了西方哲学的 ontology，这两个方面的不同十分明显，分属两个完全不同的系统。“十力学派”的本体是本根、本源的意思，西方的 ontology 是关于存在（是）的学说。但将这两个东西放在一起，我们也不得不面临一个矛盾的局面：“十力学派”必须坚持本体的学说，而西方哲学现在已不讲本体了。如果坚守“十力学派”，很难适应西方哲学发展的趋势；如果适应西方哲学的发展趋势，不再讲本体，继承“十力学派”又将成为一句空话。对此，有人可以会说，儒家的本体与西方哲学的本体只是用了相同字眼，意义完全不同，我们可以讲我们的，他们可以讲他们的，二者互不干涉。但这并不能完全解决问题。因为即使完全将本体限定在儒学的范围内，这个本体是不是有时间性和空间性的问题，仍然躲避不开。这是我们必须面对的重大时代课题。那么，有没有既考虑到西方哲学发展的趋势，又不违背“十力学派”思想核心的第三条道路呢？我的答案肯定的，这就是对“十力学派”的本体概念进行改造，将时间性和空间性加入其中。

在本体中加入时间性和空间性，需要借鉴中国哲学一个古老的思想资源，这就是“生生”。“生”字起源很早，甲骨文、金文、小篆均为草木从土中长出之形。《说文》：“生，进也，象草木生出土上。”段注：“下象土，上象生。”“生”叠为“生生”，多用于加强其义。《系辞上传》第五章云：

> 一阴一阳之谓道，继之者善也，成之者性也。仁者见之谓之仁，知者见之谓之知，百姓日用而不知，故君子之道鲜矣。显诸仁，藏诸用，鼓万物而不与圣人同忧，盛德大业至矣哉。富有之谓大业，日新之谓盛德。生生之谓易，成象之谓乾，效法之谓坤，极数知来之谓占，通变之谓事，阴阳不测之谓神。

这一章字面意思并不困难，意思是说，一阴一阳转易相生，往来不穷，这就叫作道。继承它的叫作善，成就它的叫作性。仁者看见它叫作仁，智者看见它叫作智。百姓每天用它而不认识，所以认识君子之道的人不多。一阴一阳之道显现在仁中，藏身于用中，能鼓动万物的生机，而不与得天子之位的人同其忧思，其盛德大业到了极点。（一阴一阳之道）拥有万物而富有叫作大业，每天都有新的变化叫作盛德。生生不停叫作易，形成于象叫作乾，效法于它叫作坤，极尽用卦爻数预知未来叫作占，通晓变化叫作事，阴阳变化不可预测叫作神。

这一章中有一个非常有价值的思想，这就是“生生”。关于“生生”有不同的理解。一是将第一个“生”视为动词，将第二个“生”视为名词，二者构成动宾结构，意为降生、产生天地万物，也可以理解为天地万物从无到有的产生的一个过程。这里的头一个“生”就是一阴一阳之道，并没有另外的主体，否则必然陷入恶性循环。二是将第一个“生”理解为名词，第二个“生”理解为动词，二者构成主谓结构，意味着天地间生命物种繁衍生息是一个永不停止的流程。如此所说，头一个“生”同样只能解释为一阴一阳之道之本身，不可以在这个“生”之外，另立什么主体。三是将“生生”理解为两个动词的叠加，意即一阴一阳之道本身就是“生”，这个“生”没有穷尽，一个“生”再加一个“生”，生生无穷，世界万物均是这个“生生”发展变化的结果。不管取何种解释，“生生”均包含过程之义，意指没有穷尽，没有停息。孔颖达以“不绝之辞”释之，可谓适得其意。①

“生生之谓易”这一说法向我们表明了这样一个重要道理：一阴一

① 吴飞《论“生生”——兼与丁耘教授商榷》（《中国文化研究》2018 年春之卷）第六节“生生与阴阳”、第七节“万物化生”中，对“生生”这个概念有详细的分疏，可以参阅。但作者直接将“生生”与“阴阳”合并着讲，着重强调“生生”的男女化生意义，或有将“生生”的意义窄化之嫌。难怪丁耘在回应文章中特别辨明，“吴飞先生之学重人伦，笔者进路则重道体”。参见丁耘《〈易传〉与“生生”——回应吴飞先生》。（《哲学研究》2018 年第 1 期）

阳的变化是一个永不停止的过程。这个道理对中国人的思维方式有重要影响。中国人总是把世界的生成视为一个过程，由此形成很多相关的说法，如“生生不息”“生生不已”“生生之德”等等。“过程”这个用语过于宽泛，从理论上分析，其实就是指本身包含着时间性，不断发展，不断变化。世界上的任何事物只要是一个过程，就说明它是发展的变化的，而这个发展和变化都离不开时间。一座山，一条河，一个人，一个国家，都有一个由无到有再到无的过程，这个过程就是时间性。与此相关，有时间性必然有空间性。凡是生长的东西都在空间中，都离不开空间性。没有时间性和空间性的具体之物是不可想象的。

牟宗三对“生生之谓易”似乎倾向于第三种理解。他说：“‘生生之谓易’一语，若通体达用地解之，当该是如此，即：能使万物生而又生，而不止于一生者即叫做是易。此即‘上天之载’之自体也，亦即‘天之所以为道也’，此亦是天道之自体。‘天只是以生为道’，此‘生’显然不指‘易相’言，是指‘易体’言，指生之真几、能创生之道言。此能创生的道即曰生道，亦曰‘生理’，即能去创生万物（生物不测）的那‘真几’。”①“生生之谓易”即是生而又生，不止于一个生的意思。牟宗三如此说，意在说明性体的来源。在他看来，性体只能在天道或道体生生不已的过程中产生，源于一个无意识的、自然的过程。虽然对“生生之谓易”有上述解说，但检查牟宗三的著作不难发现，他并没有将时间性和空间性加入道德本体的打算，更不要说对此有详细的说明了。我将“生生”智慧引入儒学研究，建构儒家生生伦理学，就是希望改变这种状况，开辟将时间性和空间性加入儒家道德学说的新模式。

按理说，在儒家经典著作中，并不缺乏关于时间的说法，遗憾的

---

① 牟宗三：《心体与性体》第二册，载《牟宗三先生全集》第6卷，第147、148页。

是，这些说法均与道德本体无关。如《论语》：

子曰："学而时习之，不亦说乎？有朋自远方来，不亦乐乎？人不知而不愠，不亦君子乎？"①

子曰："道千乘之国：敬事而信，节用而爱人，使民以时。"②

色斯举矣，翔而后集。曰："山梁雌雉，时哉！时哉！"子路共之，三嗅而作。③

这里的"时"即指时间，但这些时间都是一般意义的，与道德没有直接关系，更没有讲道德本体是有时间性的。《孟子》更是如此，全书中时字频繁而见，"无失其时""勿夺其时""于时保之"等等不一而足。更为重要的是，孟子还直接称孔子为"圣之时者"：

孟子曰："伯夷，圣之清者也。伊尹，圣之任者也。柳下惠，圣之和者也。孔子，圣之时者也。孔子之谓集大成。集大成也者，金声而玉振之也。金声也者，始条理也；玉振之也者，终条理也。"④

在孟子看来，伯夷、伊尹、柳下惠、孔子都是圣人，但又有差异。伯夷是"圣之清者"，伊尹是"圣之任者"，柳下惠是"圣之和者"。孔子较这三人更高，是"圣之时者"，是"集大成者"。这是对孔子极高的评价了。但孟子并没有进而将时间与良心联系在一起的明确用意。由此不难看出，虽然"生生之谓易"的说法人人皆知，但历史上并没有人十分明确地将这一智慧与道德本体结合在一起。在儒家道德本体研究中，尤其到了宋代之后，有一种明显的将道德本体绝对化的倾向。尽

① 《论语·学而》第一章。
② 《论语·学而》第五章。
③ 《论语·乡党》第二十七章。
④ 《孟子·万章下》第一章。

管不少人已经注意到作为儒家道德学说基础的良心仁体也有其缺陷，也会出问题，但几乎没有人从“生生”的角度看待这个问题。浏览时下的专著和论文，很容易看到，映入眼帘的大多是那套老旧的模式：仁和良心是道德本体，道德本体必然发用，依此而行即可成德成善等等，即使顶尖的学者也鲜有例外。在我看来，这种传统做法明显已经落后了，很多问题没有办法得到合理的解说。下面举两个例子。

一个例子是关于理论的。孟子论性善有一个很有名的说法，叫作“孩提之童无不知爱其亲者，及其长也无不知敬其兄也”[①]。在孟子看来，小孩子都知道亲近自己的母亲，大一点之后都知道尊敬自己的兄长，这些都是天生的，即所谓“我固有之，非由外铄我也”，所以每个人原本就有善性。但如果对这一章加以深入思考，不难发现，这里存在着一个根本性的问题。这个问题不在“孩提之童无不知爱其亲者”，因为小孩子都知道亲近自己的母亲。问题在于“及其长也无不知敬其兄也”。这一句的准确意思是说“及其长”才知敬其兄。既然是“及其长”，就说明“敬其兄”的良心并不是生而具有的，是后来才有的。这与传统每个人天生就有善性的说法，明显不相吻合。

再一个例子是关于现实的。按照传统的说法，人人都有良心，都有善性，依此而行即可成德成善成圣成贤。但既然如此，为什么人还会有错误的举止？二战的时候日本侵略我们，杀了那么多中国人，还进行杀人比赛，谁杀得多，杀得利索，谁是英雄。难道这些日本人没有良心吗？根据孟子性善论的基本原则，显然不能这样说，否则性善论就无法达成圆满了。于是就出现了问题：既然日本人也有良心，也有道德本体，为什么还会杀人呢？如果停留于传统的说法，满足于人人都有良心善性，依此而行，先立其大，知行合一，即可以成德成善，对此

① 《孟子·尽心上》第十五章。

则很难给出合理的说明。

这些问题向我们提出了严峻的挑战。对于这个问题，我们必须挺起胸膛正面相对，不能视而不见，更不能绕道而行。在我看来，重新探讨道德本体与时空的关系，对传统的儒家思维方式进行改革，是一个不错的出路。我建构儒家生生伦理学，借助“生生”这个古老的说法，就是希望从时间性和空间性的角度对传统意义的道德本体加以新的诠释，从而解决这个问题。我的努力既不同于时下关于“生生”问题的讨论，更与传统关于本体的看法有异，是一个很有前途的方向，一旦这步工作做好了，儒家传统思维方式必将发生彻底的改变。

我关注这个问题很久了。我从事学术研究的第一个项目是关于孟子。这一阶段大致用了十年时间，出版了《孟子性善论研究》，此外还有《孟子评传》《孟子与中国文化》。我的孟子研究最突出的特点是以伦理心境对性善论进行解读。伦理心境源于社会生活和智性思维对内心的影响，而社会生活和智性思维都离不开时间性和空间性，伦理心境本身就包含着时间性和空间性。所以，从那时开始，我就有了将时空因素加入儒家道德本体的想法。随后，我又将精力转向了牟宗三研究。这一阶段用了差不多近二十年，成果就是五卷本《贡献与终结——牟宗三儒学思想研究》[①]，以及该书的副产品《〈心体与性体〉解读》[②]。这个阶段是用自己的方法来破牟宗三。我对牟宗三的批评从根本上说，是不满意他的传统的思维方式，而我努力对道德本体进行理论解说，将时空因素加入其中，就是希望从以牟宗三为代表的传统的思维方式中解脱出来。如果说孟子研究阶段的主要任务是立，即建立自己的新方法，那么牟宗三研究阶段的主要任务则是破，即用自己

---

① 杨泽波：《贡献与终结——牟宗三儒学思想研究》，上海人民出版社，2014。

② 杨泽波：《〈心体与性体〉解读》，上海人民出版社，2016。

的新方法破除牟宗三的旧方法。虽然经过了这两个阶段,但受研究主题的限制,很多细节来不及考虑,还谈不上系统的理论建构。因此,长期以来,我一直有一个愿望,希望能够抽出时间和精力对自己的想法做一个总结。漫长而痛苦的牟宗三研究结束后,条件终于成熟了,这项心仪已久的工作终于可以展开了。

儒学思想资源与当代学校德育

张凤池

儒家本质上是一个以“人文教化”为宗旨的学派，其思想在历史的传承发展中积累有许多德育理论，对当代学校教育实践仍具有较高的资源意义与应用价值。

当前，学校德育教育要落实立德树人的根本任务，实现全程育人，全方位育人，关键还在能否尽快摸索出一套将社会主义核心价值观融入国民教育全过程的理论构架和一条科学的实现路径，使其“系统、分段、有效”地“入耳、入脑、入心”。然而，困扰大中小学的一个共通性的问题是：思想政治教育的主题虽然十分明确，但很多学校往往只注重形式，而难以根据大学生的年龄特征，制定出有针对性的思想政治教育方案。整体来看，造成了德育活动形式丰富但目的不明确，不同学段的德育活动难以体现区分度，德育效果不甚理想的结果。

为此，亟需根据不同学段学生的特点，发挥全员德育的协同性特点，有针对性地提出德育活动目标，纵向上解决不同学段的德育衔接问题。引入儒学关于“知行合一”的思想观念及其建构逻辑，力图为解决这一问题提供有价值的思想启示和理论借鉴。

一、问题：角色失范与知行失衡

按教育学上角色互动论的观点，学校德育教学效果不佳，相当程度上同学生道德教育过程中的“角色失范”有关。

这里所讲角色失范，主要指德育教学的内容和安排上，与教育对象的适应性与接受度相脱节甚至断裂。诚如郑敬斌指出:“德育课程内容在系统化衔接实践中还存在着内容断裂缺失、简单重复、层次倒置、断层脱节等一系列问题。”①加拿大社会学家尔文·戈夫曼(Erving Goffman 1922—1982)曾以儿童木马为例,对这些问题做了生动的说明。众所周知,公园里的旋转木马,一般针对 4 至 5 岁的儿童设计。骑木马所要求的身高、身体平衡性、勇气等等,比较符合该年龄段的孩童。倘若是 2—3 岁的孩子骑乘,必须由家长陪同,因为年纪太小的孩童尚未达到骑乘旋转木马的生理、心理要求,对他们来说,过分要求只会让他们在木马上变得胆怯、害怕,甚至造成心理阴影。这种超过自身能力的角色要求,会对孩子产生不良的影响。同样道理,对于 7—8 岁的孩童来说,旋转木马只是“小菜一碟”,他们为了表现出自己完全能够驾驭木马,可能会“不安分”地在木马上做出各种越轨行为,例如倒着骑,侧着骑,同时脸上表现出不屑一顾的神情,等等。前者是角色要求超过孩童的能力,后者则是角色要求远远没有达到孩童自身的能力。两者的情况,都成为“角色失范”。角色失范会造成孩童对自身角色认知产生偏差,对身心成长和社会化产生不利的影响。

在德育活动的过程中,“角色失范”现象的存在严重影响了德育效果。以社会实践活动为例。参观博物馆、革命烈士陵园等社会实践活动,在小学、中学都是司空见惯的道德教育活动。倘若没有为学生量身定做的活动设计,这类活动就会变得千篇一律。对小学生来说,凭借他们自身的认知水平,可能尚不足以完全理解整个活动中的所见所闻,而对高中生来说,他们掌握了一定的网络信息化手段,具备较强的自学能力,常规化的知识性讲解,往往不能满足他们的需要。如此一来,学生对于他们自身道德角色的认知可能出现偏差,德育活动虽然

① 郑敬斌:《学校德育课程内容衔接问题与治理路径》,《思想理论教育》2015 年第 1 期。

开展了，但效果不尽如人意，学生难以通过德育活动，准确把握社会对自己的德育要求。这就产生了学生塑造自身道德角色方面的“角色失范”。

事实上，这种角色失范，往往和教育思想上缺乏“知行合一”思维，忽视动机与效果统一的考量直接相关，是德育教育中“知行失衡”的表现。

二、知行合一与学校德育目标的定位

习近平总书记强调，要以“知行合一”的精神践行社会主义核心价值观，做到“以知促行，以行促知，知行合一”。知行合一的概念，在应用于当代学校德育实践的过程中，可以实现现代性转化，同时成为指导学校德育活动的重要理论资源。

（一）言行合一：先秦知行合一的思想雏形

先秦诸子百家的学说中，不乏关注“言”“行”，注重“言行合一”的理论学说。孔子曰：“听其言观其行。”①并尤其注重行动要符合经常称道的道德标准。如《论语·宪问》里说：“君子耻其言而过其行。”②《论语·里仁》亦有云：“古者言之不出，耻躬之不逮也。”③荀子也同样注重言行一致。《荀子·儒效》里说：“不闻不若闻之，闻之不若见之，见之不若知之，知之不若行之。学至于行之而止矣。行之，明也，明之为圣人。”④同时，荀子还提出了十分具体的方法来考察个人的言行。荀子说：“故校之以礼，而观其能安敬也；与之举错迁移，而观其能应变也；与之安燕，而观其能无流慆也；接之以声色、权利、忿怒、患险，而观

① 张燕婴译注：《论语》，中华书局，2006，第57页。

② 张燕婴译注：《论语》，中华书局，2006，第220页。

③ 张燕婴译注：《论语》，中华书局，2006，第49页。

④ 北京大学荀子注释组：《荀子新注》，中华书局，1979，第107页。

其能无离守也。彼诚有之者与诚无之者若白黑然，可拙邪哉！故伯乐不可欺以马，而君子不可欺以人。此明王之道也。”①

比较细致的考察，当属道家的“九观”。《庄子·列御寇篇》有云：“故君子远使之而观其忠，近使之而观其敬，烦使之而观其能，卒然问焉而观其知，急与之期而观其信，委之以财而观其仁，告之以危而观其节，醉之以酒而观其侧（郭庆藩集释本：“侧”为“则”），杂之以处而观其色。九征至，不肖人得矣。”②通过在九种复杂情境下对个人的考察，来评价一个人的道德水准，对当今社会的德育效果评估，具有较高的借鉴意义。此外，墨子提出“合其志功而观焉”，更是将个体行为的动机也纳入了考察范围。

听其言而观其行，所谓“言”，反映了个体的道德认知，所谓“行”，即个体的道德外化于行。言行合一，反映出个体道德认知与社会行为两个层面作为衡量道德水平高低的重要维度，是早期“知行合一”的基本内容。

（二）知行关系之辩：宋明理学对知行合一思想的发展

从早期的程朱理学到王阳明提出的“致良知”，知行合一思想进一步得到了发展。对“知”与“行”的理解，也从早期的一分为二逐步转变为辩证统一。

程颐主张先知而后行。《程氏遗书》二十五记载：“闻见之知，非德性之知。物交物则知之，非内也，今之所谓博物多能者是也。德性之知，不假见闻。”③他将对现象的初步认识称为“见闻之知”，而将对事物本质的把握称为“德性之知”。《程氏遗书》十五记载：“须以知为本。知之深则行之必至，无有知之而不能行者。知而不能行，只是知

---

① 北京大学荀子注释组：《荀子新注》，第203页。

② 孙通海译注：《庄子》，中华书局，2007，第368页。

③ 程颢，程颐：《二程集》，中华书局，1981，第317页。

的浅。饥而不食乌喙，人不蹈水火，只是知。人为不善，只为不知。”①知是行的前提，知之而方能后行。朱熹继承了程颐对知行关系的理解，也主张知先行后，即“知为先”。正所谓“须先知得，方行得”。同时，他提出了“行为重”。更进一步，他初步探讨了知与行的辩证关系。《朱子语类》卷十四中言道：“知与行，工夫须著并到。知之愈明，则行之愈笃；行之愈笃，则知之益明。二者皆不可偏废。如人两足相先后行，便会渐渐行得到。若一边软了，便一步也进不得。然又须先知得，方行得。所以大学先说致知，中庸说知先于仁、勇，而孔子先说‘知及之’。然学问、慎思、明辨、力行，皆不可阙一”。②

因此，在程朱的学说中，尽管知与行是一对不可分割的辩证概念，但注重先知而后行。而在朱熹那里，知与行的辩证关系得到了初步的讨论。

王阳明批判继承了程朱理学的观点，早期他以朱子宋明理学为准则，事事参照执行，对于格物致知深信不疑。《大学问》云：“故致知必在于格物。物者，事也，凡意之所发必有其事，意所在之事谓之物。格者，正也，正其不正以归于正之谓也。正其不正者，去恶之谓也。归于正者，为善之谓也。夫是之谓格。”③这多少体现了先知而后行的思想。但之后他便提出，不能将知与行分先后。《传习录下》曰：“先儒解格物为格天下之物，天下之物如何格得？且谓一草一木亦皆有理，今如何去格？纵格得草木来，如何反来诚得自家意？我解‘格’作‘正’字义，‘物’作‘事’字义。”“故欲正其心在诚意。”④他针对时弊，提出不能

---

① 程颢，程颐：《二程集》，第 164 页。

② 朱熹：《朱子语类卷第十四》，载朱杰人、严佐之、刘永翔主编：《朱子全书(第 14 册)》，上海古籍出版社、安徽教育出版社，2002，第 457 页。

③ 王阳明：《王阳明全集》，上海古籍出版社，1992，第 972 页。

④ 王阳明：《王阳明全集》，第 119 页。

将知行分做两截工夫，故而提倡“知是行的主意，行是知的工夫；知是行之始，行是知之成”①。将知行并重，提出了知行合一的思想。

（三）分段教育思想与德育衔接原则

古代“知行合一”的思想，以受教育者的成长规律与认知规律为基础，构建了道德教化的分段体系，为解决学校德育活动中“角色失范”的问题提供了理论指引。朱熹的理论就是其中的典型代表。

朱熹将道德教育大体分为三个阶段。八岁以下为童蒙阶段，“夫童蒙之学，始于衣服冠履，次及言语步趋，次及洒扫涓洁，次及读书写文字及杂细事宜，皆所当知”②。童蒙阶段是道德教育的预备阶段，道德教育的内容应当以教会孩子基本的行为规范为主，而不涉及这些行为规范背后的深奥义理。八岁至十五岁为小学阶段，朱熹认为，“古者小学教人以洒扫、应对、进退之节，爱亲、敬长、隆师、亲友之道，皆所以为修身、齐家、治国、平天下之本”③。这个阶段仍然进一步教授各种行为规范，为将来修身成圣打好基础。十五岁以上为大学阶段，主要学习幼时所学的事中之理，“小学是事，如事君、事父、事兄、处友等事，只是教他依此规矩做去。大学是发明此事之理”④。在大学阶段，应当教授行为规范背后的道理，让学生知其然，并知其所以然。因此，小学与大学阶段的主要区别在于：“小学之事，知之浅而行之小者也；大学之道，知之深而行之大者也。”

从教育心理学来看，朱熹分阶段德育目标的设计，符合人的心理

---

① 王阳明：《王阳明全集》，第 4 页。

② 朱熹：《童蒙须知》，载朱杰人、严佐之、刘永翔主编：《朱子全书（第 13 册）》，2002，第 371 页。

③ 朱熹：《卷七十六题小学》，载朱杰人、严佐之、刘永翔主编：《朱子全书（第 24 册）》，第 367 页。

④ 朱熹：《朱子语类卷第七》，载朱杰人、严佐之、刘永翔主编：《朱子全书（第 24 册）》，第 269 页。

发展规律。皮亚杰(Jean Piaget)认为,在每一个发展阶段,儿童所有的活动都标示着确定的智力操作类型,这为儿童获得知识给定了某种结构。0—2 岁左右,皮亚杰称为"感知运动阶段"(Sensorimotor Stage),这个阶段的儿童的主要认知结构是感知运动图式,儿童借助这种图式可以协调感知输入和动作反应,从而依靠动作去适应环境。2—7 岁为"前运算阶段"(Preoperational Stage),儿童能将感知动作内化为表象,建立了符号功能,可凭借心理符号(主要是表象)进行思维,从而使思维有了质的飞跃。因此,这两个年龄阶段所对应的"童蒙阶段",道德教育应当抓住孩子模仿力强,而理性思维能力弱的特点,教之以行为规范,而不涉及"大道理"的讲授。7—12 岁为"具体运算阶段"(Concrete Operations Stage),该时期的心理操作着眼于抽象概念,属于运算性(逻辑性)的,但思维活动需要具体内容的支持。因此,在"小学阶段",仍然以行为规范为基础,为孩子进一步明白事理打下基础。12 岁以后,皮亚杰称之为"形式运算阶段"(Formal Operations Stage),该时期,儿童思维发展到抽象逻辑推理水平。在朱熹看来,即为"大学阶段",就可以传授"精大之理"了。

吸收了朱熹的思想,当代大中小学德育针对不同学段学生特点,制定相应的德育目标。邱柏生提出,小学德育偏重"德育启蒙,行为养成",初中德育偏重"道德认知,情感体验",高中德育侧重"道德实践,感悟责任",大学德育则注重"理性探究,价值追求"。① 从人的社会化全过程来看,道德教育是一个从"感性认知"(知),到"情感认同"(情),到"亲身践行"(行),到"理性反思"(思),最后形成道德自觉的过程。分学段德育目标的设立,遵循这一逻辑,体现不同学段德育目标的区

---

① 邱柏生:《学校德育一体化进程中大中小学德育的合理定位》,《思想理论教育》2016 年第 2 期。

分度。而这一逻辑，很大程度上符合朱熹关于道德教育三阶段的思想。

三、知行合一框架与学校德育评估

（一）知行合一的类型学框架

古人对于知行的关系之辩，为知行合一指导德育实践提供了理论基础。不论是先知后行，亦或是知行并重，实际上“知”与“行”两个维度，在德育实践活动中，互为表里，辩证统一。知是行之始，而行亦成为获得真知的必要条件。“知”与“行”，是开展德育活动，实现道德教育的两个重要维度。因此，不论是以何种形式开展的德育活动，均围绕“知行合一”为核心的德育框架，以德育活动为载体，实现对学生的道德教育。在“知”的维度，乃是德育内化的过程，在“行”的层面，则是德育外化的过程。通过“知”“行”两个维度的互动，德育活动的效果在呈现形态上，体现出“知行合一”“道德资本”“文化标签”“知行分离”四种类型，不同程度上体现了道德教育目标的实现程度。借助学校、家庭、社会等多方力量，从价值观宣传引导与行为实践两个维度上形成合力，达到德育效果。

表 1　德育效果的类型学模式

		行为	
		+	—
认知	+	（Ⅰ）知行合一	（Ⅲ）道德资本
	—	（Ⅱ）文化标签	（Ⅳ）知行分离

1. 知行合一模式

知行合一，是德育内容与学生日常言行完全融为一体的情况。学生在认知层面认同德育目标的内容；在行为层面也能主动践行社会主义核心价值观与中华传统美德，并遵循其行为规范。《荀子·劝学》中言道："君子之学也，入乎耳，著于心，布乎四体，形乎动静。"[①]荀子将道德养成分为三阶段。"入乎耳"是第一阶段，学生在教师的指导下学习道德知识，形成道德认知。"著乎心"是第二阶段，即学生通过理性分析感性知识，对道德认知上升为理性阶段，形成对德育内容的认同。"布乎四体，形乎动静"则是道德外化的过程，是学生践行道德的阶段。完成了三个阶段，即实现了"知行合一"。

2. 文化标签模式

文化标签模式，指学生在环境影响下遵循德育要求，但主观上未必对德育内容认知、认同。斯维德勒（Ann Swidler）提出，所谓"文化标签"，是指文化塑造人们用以建构"行动策略"的一个（包含）习惯、技巧和风格的"工具箱"（Tool Kit），行动者的行为像贴上了文化性质的"标签"。[②] 人们可以从"工具箱"中选取文化工具作为人际交往的手段与方式。

"文化标签"的德育类型，表现为学生仅仅在行为上通过"模仿"符合德育要求，但缺乏对德育内容的充分认知与认同。石大建在地方读经活动的调查中发现，读经班的教育，要求青少年"出必告，返必面""凡出言，信为先"，每天在家里至少做一件家务——包括"为父母开门""收衣服""摆碗筷""洗衣服""自己叠被子"等等，但青少年未必明白儒家礼仪规范的深邃内涵。[③] 类似的现象还有：大学校园里兴起的传统文化复兴运动，如汉服社、诗词社，等等。

---

① 安小兰译注：《荀子》，中华书局，2007，第11页。

② Ann Swidler, *Culture in action: symbols and strategies*, *American Sociological Review*. 1986, No. 51, pp.273—286.

③ 石大建：《"儒经"诵读思潮在民间社会的兴起及其动员机制》，博士学位论文，上海大学，2010，第50、51页。

3. 道德资本模式

道德资本模式，指学生虽然未严格遵守德育目标要求的行为规范，但主观上认同社会主义核心价值观与中华优秀传统文化等德育目标的内容。

德育目标体系的内容，整合了社会主义核心价值观与中华优秀传统文化的内容，符合当代中国主流价值观念。范丽珠等学者指出，某些文化观念之所以在现代中国具有活力，是由于它作为“道德资本”，仍然对现代人的生活发挥作用。[①] 例如，在行业经营中要守“诚信”，在家庭生活中要“节俭”，在公共场合要“爱国”，待人要“友善”等等，这些价值观念源于中华优秀传统文化，但在现代社会得到认同，具有了新的内涵。

4. 知行分离模式

知行分离模式，指学生尽管接受思想政治教育，但在价值观上未认同德育目标体系的内容，在行为上也不遵循德育目标体系要求的行为规范。程为民、熊建生调研发现，当代大学生基本认同中华优秀传统文化价值内涵，但对中华优秀传统文化的整体认知较为欠缺，对中华优秀传统文化的类别认知存在较大的差异。[②] 当今社会处在文化多元的大背景中，学生的思想观念，容易受到非主流价值观念的冲击和影响。帮助学生抵御社会不良观念的侵蚀，树立正确的理想信念，亲身践行社会主义核心价值观，解决思想教育和学生实践“两张皮”的问题，是大中小德育面临的一个重要问题。

---

① James D. Whitehead、Evelyn Eaton Whitehead:《当代世界宗教学》，时事出版社，2006，第 129—134 页。

② 程为民、熊建生:《当代大学生中华优秀传统文化认同状况》，《教育研究与实验》2016 年第 4 期。

(二) 知行合一的德育评价模型

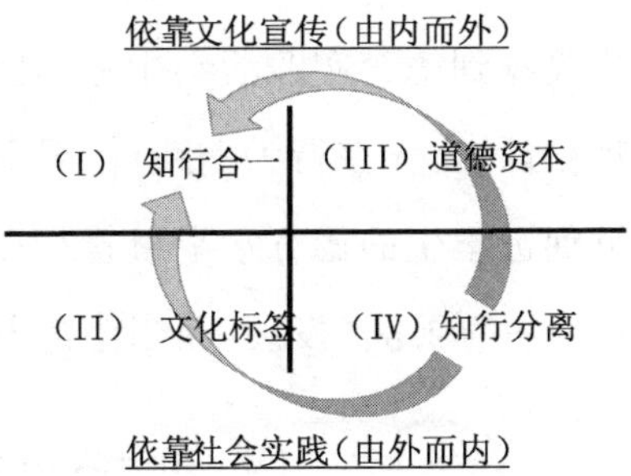

图 1 德育效果类型的演变

“知行合一”是德育预期达到的效果,从类型学框架来分析,德育过程实际上是教育学生由“知行分离”模式逐渐向“知行合一”模式转变的过程。这个过程,可以通过道德内化与外化的交互作用实现。(图 1)

第一种演化,由文化宣传作为内在驱动力,表现为学生在思想层面接受道德教育的内容,进而在行为层面践行,是道德教育由内而外的过程。通过课程教育、主题教育、文化宣讲等宣传教育手段,学生受到文化观念上的熏陶,首先在思想上接受德育相关内容。进一步,由思想上的认同作为内在驱动力,逐步将思想认知付诸行动,最终实现“知行合一”。最典型的就是思想政治课教育。通过理想信念、爱国主义、民族精神等方面的教育,学生首先在认知层面认同并接受,进而再践行相关道德规范。在中学阶段,学生具有一定的理性思维和自我反思能力。德育应该符合他们的心理特点,让学生“心服”,才能促使他们亲身实践。因此,宣传的方式、手段要符合学生的口味,能吸引学生的关注,促进学生的认同。当德育效果良好时,能够促进学生的德育水平沿着“(Ⅳ)知行分离—(Ⅲ)道德资本—(Ⅰ)知行合一”的路径发展。值得一提的是,当德育方法不当时,可能适得其反。

第二种演化,由社会实践推动,表现为学生在学校、家庭等环境影响下,亲身践行道德教育所要求的行为规范,进而体会这些规范的内在涵义,将感性认识上升到理性认识。是道德教育由外而内的过程。对部分学生来说,说理式的道德教育或许难以达到较好的效果。尽管学生对德育内容与要求并没有理性认识，却可能对参加爱国主义教育活动、中华优秀传统文化的实践活动等具有浓厚的兴趣。可以先让学生投身到德育实践活动中去，在行为上“模仿”他人，以亲身实践驱动理性认识，先在行为上践行，再到思想上认同。当德育效果良好时，能够促进学生的德育水平沿着“（Ⅳ）知行分离—（Ⅱ）文化标签—（Ⅰ）知行合一”的路径发展，而当德育方法不当时，也可能适得其反。

四、知行合一思想与学校德育实践

近几年来，中学对学生德育工作越发重视，根据教育部的相关要求，开展了形式多样、特色鲜明的德育实践。在德育过程中，或是以知促行（道德认知先行），或是以行促知（行为规范先行），最终实现“知行合一”，构成了中学德育实践的基本逻辑。

一种方式是以知促行，即首先通过有效的文化宣传，强化学生思想上的道德认知，再由思想指导行为，使学生道德水平沿着“知行分离—道德资本—知行合一”的路径发展。如：作为德育主渠道的政治课、融合了德育内容的其他课程，以及主题教育活动等。另一种方式是以行促知，即首先鼓励学生亲身实践，再逐步使学生在实践中深化道德认知，使学生道德水平沿着“知行分离—文化标签—知行合一”的路径发展。如：仪式教育、社会实践等。随着德育工作的推进，中学通过革新德育目标和德育方案，使部分传统德育方式体现出时代性，符合当代中学生的成长需求。同时，也产生了一些较为新颖的德育形式，大幅提升了德育效果。

（一）趣味性的课程德育活动

趣味性课程的德育形式，是以实践课、拓展课等课程为依托开展德育，重点让学生学习知识，形成基本的道德认知，而后以正确的认知驱动道德行为，是以知促行的典型。德育的内容涉及中华优秀传统文化、社会主义核心价值观等多个方面。学校通过自主开发校本课程，或者将德育内容同智育、体育、美育相结合，着力体现课程的趣味性，使德育更加贴近学生的需求与生活，取得了良好的效果。

有的学校尝试将传统节日文化教育融入校本德育课程体系中，师生共同展开探究学习。学校在基础型语文课程的教学中，整理出以传统节庆为背景的古诗文，在基础型德育课程的教学中，组织学生以小组为单位，全面了解不同节庆的历史由来、习俗、饮食文化等。学校在校本拓展型、研究型课程中，充分利用社团课程的自由与灵活，结合不同节日的文化习俗，自主策划和设计丰富多样的节日体验活动，激发学生对传统文化的热爱。与此同时，建立家庭、社区与学校的联动机制，整合学校、家庭和社区的传统节日教育资源，为学生搭建校外实践的广阔平台，在实践中拓展节日内涵。

上海有的学校将德育与美术、劳技课学习相结合，利用静安寺商圈众多中华老字号商铺资源，开展“走进中华老字号”项目。通过“中华老字号”美术拓展课程，引导学生制作“中华老字号”精品手绘地图、印章、剪纸、明信片、邮票等，领略老字号风采，体会老字号精神，探究老字号文化价值。同时，由地区商委专家和学校相关课程教师共同开发“中华老字号技法学堂——香囊文化课程”，以拓展课的方式，帮助学生通过学习、体验、动手、交流等方式习得老字号技法。引导学生在习得老字号技法的同时体会工匠精神与文化传承的意义。

（二）主题性的仪式教育活动

仪式教育是在学生成长发展的关键节点，以典礼的形式开展的秩序性、情境性、体验性的集体活动，是以行促知的典型。让学生在仪式中亲身实践，形成良好的仪式感，包括意义感、庄重感、认真感、紧张感、在场感和参与感等，着重增强学生的国家意识、社会意识、公民意识，形成基本的道德认知。

有的学校改革创新传统的升旗仪式，在仪式过程中有机融入了爱国主义教育、民族精神教育、中华优秀传统文化教育等不同的元素。例如，在升旗仪式上由学生代表进行革命历史、英雄事迹的演讲；在学期的第一次升旗仪式上，由学校的国学社、汉服社协同戏剧社，表演地方文化戏剧，等等。以升旗仪式这个传统活动为载体，通过情境塑造的方法，让学生在亲身参与中提升政治认同和文化自信。

有的学校以十四岁生日仪式为活动载体，帮助学生通过不同环节的活动去体验、感悟。仪式中的亲历实践，让学生学会感恩、学会生活、学会合作、学会交往、学会关心，养成良好的行为习惯、集体主义观念及社会责任感，为学生进一步形成正确的世界观、人生观和价值观打下了良好的基础，也培养学生的创新精神与合作精神、实践能力与管理能力。

（三）研究性的社会实践活动

社会实践活动是学校德育的传统形式，也是以行促知的典型。近几年来，中学结合学生实际情况，深度发掘了社会实践活动的研究性价值，鼓励学生在实践中自主设计方案，探索研究国家建设、社会发展、个人修养等方面的问题，大大提升了活动的德育效果。

尤其在高中与大学校园，社会调研是普遍开展的社会实践活动。这类活动旨在帮助学生通过亲身调研，进一步思考政治认同、国家意识、文化自信、公民人格等方面的深层内涵。主要包括暑期社会实践、学科教学相关的国情调研等。有的学校以爱国主义教育示范基地为依托，开展“走进红色经典”系列社会考察活动。引导中学生由理论走向实践，继承革命传统，在考察研究中深入了解党的历史，培养爱国主义情怀，实现知行合一。有的学校组织开展“公民写史”综合实践项目，让中学生运用所学的历史研究基本方法，走进社区，研究生活中的历史，探索建筑中的历史，让学生在科学研究和现实走访中，增强地方文化的传承和保护意识，提升文化自信，形成文化认同。

研学活动，是将德育同学校出游、文化场馆考察等文化活动进行整合而形成的一种社会实践活动。通过寓教于乐的方式，在学生轻松享受文化体验的过程中，反思相关德育内容的深刻内涵，达到德育目的。有的学校开展“带着诗歌去旅行”暑期研学活动，基于湖南江永地区女书文化、瑶族文化等传统文化载体，组织学生、家长参与文化旅游和诗歌创作，并初步探索异地教育扶贫模式，培养学生的社会责任感，提升学生对民族文化的认知。有的学校开展了“博雅西部行活动”，让学生走近贫困地区，了解“三农”问题，在参与农业劳动、进行农村调查、开展结对帮困的过程中培育民族精神，铸就人文情怀，历练生存能力。

（四）理论性的学生宣讲活动

理论性的宣讲与研讨活动立足于“行”向“知”的反哺，在践行社会主义核心价值观的基础上，进一步开展理论教育，实现“知行合一”。

如有的高校设立了中国特色社会主义研究会，以学生社团为载体，开展中国特色社会主义理论的宣传活动。研究会通过成立学生讲师团，以学生为主导，赴全国各地、不同单位进行理论宣讲，鼓励学生进一步学习认识中国特色社会主义理论。经过知名教授培训、集体备课等专业训练，形成一套以“90”后视角解读社会主义核心价值观、十九大会议精神等社会时事、政治热点问题的课程体系。以学生为主导，让学生有机会站上讲台，以年轻人的方式弘扬社会正能量。

除了上述德育实践模式，学校德育还依托主题教育活动、校园文化活动、节庆与重大纪念日活动、社团活动等多种活动载体，帮助学生以知促行、以行促知，做到知行合一。依照知与行的德育效果的演进逻辑，德育活动在设计层面可以分成“主知型”和“主行型”两种设计策略。“主知型”的活动主要依靠在活动中对学生进行文化宣传的手段，以知促行，达到“知行合一”的效果。比较典型的如主题班会、理论宣讲、校园文化活动等。“主行型”的活动强调学生在实践中感悟，以行促知，达到“知行合一”。比较典型的如重大纪念日活动、仪式教育、社会实践活动等。值得一提的是，这两种德育活动设计策略都是理想型模式，实际操作中，只能作为德育活动设计的导向和侧重点。事实上，绝大多数德育活动都涉及“知”与“行”两方面的内容。

附　篇

“海派儒学”践行四十年记
——上海学者对儒家优秀文化的传承与弘扬

夏乃儒

改革开放以来的四十年，是上海地区的儒学研究由恢复、发展、兴起而繁荣的时期，并逐步形成了可称“海派儒学”的学问风格和研究特色。

需要明确的是，这里所说“海派”之“海”，主要有两个含义：一是就地域的历史的角度讲，指近代以来上海地区存在和演变发展着的一种区域性文化；二是在文化的特性风格上，“海派”崇奉“海涵”，具有兼容并包的气派心态，也有推动多元文化交流沟通而发展的魄力与智慧。就此而言，海派文化的提倡，和上海作为国际性现代大都市的精神文明建设需要是完全相适应的。而且，海派文化虽有其地域的、历史形成的特点，但毕竟是属于现代中国社会主义精神文明的组成部分，其思想指导和价值导向并不另类。

我们所讲的“海派儒学”，是借用“海派文化”的说法，以表达上海学者从事儒学研究的思想指导和风格特色。当然，也另有新的发展和发挥。例如：更注意古今中西文化之争的考量，比较注意参考吸收西方文化中的积极因素，使之充实现代中国文化的新内涵；更注重对儒家思想的现代诠释，在实际推进儒学研究的过程时，既要研读儒学文献，对儒学作历史考察，又要展开儒家思想的学理探讨和分析评述，更要有关于儒家思想的现代诠释以及资源应用；更注重对儒家思想的现代传承与践行。上海学者的儒学研究，除了注重儒家思想的学理性、文化精神层面的、资源价值意义的研究外，还十分关注儒家文化中优秀成分的传承、传扬和发展，重视向社会大众通俗讲解儒家经典，推介儒学文化资源，传扬儒家文化精神，促进儒家文化遗产的现代继承。这后一类事项，我将之归类为“海派儒学的践行活动”，特撰文就此做出回顾、梳理和概括总结。

一、改革开放前的沉潜与积聚

改革开放之前的三十年间，上海学者的儒学研究处于沉潜阶段，却也有不少积聚。虽然在长期的反帝反封建的革命斗争中，儒学一直被视作为封建的意识形态而受到排斥和批判，但是在上海解放后的一段时期里，儒学研究作为学术研究还是受到了保护，儒学研究者也受到一定的尊重。这里记述两件代表性事件。

第一件，现代新儒学的先驱熊十力先生在上海受到保护。

熊十力生于1885年，毕生从事学术研究和文化创制活动。曾于1920年在南京欧阳竟无门下学佛，后受聘为北京大学特约讲师。抗战胜利后，熊十力经历了学术思想的转向，由佛入儒，并构想创建一个新的儒学思想体系。在董必武、周恩来、陈毅的关照下，移居上海，住在淮海中路2068号，不受外界干扰，一心著述。熊十力完成《原儒》上下两卷，由上海龙门书局于1956年出版。该书构建了体用不二、性修不二的儒学体系，论述了一系列儒学范畴。接着又在龙门书局出版了《体用论》(1958年)、《明心篇》(1959年)。熊十力是我国现代哲学史上最具原创力的哲学家。他的哲学思想奠定了现代新儒学的哲学形上学基础。政府资助用线装繁体本出版，也可以看出上海市政府的重视。可是在激情燃烧的年代，学术界关注度有限，直到三十年后才重新引起重视。[①]

---

① 参见王元化:《思辨录》，上海古籍出版社，2004，第155—163页；方克立、王其水主编:《二十世纪中国哲学》第二卷“人物志上”，华夏出版社，1995，第83—91页。

第二件，通过《辞海》的修订，积蓄了上海的儒学研究力量，保留下不少新中国成立后的儒学研究成果。

1957 年 9 月，毛泽东在上海会见了一批上海的文化名人。舒新城借机向毛泽东提出编辑《辞海》修订本的建议。毛泽东当即表示赞成，并请人大常委会转达有关部门。随即迅速成立中华书局辞海编辑所，组织大批专家来修订。虽然《辞海》是一部具有百科知识性质的综合性辞典，儒学的内容只是其中的一小部分，但是由于儒学在传统文化中的特殊地位，所以列入编写的条目还是相当多。诸如儒家学派、人物、学说、名词、著作，以及经学史的学派、人物、学说、名词、经传著作等，涉及中国哲学史的主要方面。参加编写的专家感到又有用武之地，都兢兢业业，释文力求准确，言必有据。《试行本》在 1961 年出版发行。《试行本》采用分类编印，儒学部分都集中在第二分册哲学卷内。它成为青年人在这特殊年代里了解学习儒学与哲学知识的重要工具书。

总之，在“文革”前上海儒学研究的环境还是宽松的。譬如复旦大学哲学系教授严北溟，他的儒学研究的代表性著作《孔子的哲学思想》，就是在 1959 年由上海人民出版社出版的。他的一篇较有影响的论文《论仁——孔子哲学思想的核心及其辐射线》，也是在 60 年代初发表的。可是，到了“文革”期间，情况出现了急遽的变化。“评法批儒”运动看似轰轰烈烈，实际上是在知识分子和广大民众中制造学术思想的混乱。文化巨人孔子不仅跌落为封建专制制度的维护者，更被贬损为“开历史倒车”“复辟奴隶制度”的历史罪人。儒学又几乎遭到了灭顶之灾。由于这不是一场真正意义上的学术研究，而是一场文化劫难，这里就略而不详了。

二、拨乱反正:从批判儒学到研究儒学

“文革”的结束,也带来了学术界的思想大解放。思想理论和学术研究上的拨乱反正,一个重要的方面,是对孔子思想评价这个难点进行突破。《历史研究》1978年第8期发表庞朴《孔子思想的再评价》一文,1983年,山东曲阜举办了“文革”后首次孔子学术思想讨论会,都在结束“文革”后的学术界产生了很大反响。上海作为文化重镇也做出了积极回应,这在20世纪80年代上海学术界一系列活动中得到说明。这里列举三点。

(一)文汇报率先组织“孔子思想讨论”

1980年10月28日至11月3日,在山东曲阜举行了孔子思想讨论会。这虽然是曲阜师院举办的,到会的学者也已遍及十三个省市。更突出的是邀请了多位曾在1962年参加过山东孔子讨论会后在“文革”中受到批判的学者。这次被称为“给孔子平反”的会议,开创了“拨乱反正”的先河。当时,《文汇报》记者施宣圆风闻复旦大学严北溟教授应邀出席曲阜孔子学术讨论会回沪,赶快去组稿。严先生曾在“文革”初期被“押解”到曲阜十万人讨孔大会上挨批斗,此次劫后重游,感慨万千,当场写七绝诗云:“泗水滔滔去不回,杏坛遗址一徘徊。千秋功罪凭谁说?仁学精神世共推。”施宣圆请他写篇重评孔子仁学文章。严先生一向以笔头快见称,很快写就《谈孔子的人道主义》一文[1]。该文不仅重评了孔子的思想体系,还涉及了当时的理论禁区——人性与人道主义问题。

这场讨论的展开,还深入研讨了孔子思想研究的方法论与其时代价值问题。上海的学者与全国的同仁们各抒己见。例如复旦大学的

① 见《文汇报》,1981年8月3日《学林》版。

蔡尚思教授对南京大学校长匡亚明的“三分法”，发表了商榷文章。出现了许久未见的争鸣气氛。

（二）编撰辞书，扎实推进儒学研究的基础性工作

重视辞书编撰，推进儒学的基础性研究和儒家文化资源的传承、介绍，在上海学者中有传统，也有优势。

早在改革开放初期，当学术界刚开始推动由批判孔子转变为研究孔子，我们就在国内先期开展“孔子大辞典”的编撰。

1983年，在曲阜孔子学术讨论会上，著名哲学家张岱年提出：“尊孔的时代已经过去了……反孔的时代也已过去了”，“我们现在是中国历史的新阶段，应该科学地实事求是地来研孔、评孔”。上海与会的同志在这一观点的感召下，决心要编撰出一部全新的研孔、评孔的大型工具书。先由上海师范大学与上海辞书出版社相关的同志提出一个框架构想。经与复旦、华东师大的同仁商量，大家一致认为可行。并请张岱年先生指导，担任主编，具体编纂则由夏乃儒教授负责。上海多数研究中国哲学、伦理的学者参与其中。丁祯彦、潘富恩、祝瑞开、朱贻庭、朱义禄、施忠连、施炎平等为主要撰稿人。

《孔子大辞典》被称为历史上的第一部，不只是从名称上来说，更是从内容与形式上有新的突破。围绕着“孔子”，设“生平事迹”“历史背景”“思想体系”“典藏文献”与“弟子后学”等栏目，详尽地建立词目。有的词目，较具知识性，如“孔裔字辈”，记述历代孔门后裔的字号，检阅率较高。有的词目，具有开拓性，如“论语学”，成为可深入探讨研究的提示。《孔子大辞典》不仅设立古代（先秦、汉唐、宋清）评孔栏目，还开拓了“近代以来评孔”和“台港海外评孔”栏目，大大拓展了研孔的视野。该大辞典不采用通常的按笔划检索法，而是按内容分类编排。不仅使读者可以检索，还使辞典具有可读性。

冯契先生主编的《哲学大辞典》也于1985年12月由上海辞书出版社出版，其中严北溟先生任主编的《中国哲学史卷》，不仅系统收录了反映儒家思想及其演变内容的条目，而且精心选择、收录了有关现代新儒家人物的作品、思想介绍的条目近三十条。是开国内现代新儒家研究成果进辞书之先河。这又为后面编纂份量更大的《中国哲学大辞典》奠定了基础。

（三）冯契牵头创建"上海中西哲学与文化比较研究中心"

这个"比较研究中心"创立于1987年，是上海哲学界的一件盛事，也是上海文化界、思想界的一件大事。"中心"推举冯契为主席，王元化为名誉主席，会聚了上海哲学界、文化思想界一大批学者。"中心"不只是研究儒学的，但是在当时儒学还是重要的研究热点。王元化对"五四"时期的传统道德与民族精神，发表了一系列的"反思"文章，极大地促进了上海学者探究儒学真知的责任感。冯契在该时期所作讲演和发表著述中有关儒家思想的观点，在上海学者中起着引导性的作用。诸如，研究历史是为了现实；儒学热的出现是和"中国如何实现现代化"这个时代的中心问题密切相关的；当今研究儒学还是要放在"古今中西"之争的历史大背景下来考察；儒学关于理想人格和理想社会的学说有其两重性；等等。

1989年12月，上海举办"儒家思想与未来社会"国际学术讨论会。冯契做了"儒家的理想和近代中国的自由学说"的发言。发言的最后，冯契用少见的铿锵语调说："不管过程如何曲折，中华民族必将战胜困难，克服障碍，向着人道主义和社会主义统一、个性解放和大同团结统一的人类理想目标浩荡前进。"①这给与会的中外学者留下深刻的印象。

① 见复旦大学编：《儒家思想与未来社会》，上海人民出版社，1991，第1—7页。

学术大师的影响力是不可低估的。我们可以从冯契为指导其弟子撰写的论文、著作和整理文稿的评述,发现其许多关于儒学研究的远见卓识。这里列举几则:其一,要重视王阳明关于本体与工夫统一理论的独特贡献,以及它对近代产生两方面重大影响(即反对经学独断论和提出自由人格的培养)。① 其二,要重视儒家在教育上对提高民族素质和增强民族的凝聚力所起的积极作用。② 要重视研究"求真""明善""审美"等方面传统文化的优缺点。③ 仅以这三例,对照21世纪上海儒学研究的走向,就足以看出冯契作为学术大师对于上海学者儒学研究的指导性和影响力。

我们毫不怀疑,上海儒学研究正按着这些方面积极推进:王阳明的良知说及其转换出主体的德性与人格,将深入地研究;关于要重视儒家在教育上的作用,萌发出对"教育儒学"的重新审视;至于以儒学为主导的传统文化的优缺点,更是全面地深入地开展研究。

三、开放条件下上海学者儒学研究的特色成果

事实上,自20世纪80年代起,上海学者已在儒学研究方面有许多成就了,初步形成一个覆盖面齐全的研究构架,涉及儒家思想的多方面内容。成果积累包括专著、教材、辞典、资料(包括引进与介绍)等,为日后以上海文庙为基地和平台的"与孔子对话"系列活动的展开,推进上海儒学研究的拓深拓展,打下笃实基础,提供有利条件。

首先,在专著出版方面,产生了一批代表性、有探索意义的成果。

华东师范大学教授杨国荣,他曾是冯契先生的博士生,现为教育

---

① 《王学通论——从王阳明到熊十力》序,载冯契著《智慧的探索》,华东师范大学出版社,1994,第394—397页。

② 《儒家与教育——〈儒家理想人格与中国文化〉》序,载冯契著《智慧的探索》,第435—440页。

③ 《智慧的民族特征》,载冯契著《智慧的探索》,第463—501页。

部长江学者。学问精深，思辨力强，研究勤奋，著作丰硕，在国内外学术界均有大的影响。早在20世纪末，即出版了《王学通论》《心学之思》《善的历程》等著作。近年来又完成“走向现代的儒学”三部：《道论》《伦理学与存在》和《成人与成物》，为中年学者中之佼佼者。

同济大学朱义禄教授先后出版了《儒家理想人格与中国文化》《圣贤人格到全面发展》《朱子语类选评》等系列儒学研究著作，在上海以至全国学术界有积极影响。尤其是《儒家理想人格与中国文化》，1987年即获国家首批社科基金项目资助，列为国家七五规划社科类重点课题，成果专著1991年9月由辽宁教育出版社出版。上海哲学学会曾专门举办书评座谈，《文汇报》还作专题报道，给予推介。2006年10月，复旦大学出版社又辑为“儒学文化研究中心丛书”再版。

复旦大学施忠连教授于1994年出版了《现代新儒学在美国》，受到广泛关注，上海《学术月刊》、吉林《社会科学战线》都曾刊登文章加以推介。该书详尽地论述在美国的第三代新儒家代表性人物如杜维明、成中英等人的著作和思想，探讨他们的思想学说与美国哲学的关系，以及他们对于儒学走向世界的促进作用。还介绍了几位很有影响力的美国学术界精英如狄百瑞、施华慈、安乐哲等，他们作为现代新儒家在美国的学侣和同调，对于影响西方学界合理评价儒学的精神价值，推动儒学在世界上的传播，起到了积极的作用。施忠连还有《世界眼光中的孔子》《儒风华雨润异域：儒家文化与世界》《四书五经十日谈》等书问世，涉及多个领域，探寻儒家文化价值观在中国和世界上所产生的文化效应和塑造人类精神文明的功用。

上海社会科学院的罗义俊研究员对儒学的研究，尤其是关于现代新儒家的研究和介绍、评价，极为执着，富有特色，在国内外学术界都有影响。1989年，由上海人民出版社出版的《评新儒家》一书，以及《钱穆学案》《当代新儒家史论》等，对于儒学现代发展形态及其价值的研究探讨，提供了个性化的独特思考，有开拓意义和启发作用。

李申，他曾是任继愈先生的研究生，先在中国社科院任研究员，2002年起引入上海师范大学哲学系任教授。他力主“儒学是儒教”说，虽未被主流学界所赞同，但其著《中国儒教史》的学术价值仍深得好评。来沪后继续出版儒教著作多种，介绍他为说明上海“海纳百川”的精神，也感召了北京的研究人才。

其次，长期以来，上海学者尤在发挥自身兼容历史功底、理论素养、学术风格的优势，注重以现代诠释的思路、智慧、话语和方法，梳理、剖析和总结儒家传统思想，取得一系列有特色、有创新意义的成果，从而在儒家观念的现代转化和弘扬方面做出了自己的贡献。

例如，朱贻庭先生在主编《中国传统伦理思想史》(获全国高校优秀教材一等奖)、《伦理学大辞典》(获国家图书奖提名奖)、《中国传统道德·名言卷》,《当前中国道德价值导向》等大型著作的基础上，于2017年推出《中国传统道德哲学6辩》一书(上海文汇出版社)，集中于儒家为主的传统道德的梳理、总结、概括，提炼为诸如源原、天人、义利、形神等基本关系范畴展开论述，揭示中国传统伦理的精神价值，以整合和重构“中国传统伦理学”，这对于深化儒家文化精神的研究，推进儒学思想资源的传承和发展，做出了新贡献。

又如，以创建“五缘文化”学说闻名的林其锬先生，多年来率领的五缘文化研究所团队，出版了十多部五缘文化研究论著。其中有代表性的，施炎平著《五缘文化与中华文明》(同济大学出版社)，施忠连著《五缘文化：中华民族的软实力》(同济大学出版社)，都着眼于中华文化演变发展的大背景，以儒家文化精神的演变及其现代意义为重点，从不同角度、各有特色地阐扬了儒家所珍视和加强的人际关系网络，对于弘扬传统价值的重要意义，同时探讨其思想资源在当代社会文明建设中的巨大作用。这些，都在文化学术界和社会上产生了积极影响。

四、“与孔子对话”为标识的“海派儒学”

上海学术界以媒体为纽带，以文庙为基地，联络和组织上海各高校及社科研究机构的专业人员，积极开展多项研究交流活动，逐渐形成“连接现代与传统”的儒学研究的特色，已有二十年的历史了。

回顾20世纪80年代，全国儒学研究基地，主要是北京和曲阜两地。上海虽然高校和学术研究组织众多，但是缺乏协调，还形成不了有组织的团队和研讨活动，更难出有影响力的研究成果。

时至90年代中期，随着对传统文化的重视和弘扬，以及加强文化基础设施建设和开展历史文化遗址、遗址保护的需要，上海文庙的修缮取得积极进展。有鉴于此，《文汇报》资深记者施宣园献出一条金点子——何不借此宝地，举办一次儒学研讨会？此建议马上得到当时南市区区长和文汇报社领导的赞同和重视。筹委会聘请了汪道涵、夏征农、陈沂、王元化等老前辈为顾问。确定以“儒学文化与现代文明”为主题开始征文。征文活动受到学术界的热烈响应，在两个多月内就收到了蔡尚思、潘富恩、朱维铮、周振鹤、孔令朋等教授的三十来篇论文，保证了首届上海儒学研讨会在1997年11月顺利召开。

万事开头难，而坚持下去更不容易。首届研讨会气氛热烈，与会者都感到学术界、媒体、文庙三方协作的方式不错，希望以后继续发扬。大家相约，每年在纪念孔子诞辰期间，都确定一个主题，开展儒学研讨交流，由此开启了连续九届的“上海文庙儒学研讨会”，形成以朱贻庭（时任上海伦理学会会长）和施宣园（《文汇报》高级编辑）、施炎平（时任上海中西哲学与文化比较研究会副会长、现任上海周易研究会副会长）为召集人的儒学研究团队，逐步将上海文庙打造成儒学研究的一个重要基地和交流平台，在积累一系列研究成果的同时，形成了研究特色和学问风格。

（一）研究团队倡导和推进"与孔子对话"

所谓"与孔子对话"，受启于冯契先生的"与古人为友"的论述。冯契在阐发文化领域的评价时说："我能与古人为友，对古人的生活、思想及其所处的时代条件有同情的了解，我才能对古代作品作比较客观的评价。"[①]同时，他还提出评价者要有自己的观点和"个性色彩"。这个"个性色彩"是由"传统文化和现实条件的结合"所决定的。这个"个性色彩"是由评价者对文化现象理解的千差万别所造成的。但是其前提还是"与古人为友"的态度。

二十多年来，这个研究团队就是持着平等的态度与孔子作古今对话。探索着生活在现代社会的人们，在现代语境中，如何对待以孔子为代表的儒家文化的态度和方法。他们摒弃那种"思想批判只是达到政治目的的实用手段"[②]，也远离了断章取义地"贴标签"式的急功近利的态度，并厌恶娱乐化、恶俗化的操作。譬如"和为贵"这条大家所熟知的儒家用语。他们主张先回到文本进行解读。弄清楚"和"的本意是与"礼"相关，即既不过又不能不及的中庸。又从"礼"的功能，追溯到"义以分则和"，弄清"和"观念，具有使社会有序的治理上的意义。[③] 先正确地解读文本，然后再挖掘其现代价值，这是他们所推崇的。

（二）抓住时代性、学理性相结合的课题，拓深拓展儒学精神的研究

该团队每次对话研讨，都根据现代与传统对接的现实需要，事先

---

① 冯契：《人的自由和真善美》，载《冯契文集》第二卷，第97、98页。

② 王元化：《思辨录》，上海古籍出版社，2004，第45页。

③ 见朱贻庭：《有序——和谐："和为贵"文本解读》，载《与孔子对话——新世纪全球文明中的儒学》，学林出版社，2005，第17—22页。

拟定主题，以为大家研究、撰述的参考。每次交流后都以“与孔子对话”形式编成的文集，现已出版了八集。这里介绍几次较有影响的交流成果。

1. 关于“儒家文化与和谐社会”的对话

2004年9月，中央召开十六届四中全会，会上把构建社会主义和谐社会作为提高执政能力的一个方面提了出来。研究团队的召集人感到和谐社会的提出，是对传统的继承和突破，感到我们有责任把儒家的和谐思想阐释清楚。于是在2005年春决定组织研讨，并于2005年9月出版了论文集——《儒家文化与和谐社会》。次年10月，十六届六中全会通过了构建社会主义和谐社会若干重大问题的决定，指出这是全党全国各族人民的共同愿望。这本集子的出版发行碰上了时运，被社会各界广泛关注。有关儒家和谐思想的论述被广泛引用。

2. 关于“儒家文化与现代精神文明”的对话

这个话题是该研究团队近年来着力最多的，先后出版了四本对话集。① 针对21世纪初以来出现的“汉服热”，恢复祭祀活动，再现“读经”活动，重修家谱族谱等传统文化“形”的复兴，召集人朱贻庭教授首先发问：如何使优良传统达到“形神统一”，真正体现文化的自觉呢？学者们就现代人心理上的浮躁、焦虑、孤独、烦恼和人格的扭曲，纷纷从儒学资源中寻求启示。他们中，有的疏理了儒家的敬畏意识、忧患意识与敬德思想，以及找出儒家排解烦恼的大智慧；有的深入分析了中华价值精神的基本理念，作为重建中华人文精神之价值体系的尝试；有的阐述了儒家“成人之道”的人格塑造的途径；有的甚至提出应

---

① 第一本《论儒学的现代生命力》，上海辞书出版社2007年6月版；第二本《儒文化与现代生活》，上海辞书出版社2008年8月版；第三本《儒家文化与现代人的精神生活》，上海辞书出版社2010年8月版；第四本《儒家文化与现代文明》，上海辞书出版社，2014年8月版。

对儒学的四大系统（核心范畴系统、道德观念系统、道德践履系统和儒家经典系统）进行现代重构，以适应现时代之需。

3. 关于“儒家的公正与民生思想”的对话

近年来关于“公平正义”这一价值目标，无论是高层的论述还是民间的舆论，都给予极大的关注。但是，自近代以来大量引入西方的关于“正义”的理论，特别是近期翻译的罗尔斯的《正义论》成为热门书，似乎一谈论“正义”问题，都要以西方正义理论为依据，忽略了对中国传统的公正思想的研究。上海学者专门组织了一次研讨，把儒家的公正观，从先秦至宋明清以至近代，做了全面的清理，涉及儒家的经济公平、执政公正、社会公平、教育平等思想，是近年来对儒家公正思想资源挖掘得比较深入的一次研讨。

（三）持续22年的研究交流中形成的风格特色

该团队召集人之一施炎平教授曾对上海学者儒学研究的风格特点做过概括①，比较切合实际，其中最为重要的有两点：

1. 在处理历史考察、理论分析和现代诠释三层面的结合上，更致力于学理性研究和时代性探索的结合。施炎平认为上海儒学研究者“善于根据现代文明建设的需要，重新解释和剖析儒学传统的思想资源，探讨其与现代文化精神的契合处与转化点”。

2. 以担当精神和使命意识，不断明确儒学研究的目的和任务。上海处于改革开放的前沿，是现代中西方文明重要的交汇点。上海的儒学研究者“已经清晰认识到这种区位条件和文化优势，故努力使自己更有作为，并不断增强研究成果的社会辐射度和正面影响力”。

以上两点判断是有理有据的，是入木三分的，也有几分是期盼的。

① 见《再创上海儒学研究的新局面——编者寄语》，载《与孔子对话——儒家文化与现代生活》，上海辞书出版社，2008，第3页。

重要的是要坚持下云，发扬光大。

五、面向新世纪的“海派儒学”

新世纪开启后的十几年，上海儒学研究进入历史上黄金期。虽然一批“社科大师”相继离世（冯契 1995、王元化 2008、蔡尚思 2008），一位杰出的传播传统文化的引领者丁锡满 2015 年也已逝世，但是他们为恢复科学地研究儒学，积极传承优秀的传统文化，做出了不可磨灭的贡献。他们辛勤耕耘并播下的种子正在开花结果。上海儒学研究正显露一片方兴未艾的蓬勃生机。

（一）多层次儒学研究及其传播的机构组织已经形成并健康运营

首先是成立了一批依托高校、社科院，以儒学研究为主的学会社团，如上海儒学研究会、复旦大学儒学院等。

上海儒学研究会成立于 2015 年 5 月，为上海市社联属下的专业性社团。注册地在嘉定孔庙。首任会长为华东师范大学朱杰人教授，刘永翔为常务副会长。2019 年 9 月换届，新一任会长由复旦大学吴震教授担任。

复旦大学儒学院成立于 2016 年，起步较晚，但起点较高，在上海市委宣传部直接关心下建立起来。从机构名称与领导成员组成来看，它立足复旦，覆盖全市，面向全国。院长聘请北大的陈来教授担任，副院长中除吴震来自复旦外，还请陈卫平、高瑞泉（华东师大）、何锡蓉（上海社科院）、曾亦（同济）等校外人士担任。它的研究方向，强调“探索和发扬江南儒学的学术精神，推动儒学的现代转化”，并“以儒家方式阐释当代中国的生活方式及其意义”。大家期望它在探索江南儒学上有新的突破。

其次，经二十多年持之以恒的努力，以上海文庙为基地和平台的儒学研究，不仅有声有色取得丰硕的研究成果，而且形成了涵盖各高校及社科院专业人员的儒学研究队伍，形成了可称“海派儒学”的学术风格和研究特色。现在，正积极筹备由市伦理学会、市中西文化与哲学比较研究会与文庙三方协作的“上海文庙儒学研究中心”。是推动儒学研究走出“学院派”模式的一种尝试。

再次是上海炎黄文化研究会，它是上海成立最早(1994 年)，涵盖面更广的传统文化研究机构。它的研究特点是切近现实，注重近现代。譬如近期举办了纪念孙中山、蔡元培诞辰 150 周年，以及“让优秀传统文化融入生活”等学术研讨会。研究会办有会刊《炎黄子孙》，重视刊发儒学研究论文，借以“挖掘中华传统文化讲仁爱、重民本、守诚信、崇正义、尚和合、求大同的时代价值”(现任会长杨益萍语)。编有《游赏精神家园》论文集，约 46 万字，是了解炎黄文化的活教材，深得会员的喜爱。

以上各研究机构组织相向而行，各务其实，如能进一步协调合作，当能发挥出更大的能量。

(二) 儒学研究面向基层群众，注重传承与普及

复旦大学胡守钧教授主张推行“民间生活儒学”(包括衣食住行、婚丧嫁娶、人际交往、传道授业、行业规范中的儒学)，并认为这是当代儒学复兴的重要表现形态。① 上海一些名校教授带头编写与宣讲儒家通俗读物，把儒家精神传播得更加广远，其精神难能可贵。

在上海辞书出版社的组织和推动下，上海学者还通过编撰经典鉴赏的方式，分篇注释、鉴赏四书五经等经典，出版了一系列传承和弘扬

① 胡守钧、张凤池：《儒学在民间》，载《与孔子对话：反思儒学在近代的命运》，文汇出版社，2016，第 285—303 页。

儒家思想资源的通俗性作品，包括《论语鉴赏辞典》，《四书五经鉴赏辞典》，《中国古代人文名篇鉴赏辞典》等，它们以深入浅出的精炼语言，揭示这些篇章中的精华和价值所在，积极弘扬儒家文化的优秀成分，服务于提升当代人的精神境界和道德水平、建设现代精神文明的需要。

复旦大学钱文忠教授接连在《百家讲坛》解读儒家蒙学读物《三字经》《弟子规》等，影响颇大，虽有瑕疵，但瑕不掩瑜。交通大学余治平教授也在上海三联书店接连出版《做人起步〈弟子规〉》和《万集乡下这些年》等普及礼教的读物。他们是开了个好头。

向青少年传播优秀传统文化，是绝不该忽视的。何况儒学在古代创建时，就是和“私学”的创办是同步的，并非是后来红极多时的“政治儒学”。为此，笔者曾呼吁重建“教育儒学”[①]。可喜的是当即获得反响。市北中学校长陈军根据他三十余年的教育实践和研习《论语》的心得，写下《〈论语〉教育思想今绎》[②]。该书通篇探索中国教育精神，是开拓教育儒学的先行佳作。上海有 750 多所中学。如果成千上万的老师来探讨、发扬中国教育精神，并向青少年遍洒原初儒学之甘露，那么何叹儒学生命力之有无！

儒学思想的普及，除了专家著书立说，课堂讲授外，还可以走出书斋，走出学校，面向基层百姓进行宣讲。上海炎黄文化研究会就是这么做的。研究会的领导非常重视这项让“阳春白雪”走近基层百姓的工作。他们在 2014 年成立宣讲团，不断下街道社区，进武警部队，把宣讲活动搞得有声有色。通过历史事件分析、历史典故的串讲、诗词赏析、戏剧评弹介绍等手段把儒家学说的哲理讲得引人入胜。近五年

---

① 《教育儒学的沉浮与重建》，载“与孔子对话”第 8 集，文汇出版社，2016，第 49—63 页。

② 陈军：《〈论语〉教育思想今绎》，上海教育出版社，2015。

来，约达到年均 90 讲的热度。这有力说明优秀传统文化的普及工作是大有可为的。近年来上海炎黄文化研究会还着力举办“儒商论坛”，向企业家输送儒学智慧，并树立新儒商理念，已取得较好的效果。

四十年时光，如波澜壮阔，但终究一逝而去。展望未来，上海的儒学研究只要领导重视，组织协调，学者努力，定能取得新人辈出、硕果累累、更加辉煌的成绩！